浙江省普通高校"十三五"新形态教材
跨境电子商务新形态立体化教材
浙江省社会科学界联合会社科普及课题成果

CROSS-BORDER
E-COMMERCE
ENTREPRENEURSHIP

跨 境 电 商 创 业

陈旭华　陈俏丽　郑　韦 / 主编
徐月成　金祖旭　刘　慧 / 副主编

ZHEJIANG UNIVERSITY PRESS
浙江大学出版社

图书在版编目（CIP）数据

跨境电商创业 / 陈旭华，陈俏丽，郑韦主编. —杭
州：浙江大学出版社，2021.11(2024.1 重印)
ISBN 978-7-308-21955-6

Ⅰ.①跨… Ⅱ.①陈… ②陈… ③郑… Ⅲ.①电子商
务—商业经营—教材 Ⅳ.①F713.365.2

中国版本图书馆 CIP 数据核字（2021）第 232053 号

跨境电商创业

主编 陈旭华 陈俏丽 郑 韦

责任编辑	徐 霞
责任校对	王元新
封面设计	春天书装
出版发行	浙江大学出版社
	（杭州市天目山路 148 号　邮政编码 310007）
	（网址：http://www.zjupress.com）
排　版	杭州青翊图文设计有限公司
印　刷	杭州钱江彩色印务有限公司
开　本	787mm×1092mm　1/16
印　张	16
字　数	399 千
版印次	2021 年 11 月第 1 版　2024 年 1 月第 2 次印刷
书　号	ISBN 978-7-308-21955-6
定　价	49.00 元

编 委 会

主　编　陈旭华　陈俏丽　郑　韦
副主编　徐月成　金祖旭　刘　慧
参　编　金航飞　李春丽　吴　媛
　　　　黄金亮　陈　青

　　对外贸易是拉动国民经济发展的"三驾马车"之一,在国民经济全局中发挥着非常重要的作用。外贸新业态新模式是对外贸易进入新发展阶段、贯彻新发展理念的创新实践,是我国外贸发展的有生力量。跨境电商5年增长了10倍,是当前发展速度最快、潜力最大、带动作用最强的一种外贸新业态,已经成为外贸发展的新动能、转型升级的新渠道和高质量发展的新抓手。

　　党的十九大报告指出:要大规模开展职业技能培训,鼓励创业带动就业,促进高校毕业生等青年群体多渠道就业创业。后疫情时代,高校学子能否高质量就业创业,表面来看是个人的事,实则关系到民生大计,一头连着国家社会,一头连着千家万户。跨境电商发展正面临着前所未有的机遇,是未来五到十年大学生就业创业的乐土。大学生要以学促干、以干促创,在创新创业中把激昂的青春梦融入伟大的中国梦,努力成长为德才兼备的有为人才。

　　本教材紧跟时代发展,顺应跨境电商行业发展趋势,关注"能动、爱动、想动"学生学情,聚焦"跨境电商创业高素质技术技能人才"培养目标,将创新精神和创新创业意识融入教材内容,及时更新多元化、品牌化、数字化、合规化、全球化等跨境电商教学内容,"专创融合"培养"敢创、会创、优创"跨境电商创业人才。同时,不断更新及新增教材数字资源,做精教材内容,强化教材思政元素,争取达到"立德树人,润物无声"育人效果,打造专业创业类教材思政典型样本。

　　本教材有以下三大特色。一是突出"三真实"教材内容。引入真实创业案例,传授学生核心技能。引入真实跨境电商项目,引导学生置身可参与的真实创业项目情境。引入真实店铺实操任务,手把手指导学生从事跨境电商创业。二是以创业教育为导向,将"敢创、会创、优创"定为教材育人目标,打造"专创融合"的教材数字资源,实现思政元素、专业技能与创业知识相融合,形成教材支撑创业、创业提升教材的专创融合教材特色。三是以跨境电商创业高素质技术技能人才培养为目标,总结教材编写团队2009年以来跨境电商创业人才培养经验,汇聚优质跨境电商企业案例和大学生创业案例,培育创业人才。

　　本书由义乌工商职业技术学院陈旭华老师、陈俏丽老师和临沂综合保税区管委会副主任、山东省产业教授郑韦负责框架设计和编写大纲。义乌工商职业技术学院陈旭华老师、陈俏丽老师、金祖旭老师、金航飞老师、李春丽老师、吴媛老师、黄金亮老师、陈青老师，临沂大学刘慧老师，浙江广厦建设职业技术大学徐月成老师参与各个章节内容的主要编写工作，在此，对所有辛勤付出的老师表示衷心的感谢！

　　尽管本教材的内容和案例都来源于跨境电商企业的第一手资料和行业经验，但由于跨境电商行业本身还是一个崭新的领域，其发展日新月异，教材中难免有不足之处，恳请读者不吝批评指正。

编者

2021 年 8 月于义乌

导学

目录
CONTENTS

项目一 **入驻平台**

【学习目标】

❀ 知识目标

- 了解跨境电商的含义、政策、流程和分类;
- 了解主要跨境电商平台的基本情况、入驻流程及目标市场;
- 熟悉亚马逊平台的发展、优势和特点;
- 掌握亚马逊平台的账户类型和全球开店注册流程。

❀ 能力目标

- 能掌握在亚马逊上开始销售的主要步骤;
- 能掌握亚马逊全球开店的入驻条件和注册流程,并开通账号。

❀ 创业目标

- 选定创业平台,理解创业环境;
- 明确主营类目,组建创业团队;
- 熟悉平台规则,开通创业店铺。

【学习导航】

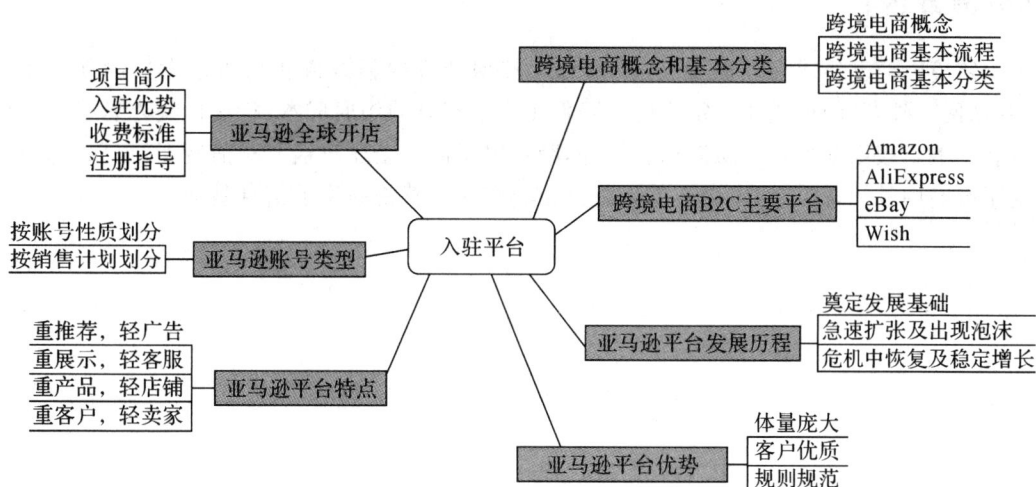

【引导案例】

近年来,党中央、国务院高度重视外贸新业态新模式健康发展。习近平总书记在党的十九大报告中作出"拓展对外贸易,培育贸易新业态新模式,推进贸易强国建设"的决策部署,还多次作出重要指示,强调要推动跨境电商等新业态新模式加快发展,培育外贸新动能。李克强总理连续7年在《政府工作报告》中进行部署,强调要发展跨境电商等新业态新模式。2021年7月,国务院办公厅发布《关于加快发展外贸新业态新模式的意见》,围绕完善跨境电商发展支持政策、扎实推进跨境电子商务综合试验区建设、培育一批优秀海外仓企业、完善覆盖全球的海外仓网络等内容提出了相关举措,将有利于促进跨境电商可持续发展。

跨境电商是当前发展速度最快、潜力最大、带动作用最强的一种外贸新业态。2008年全球金融危机在为世界经济带来巨大灾难的同时,也为跨境电商的兴起提供了契机。凭借高便捷性、低成本及高效率,跨境电商在互联网及信息技术的支撑下取得了良好的发展势头。商务部数据显示,全球金融危机之前中国跨境电商的交易总额不超过0.8万亿元。2015年以来,国务院分5批设立了105家跨境电商综试区,基本覆盖全国,形成了陆海内外联动、东西双向互济的发展格局。2020年,我国跨境电商进出口额达到了1.69万亿元,增长31.1%,跨境电商规模5年增长近10倍。

我国跨境电商的主要模式包括B2B和B2C两种。B2B模式是我国出口跨境电商的主流,其主要服务包括信息服务和交易服务,B2B卖方主要是我国境内的贸易商、生产商,而买方则主要是境外的贸易商、生产商、批发商和网店等。B2C模式占我国出口跨境电商的比重不断增加,该模式主要是通过第三方服务平台或自建网站,直接将商品销售到境外。

【引例分析】

跨境电商已经成为外贸发展的新动能、转型升级的新渠道和高质量发展的新抓手。"互联网+外贸"的模式在一定程度上降低了交易双方的沟通成本,相比传统外贸模式,可以在线上直接匹配各自交易需求。另外,跨境电子商务企业直接面对消费者,可以更直接地了解境内外消费需求,为企业准确把握市场和有效营销提供了信息基础。

任务 1　认识跨境电商

【创业知识】

一、跨境电商概念和基本分类

(一)跨境电商概念

跨境电子商务是指分属不同关境的交易主体,通过电子商务平台达成交易、进行支付结算,并通过跨境物流送达商品、完成交易的一种国际商业活动。以互联网技术为基础的跨境电子商务可以通过互联网系统对社会零散资源进行要素整合,以数据传输为主要方式降低企业的生产成本与日常经营成本,解决传统贸易痛点。此外,跨境电子商务通过彼此间的数据资源共享,可以加快产业创新与产品创新,推动全球贸易自由化,使得国际贸易成本更低。

跨境电商概念和分类

(二)跨境电商基本流程

在基本流程中,跨境电子商务主要由买家、平台、监管部门和卖家组成,通过资金流、信息流与物流形成一个完整产业链,详见图1-1。

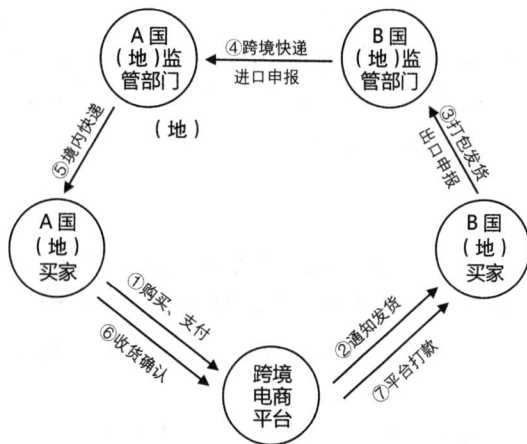

图1-1　跨境电商交易流程

(三)跨境电商基本分类

1. 按商品流动方向分类

跨境电子商务的商品流动跨越了国家(地区)地理空间范畴。按照商品流动方向划分,跨境电商可分为跨境出口电商、跨境进口电商两类。

(1)跨境出口电商

跨境出口电商是指将本国(地)商品通过电子商务渠道销售到境外市场,通过电子商务平台完成商品的展示、交易、支付,并通过线下的跨境物流送达商品、完成商品交易的销售活动,其代表性跨境电子商务出口平台有 Amazon、eBay、AliExpress、Wish 与阿里巴巴国际站等。

(2)跨境进口电商

跨境进口电商是指国外商品通过电子商务渠道销售到我国市场,通过电子商务平台完成商品的展示、交易、支付,并通过线下的跨境物流送达商品、完成商品交易的销售活动,其代表性跨境电商进口平台有天猫全球购、京东全球购、考拉海购、洋码头、顺丰海淘等。

2. 按交易主体属性分类

根据交易主体属性的不同,交易主体有企业、个人、政府三类,再结合买方与卖方属性,可将电子商务的类型划分为很多种,其中又以 B2B、B2C、C2C、B2G 的提法最多。这种分类方式可引入到跨境电子商务交易中,由于目前的跨境电子商务交易尚未涉及政府这一交易主体,且跨境电商平台入驻条件需要个体工商户或企业身份方可开店,因此跨境电子商务可分为跨境电商 B2B 和跨境电商 B2C 两类。B2B 模式是主导的商业模式。

(1)跨境电商 B2B

B2B 是 Business to Business 的缩写,即企业对企业,企业与企业之间通过互联网进行产品、服务及信息的交换。跨境电商 B2B 所面对的最终客户为企业或集团客户,其代表性跨境电商 B2B 平台有信息服务平台和交易服务平台两类,前者比如环球资源网、中国制造等,后者比如阿里巴巴国际站、敦煌网等。

(2)跨境电商 B2C

B2C 是 Business to Customer 的缩写,即企业对个人,企业以网上零售的方式将产品售卖给个人消费者。跨境电商 B2C 所面对的最终客户为个人消费者,其代表性跨境电商 B2C 平台有开放平台和自营平台两类,前者比如 Amazon、AliExpress 和 eBay 等,后者比如兰亭集势等。

3. 按平台运营主体分类

按照电子商务网站开发与运营主体进行划分,跨境电子商务平台可分为平台型电商和自营型电商两类。平台型电商不亲自参与商品的购买与销售,只负责提供商品交易的媒介或场所,而自营型电商亲自参与商品的采购、销售、客服与物流并对买家负责。

(1)平台型电商

平台型电商通过线上搭建商城,在整合物流、支付、运营等服务资源的基础上,吸引商家入驻,由商家负责商品的物流与客服并对消费者负责,其主要以收取商家佣金以及增值服务佣金作为盈利模式。比如 Amazon、环球资源、阿里巴巴国际站等代表性跨境电商平台。

(2)自营型电商

自营型电商通过线上搭建商城,在整合供应商资源的基础上,先以较低的进价采购商品,然后以较高的售价出售商品,其主要以商品差价作为盈利模式,即自建站。比如兰亭集势、米兰网、FocalPrice 等代表性跨境电商平台。

二、跨境电商 B2C 主要平台

（一）Amazon

1. 基本情况

跨境电商主要
第三方平台

Amazon（http://www.amazon.com，亚马逊）1995 年成立于美国西雅图，是美国最大的网络电子商务公司。亚马逊最初以利用互联网销售图书开展业务，逐步扩展到了全品类商品销售，同时还超前投资了一系列服务项目，并逐渐取得成效。目前，亚马逊的收入主要来源于两大部分，即产品销售与服务销售。产品销售收入包括商品零售收入和相关运费，以及数字内容产品销售收入；服务销售收入包括来自第三方卖家支付的费用（佣金及其他服务费用）和相关运费、数字内容的订阅收入以及非零售活动（如联名信用卡、在线广告等）的收入。

亚马逊在全球拥有亚马逊美国、加拿大、墨西哥、英国、法国、德国、意大利、西班牙、荷兰、瑞典、日本、新加坡、澳大利亚、印度、阿联酋、沙特和波兰等 17 大海外站点，185 个运营中心，可将商品配送至 200 多个国家和地区，拥有全球超过 3 亿的优质活跃客户、2 亿 Prime 会员用户、500 多万企业及机构卖家。

2015 年，亚马逊全球开店业务进入中国，旨在借助亚马逊全球资源和全球领先的物流交付能力，帮助中国卖家抓住跨境电商新机遇，发展出口业务，拓展全球市场，打造国际品牌。

2. 目标市场

亚马逊主要面向欧美中高端市场客户，入行门槛高。目前，亚马逊 17 大海外站点已面向中国卖家开放，吸引数十万中国卖家入驻。

（二）AliExpress

1. 基本情况

AliExpress（http://www.aliexpress.com，全球速卖通，简称速卖通）是阿里巴巴集团旗下面向全球市场的跨境新零售平台，成立于 2010 年，已成为中国最大跨境电商 B2C 出口平台，覆盖全球 200 多个国家和地区，海外成交买家数量突破 1.5 亿。拥有世界 18 种语言站点，支持全球 51 个国家和地区的当地支付方式。速卖通平台涉及的 22 个行业囊括日常消费类目，商品备受海外消费者欢迎。

2. 目标市场

速卖通主要面向俄罗斯、美国、西班牙、巴西、法国等中低端客户，入行门槛较低，以中国卖家为主。

（三）eBay

1. 基本情况

eBay（http://www.ebay.com，亿贝）1995 年成立于美国加利福尼亚州，起初是 C2C 模式的拍卖网站，经过多年的发展，现已拥有全球 1.59 亿的活跃买家，1900 万卖家，15 亿多件由个人或商家发布的商品，覆盖全球 190 个国家和地区，在美国、英国、德国、澳大利亚等成熟市场上占领先优势。

eBay 在全球的服务站点包括：阿根廷、丹麦、爱尔兰、菲律宾、中国台湾、澳大利亚、芬

兰、意大利、波兰、泰国、奥地利、法国、韩国、葡萄牙、土耳其、比利时、德国、马来西亚、俄罗斯、英国、巴西、希腊、墨西哥、新加坡、越南、加拿大、中国香港、荷兰、西班牙、中国、匈牙利、新西兰、瑞典、捷克、印度、挪威、瑞士。

2.目标市场

eBay 主要面向欧美中低端客户，入行门槛较低，以国外卖家为主。

（四）Wish

1.基本情况

Wish(http://www.wish.com)2011 年成立于美国硅谷，是一家高科技独角兽公司，有 90% 的卖家来自中国，也是北美和欧洲最大的移动电商平台。Wish 使用优化算法大规模获取数据，并快速了解如何为每个客户提供最相关的商品，让消费者在移动端便捷购物的同时享受购物的乐趣，被评为硅谷最佳创新平台和欧美最受欢迎的购物类 APP。3 亿多移动用户，日活跃用户 1000 多万，日均订单量 200 多万，买卖高效，复购率高达 75.5%。Wish 根据用户年龄特点、兴趣爱好、消费习惯、网络轨迹等信息进行用户分析，通过精确的数据策略、核心算法等技术手段，将商品信息推送给感兴趣的用户，做到千人千面、精准推送。

2.目标市场

Wish 主要面向全球中低端客户，入行门槛低。目前，Wish 已经在美国、加拿大、欧洲、巴西等国家和地区实现了健康的发展和积极的成长，并将加速推进拉丁美洲、东南亚、中东欧、南非、埃及等潜力新兴市场的开发。

三、大学生跨境电商创业

（一）大学生跨境电商创业优势

第一，跨境电商创业门槛相对较低。与传统的国际贸易相比较，跨境电商产品的网络发布、营销推广、金融支付、物流发货等均可通过跨境电商平台完成。因此，跨境电商创业活动具有启动资金少、交易便捷、准入门槛低等特点，同时跨境交易不受时间和空间的限制。这对于具有一定跨境电商知识和技能的大学生而言，跨境电商创业活动更容易开展。

第二，一系列政府政策的实施为跨境电商发展创设了良好的政策环境。为推动跨境电商的发展，国家和地方政府出台了一系列促进其发展的政策和法规。

（二）大学生跨境电商创业难点

第一，跨境电商政策收紧和跨境电商规范化为大学生开展跨境电商创业带来一定的难度。伴随跨境电商行业在全球范围内的日趋成熟，越来越多的国家（地区）和跨境电商平台愈发重视对跨境电商税收的管理、产品质量的审查、商户资质的把控、知识产权的保护以及对侵权行为的打击，同时相关的物流商、支付商也都采取了对应的调整措施。例如，英国、法国、德国等欧洲国家要求亚马逊卖家完成 VAT 注册并缴纳增值税，亚马逊对卖家的知识产权侵权是零容忍。因此，不断更新的跨境电商国家政策和跨境电商平台规则为大学生的跨境电商创业活动带来了一定难度。

第二，跨境电商"外贸＋外语＋电商"的特点对大学生创业所需的综合性知识和素质结构要求较高。首先，大学生从事跨境电商创业需要了解产品的定位、属性、功能等知识；

大学生跨境电商创业

其次,跨境电商创业人员需要具有良好的英语书面表达能力和沟通能力,甚至需要知晓一些小语种,还要了解外国文化、消费习惯、网络购物特点等;最后,跨境电商创业人员需要掌握全面的跨境电商业务知识,包括相关的法律法规、平台规则、营销技巧、风险控制、渠道选择等方面的知识。

(三)大学生跨境电商创业类型

第一种,创业个人/创业团队自筹资金,自负盈亏。这种方式下,货源主要通过批发形式采购自生产厂家或国内批发电商平台。这种方式在采购产品数量上有一定要求,对大学生而言,会有资金压力和库存压力,容易导致大学生因创业成本过高而丧失创业动力。同时,目前的主流跨境电商平台,例如速卖通、亚马逊、Wish 等,在注册开店过程中需要缴纳一定的技术服务费或月租费或预缴金,这在一定程度上增加了大学生创业的资金压力。

第二种,企业合作的代销模式。这种方式下,大学生与供应商以项目合作的形式,在获得订单后再向供应商采购,其货源由合作供应商提供。大学生自行注册跨境电商平台账号,具有账号的自主使用权,同时代销通常没有采购数量限制,能缓解大学生的资金压力和库存压力,但代销采购价格相对较高,而且供应商在供货管理、产品质量以及物流配送时间上难有保障。

第三种,校企合作的项目外包模式。这种方式下,学校牵手有创业意向的大学生和优质的企业,大学生负责跨境电商店铺的日常管理、运营推广与数据维护等,而企业负责注册店铺、提供货源与准时发货等,企业还需要根据运营效果支付大学生一定的报酬。对大学生而言,这种方式解决了注册成本、采购成本以及物流成本过高的问题,能够集中精力在店铺运营和推广上。

(四)大学生跨境电商创业建议

大学生需要综合考虑自身的创业能力和创业资源,做出理性的创业决策。大学生在决定是否开展跨境电商创业时,可以从以下三个方面进行创业决策的综合考虑。

一是具有强烈创业意愿。创业是一次孤独的旅行,需要有充足的主动创业意识和创业意愿。

二是具有筹集资金能力。在创业项目带来收益之前,大学生既要保障项目的前期启动资金和运作资金,还要保证自己的生活费用。

三是具有跨境电商创业的知识和素质结构。边学边做、边看边练,跨境电商创业活动要求大学生在入驻平台、平台规则、选品定价、运营管理、营销推广、跨境物流等方面具有较强的综合实践能力。

【创业示范】

创业任务:认识亚马逊交易平台。

亚马逊美国站网址:https://www.amazon.com/。

亚马逊英国站网址:https://www.amazon.co.uk/。

亚马逊日本站网址:https://www.amazon.co.jp/。

亚马逊澳大利亚站网址:https://www.amazon.com.au/。

［Step 1］　以亚马逊美国站为例，登录网址 https://www.amazon.com/，进入如图 1-2 所示的页面，在搜索框的右侧，可以更换语言，亚马逊提供 English-EN、Español-ES、简体中文-ZH、Deutsch-DE、Português-PT、繁體中文-ZH、한국어KO、עברית-HE 等多种语言。

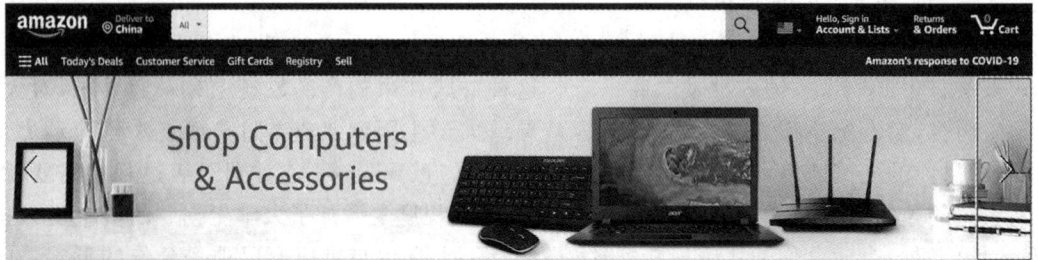

图 1-2　亚马逊平台官网页面

［Step 2］　亚马逊平台为中国卖家提供"全球开店"这种开店形式，登录网址 https://gs.amazon.cn/，进入如图 1-3 所示的页面，将鼠标移到"站点介绍"，在下拉菜单中可以单击北美站、欧洲站、日本站、澳洲站（即澳大利亚站）、印度站、中东站或新加坡站，可了解亚马逊各站点的政策说明、入驻流程和资费标准等。

图 1-3　亚马逊平台开店入口

任务 2　走进亚马逊平台

【创业知识】

一、亚马逊平台发展历程

（一）奠定发展基础

亚马逊发展的第一阶段是从 1994 年至 1997 年，其目标是成为全球最大的网络书籍零售商。1994年,贝佐斯从D.E.Shaw公司辞职,他发现当年春季互联网的使用量暴增,增速超过了2300％,同时他注意到美国书籍市场的巨大发展潜力。因此,贝佐斯开始筹划网上书店的创业项目,经过近一年的准备,于1995年7月正式推出亚马逊网站。公司最初的名字为Cadabra,并先后注册了多个域名,直到贝佐斯看到Amazon一词,认为这条世界上最长河流其"庞大"寓意可用来指代自己所要创建的书店,遂将其定为公司的新名字。

亚马逊的上线对同时代的线下图书巨头Barnes & Noble、Borders形成了巨大的挑战,亚马逊摆脱了线下书店的经营成本高、顾客地域限制、经营时间限制等困境,从竞争中脱颖而出。由于当时线下图书巨头的市场规模大,在短时间内难以撼动,因此亚马逊采用了大规模扩张的市场策略,以利润亏损换取市场规模,不到两年时间,公司在纳斯达克成功上市。1997年5月,当Barnes & Noble开展网上售书业务时,亚马逊已经在网络书籍零售行业取得了独厚优势。

(二)急速扩张及出现泡沫

亚马逊发展的第二阶段是从1998年至2001年,其目标是成为最大的综合网络零售商。贝佐斯发现网络零售相比于实体销售,其优势在于能为消费者提供更多元的商品选择,因此,亚马逊的市场定位从最初单一经营书籍的网上书店逐步发展成为综合电商,并达到规模效益。从1998年起,亚马逊新增了音乐、DVD/视频、消费电子、玩具、家居装饰、软件、游戏和礼品等产品品类。其间,亚马逊通过并购方式扩大了自己的业务范围,先后并购了近30家互联网公司,包括互联网电影资料库IMDb公司、数据挖掘公司Junglee、社交网络公司Planetall等,并因此获得了强大的数据库技术与数据检索技术。之后,亚马逊为确保营收的迅速增长和节假日订单高峰时能顺利发货,成立了自己的物流中心,通过自建仓库仓储并坚持与其他快递公司合作,自身的物流配送服务水平得到不断提升。借助品类扩张和国际扩张,2000年亚马逊将其宣传口号改为"最大的网络零售商"。

2000年3月开始,资本市场之前累积的网络经济泡沫开始破裂,很多互联网企业倒闭或受到严重冲击,亚马逊的资金链也几近断裂。这一年,亚马逊所投资的不少互联网企业由于缺乏资本的持续投入,纷纷倒闭,公司股价从年初76.12美元跌到年末15.56美元,一年暴跌了近80％。2001年,资本市场形势持续恶化,"9·11"事件更是雪上加霜,亚马逊的股价跌到冰点,急速扩张使亚马逊背负了沉重债务,再加上巨额亏损,净资产已降为负值。

(三)危机中恢复及稳定增长

亚马逊发展的第三阶段是从2001年至今,其目标是成为以用户为中心的企业。亚马逊在2001年进行了一次大规模的调整,主要体现在以下三方面:一是小幅裁员,同时关闭了几个物流中心及客服中心;二是将产品货运业务委托给第三方物流公司,以降低运营成本;三是进行组织调整,将公司定位为在线交易服务商。

完成角色转变后,亚马逊将更多的时间和资本用于开发核心服务,于2003年实现盈利3500万美元,从经济泡沫中恢复并开始进入稳步发展阶段;于2005年推出Prime会员服务,顾客只要支付79美元的年费(2018年涨到119美元),就可以享受两天内免费送货的无限制物流服务,顾客的购买体验得到提升;于2007年向平台商家提供亚马逊物流服务FBA(Fulfillment by Amazon),使用FBA的商家需要将货物先存放到亚马逊仓库,再由亚马逊负责所有的物流配送、客户服务、退换货等工作,FBA 不仅能进一步提升客户体验,还能促进商家销售。随着一系列服务和产品的逐步推广,亚马逊完成了从网络零售商到在线交易服务商的华丽转型。

二、亚马逊平台优势

(一)体量庞大

亚马逊覆盖的市场是跨境电商卖家所面向的核心市场,如美国、加拿大、英国、法国、德国、西班牙和日本等,在这些体量大、消费层次高的主流市场上,亚马逊都是深受欢迎的网络购物平台。

(二)客户优质

亚马逊一直坚持深耕细作,每一步的发展都紧紧围绕着"以用户为中心"的理念。以亚马逊美国站为例,Prime 会员费为每月 12.99 美元或每年 119 美元,可享受免费 2 日送达、Prime 会员折扣、闪购提前入场、专属购物狂欢节等服务,这些服务成为高黏度用户的利器。庞大的高黏度用户群体和如此高的单客消费值,是其他电商平台望尘莫及的。

(三)规则规范

亚马逊以平等、公平和规范的原则进行卖家管理,对所有卖家一视同仁,给予每个卖家同样的机会。在日常运营中,亚马逊虽然经常会对平台规则进行小幅调整,但都是基于原有框架进行漏洞的修复。相比有些跨境电商平台每年(甚至每月)政策不断变化且自相矛盾的情况来说,亚马逊平台一直秉持的公平规则让卖家更加放心。

三、亚马逊平台特点

(一)重推荐,轻广告

亚马逊平台发展历程
及其特点

亚马逊的站内推广形式很少,基本上除了产品广告(Sponsored Products)和展示广告(Display Advertising)就是促销活动(Promotion)。实际上,广告和促销并不是亚马逊的关注点和盈利点,它始终以客户体验为导向,而过多的广告或促销会引发客户反感。

买家在登录亚马逊以后,平台会根据他的浏览习惯、搜索习惯、购物习惯、付款习惯等个性化数据,进行关联推荐和排行推荐,以拓展他的选择范围,增加他的访问深度。从结果上来看,这种推荐方式的转化率不错,有效地触发了客户的购买动作。

亚马逊上有一个推荐位叫作 Frequently Bought Together,翻译为"经常一起购买的商品",比如有的客户在购买打印机时,平台会给他推荐墨水;在购买读卡器时,会给他推荐 SD 卡或 TF 卡。另外,当客户再次登录亚马逊时,之前浏览过的产品仍会被展示,继续对他进行提醒和刺激,很多客户也在这样的刺激下做出了购买决定。凭借着这样的算法和技术,亚马逊在业内有着"推荐系统之王"的美称。据统计,亚马逊 35% 的销售额都与推荐系统相关。

(二)重展示,轻客服

亚马逊没有即时在线客服,如果买家在购买产品前有疑问,只能通过邮件这种形式来

咨询卖家,一来一回的时间成本很高,等到卖家回复时,买家可能已经离开了。这就促使卖家必须在产品页将所有的信息表达得尽量丰富、全面和完整,同时要不断地对产品进行优化,在标题、图片、五行描述、长描述等方面精心打磨,将买家想要了解的内容进行充分展示。

这种邮件系统是亚马逊的特色,其目的是鼓励买家自助购物,尽可能简化整个交易流程,想买就下单等收货,不想买就换个产品继续了解,省心、省力、省时。

(三)重产品,轻店铺

想要做好亚马逊,选品是重中之重。想要成为亚马逊平台上的成功卖家,绝不能靠多店铺或者多 SKU(Stock Keeping Unit,库存保有单位)来运作,因为在亚马逊进行关键词搜索时一般不会出现店铺,所以卖家只能靠不断优化产品,来让自己的产品排名靠前。

很多优秀亚马逊卖家的经营策略是"少做产品、做精产品",整个店铺可能只有十几款产品,少数几家的产品数量甚至不到十款。这种经营策略会让卖家更有效地进行库存管理,集中精力做好产品,服务好买家。而在选品上,卖家要注意三个问题:一是要选择自己熟悉的,二是要选择有价格优势的,三是要选择能满足市场需求的。

(四)重客户,轻卖家

亚马逊非常鼓励客户表达真实的购物感受,其设计了两套评价体系,一个是商品评论(Review),另一个是买家反馈(Feedback),前者针对的是卖家提供的产品,后者针对的是卖家提供的服务。这两套评价体系对卖家的影响都比较大,前者影响的是销售量和转化率,后者影响的是卖家排名和黄金购物车(Buy Box)。如果商品评论星级非常低,那么产品将会没有什么曝光量,甚至会收到亚马逊的警告或者移除该产品的销售权限;如果卖家反馈星级非常低,使得绩效指标订单缺陷率大于 1%,亚马逊会审核卖家的店铺甚至移除卖家的销售权限。

不过卖家也不要认为自己一定会受到不公正的待遇,按照实际情况来看,亚马逊对买家和卖家之间的平衡点把握得比较好,它会根据实际情形来判断责任归属。如果确实是卖家的问题,严重的会被关闭账号;如果是买家无理取闹或是出于其他动机诬陷卖家,亚马逊也会做出公平的处理。

【创业示范】

创业任务:开始通过亚马逊进行货物销售的主要步骤(以亚马逊美国站为例)。

[Step 1] 熟悉亚马逊美国站(amazon.com),以及如何注册一个账户直接销往美国站点。

若您尚未在亚马逊上进行销售,请了解美国站点的注册流程,以及在注册期间需要提供哪些信息;若您已经在其他亚马逊站点销售,请了解如何链接现有的亚马逊账号,以及如何通过单一卖家账号管理您的全球销售。

[Step 2] 熟悉亚马逊美国站上可销售的不同产品,了解哪些类别受到限制或需要批准。

[Step 3] 熟悉美国的法规要求,包括产品认证、产品安全、消费税或增值税等。

[Step 4] 熟悉美国的物流配送方案,并在亚马逊物流(FBA)和卖家自配送之间做

出选择。

若您选择亚马逊物流,请了解如何将库存发往美国的亚马逊物流中心,并了解亚马逊提供的非物流相关客户服务;若您选择卖家自配送,请了解如何配送国际订单的货物,同时以当地语言提供客户服务,并提供美国的退货地址。

[Step 5] 熟悉国际物流要求,包括进出口法规、国际物流渠道的运输限制、包装标准等。

[Step 6] 熟悉亚马逊美国站的营销推广方式,包括站内广告、促销活动、站外推广等。

[Step 7] 熟悉亚马逊美国站的账户绩效指标,账号安全可避免权重下降或者直接受限。

任务3 亚马逊全球开店

【创业知识】

一、亚马逊账号类型

(一)按账号性质划分

按照账号性质分类,亚马逊账号主要有四种,分别是 Amazon Seller Central(SC)、Amazon Vendor Central(VC)、Amazon Vendor Express (VE)和 Amazon Business(AB)。

亚马逊账号类型

Amazon Seller Central 简称 SC 或 3P,即亚马逊卖家中心,而 3P Seller 就是所谓的第三方卖家,是目前普遍使用的亚马逊账户类型。中国卖家可通过"全球开店"项目入驻亚马逊。全球开店是亚马逊官方针对中国卖家的一种开店方式,2012 年初正式引入中国。需要说明的是,全球开店只是亚马逊的一个项目名称,并不是说开通一个账号就可以在亚马逊各个站点国家(地区)销售。

Amazon Vendor Central 简称 VC,即亚马逊供应商中心,是亚马逊重量级的供应商系统,且亚马逊自营商品大部分来自 VC 卖家。VC 账号是邀请制的,如果亚马逊没有邀请你便不能申请入驻。VC 账号的优势包括可上传产品视频、有专属"A+"页面、能自己安排秒杀时间等。

Amazon Vendor Express 简称 VE,是亚马逊推出的一个面向美国供应商的平台,是 VC 的精简版或者说初级版。如果卖家具有美国公司、美国税号等条件,可自行申请 VE 账号,经过亚马逊相关审核后即可。目前已经停止申请。

Amazon Business 简称 AB,是亚马逊在 2015 年上线的、面向企业和机构买家的一站式商业采购站点。通过 AB,中国卖家可接触到美国、加拿大、英国等 8 大站点的数百万企业和机构买家,这些买家覆盖了医院、教育机构、世界 500 强企业、政府机构、实验室、日托中心等用户。AB 提供 B2B 平台、企业卖家专属标记、企业卖家资料、在线询价 RFQ 等专

业工具支持。SC 属于 B2C 范畴，而 AB 属于 B2B 范畴，因此同一个公司可以同时申请这两种账号。

（二）按销售计划划分

按照销售计划分类，亚马逊账号有两种，分别是专业销售计划（Professional）和个人销售计划（Individual）。专业销售计划和个人销售计划之间是可以相互转化的。如果商家注册时选择了个人销售计划，之后可以在亚马逊后台自助升级为专业销售计划；如果商家注册时选择了专业销售计划，后续也可以降级为个人销售计划。

无论注册主体是公司或是个人，都可以通过亚马逊自注册通道完成两种账户注册并开始销售。以公司名义与以个人名义开设的账户在各种权限（流量、商品上架数量、商品审核要求等）上没有任何区别。这两种销售计划的主要区别在于费用结构和功能使用权限上，如表 1-1 所示。

表 1-1　专业销售计划和个人销售计划的主要区别

对比项	专业销售计划（Professional）	个人销售计划（Individual）
注册主体	个人/公司	个人/公司
月服务费	39.99 美元	免费
每件费用	免费	0.99 美元
销售佣金	根据不同品类亚马逊收取不同比例的佣金，一般为 8%～15%	
功能区别	单一上传/批量上传，可下载数据报告	单一上传，无数据报告

注：收费标准以亚马逊北美为例；销售佣金是指卖家为每件所售商品支付销售佣金；月租金是指亚马逊网站使用费，按月收取。

二、亚马逊全球开店

（一）项目简介

2012 年，亚马逊全球开店项目进入中国，旨在借助亚马逊全球资源，帮助中国卖家抓住跨境电商新机遇，发展出口业务，拓展全球市场，打造国际品牌。

（二）入驻优势

亚马逊北美站包括美国、加拿大、墨西哥 3 大站点。亚马逊在美国最受欢迎 Top 10 网站中排名首位，是加拿大规模最大的在线零售商，也是墨西哥增长最快的电商网站。中国卖家可借助亚马逊在北美地区巨大的流量优势、数量过亿的 Prime 会员、强势竞争力的亚马逊物流（FBA）以及多样化的营销资源拓展北美业务，提高品牌知名度。

亚马逊欧洲站包括英国、法国、德国、意大利、西班牙、荷兰、瑞典、波兰 8 大站点。海量客户群、Prime 会员、高访问量、高频次购物可帮助中国卖家在欧洲开疆拓土。亚马逊为中国卖家提供欧洲联合账户，1 个销售账户即可管理 8 个站点的所有商品目录。亚马逊欧洲物流整合服务帮助中国卖家 1 国入仓，8 国销售。

亚马逊亚太地区站包括日本、印度、新加坡、澳大利亚 4 大站点。日本是世界第三大经济体，是持续增长的新蓝海。亚马逊在日本是令人信赖的电商品牌，客户购买力强、黏性高、退货率较低、网站交易量庞大,相近的地理位置和生活习惯可帮助中国卖家快递、低成本开拓海外业务。新加坡既是东南亚的金融中心和国际贸易中转站,也是东南亚较为成熟的电商市场。新加坡人口约 560 万,是世界上最富裕的国家之一,市场规模不断增长。亚马逊于 2017 年在新加坡推出 Prime Now,2019 年 10 月新加坡站正式上线,亚马逊物流和卖家自配送两大模式对中国卖家开放。印度人口 13.5 亿,是世界第二大人口国家。亚马逊印度站是当地领先的购物网站,超过 40 万卖家入驻,选品数超 1.7 亿,更有多项费用优惠政策持续助力中国卖家赢在印度。澳大利亚的互联网渗透率高达 88%,同时,中国商品位于澳大利亚进口总额的第一位。亚马逊澳大利亚站现已完善亚马逊物流、Prime 会员和广告功能,亚马逊物流可实现约 80% 的地区两日内送达。强大的购买力加上反季销售实现全年旺季的独特优势,使澳大利亚站成为中国卖家拓展海外商家的上佳选择。

亚马逊中东包括沙特、阿联酋 2 大站点。中东地区经济发展迅猛,其中阿联酋和沙特电商领域的平均客单价高达 150 美元,且与电商市场较发达的国家相比,海湾国家在互联网、智能手机和社交媒体渗透等方面保持领先。亚马逊中东站为当地最大电商,对中国企业和个人卖家全面开放入驻,同时推出多项优惠(免月租、低佣金)助力中国卖家掘金中东市场。

亚马逊站点及
收费标准

(三)收费标准

亚马逊将商品分为媒介类和非媒介类,其中媒介类商品是指图书、DVD、音乐、软件和电脑/视频游戏、视频和视频游戏机以及视频游戏配件,主要的费用结构如表 1-2 所示,并以亚马逊北美站为例讲解收费标准。

表 1-2　亚马逊商品的主要费用结构

商品分类	主要费用结构
媒介类商品费用	"个人销售计划"费用＝交易手续费＋每件费用＋销售佣金
	"专业销售计划"费用＝交易手续费＋月服务费＋销售佣金
非媒介类商品费用	"个人销售计划"费用＝每件费用＋销售佣金
	"专业销售计划"费用＝月服务费＋销售佣金

1. 交易手续费

对于售出的每件媒介类商品,北美站卖家还需支付 1.80 美元的交易手续费。

2. 月服务费

个人销售计划:无服务费。

专业销售计划:北美站 39.99 美元/月,欧洲站 25 英镑/月,日本站 4900 日元/月,新加坡站 29.95 美元/月,印度站 39.99 美元/月,澳大利亚站 49.95 澳元/月,中东站暂免月租费。目前,全球开店推出新的销售计划,中国卖家只需要通过连接账号(Linked Account)将各国家(地区)的账号进行连接,每月仅支付 39.99 美元服务费,即可在亚马逊 13 个国家(地区)的站点销售商品。

3. 每件费用

个人销售计划:每件所售商品 0.99 美元。

专业销售计划:无每件费用。

4. 销售佣金

卖家需要为售出的每件商品支付销售佣金。不同品类商品的销售佣金比例和每件最低佣金都有不同的规定,如表 1-3 所示,亚马逊将收取这二者中的较高者。

表 1-3　亚马逊美国站销售佣金

分　类	销售佣金百分比	适用的最低销售佣金 (除非另有规定,否则按件收费)
亚马逊设备配件	45%	$0.30
母婴(婴儿服装除外)	对于总销售价格不超过 $10.00 的商品,收取 8% 的销售佣金	$0.30
	对于总销售价格超过 $10.00 的商品,收取 15% 的销售佣金	
图书	15%	—
摄影摄像器材	8%	$0.30
手机设备	8%	$0.30
电视/音响	8%	$0.30
电子产品配件	对于总销售价格中不超过 $100.00 的部分,收取 15% 的销售佣金	$0.30
	对于总销售价格中超过 $100.00 的部分,收取 8% 的销售佣金	
家具(包括户外家具)	对于总销售价格中不超过 $200.00 的部分,收取 15% 的销售佣金	$0.30
	对于总销售价格中超过 $200.00 的部分,收取 10% 的销售佣金	
	注意:对于床垫商品,一律收取 15% 的销售佣金,不受销售额影响	
家居与园艺	15%	$0.30
厨房用品	15%	$0.30
全尺寸电器	8%	$0.30
小型电器	对于总销售价格中不超过 $300.00 的部分,收取 15% 的销售佣金	$0.30
	对于总销售价格中超过 $300.00 的部分,收取 8% 的销售佣金	$0.30
音乐	15%	—
乐器	15%	$0.30
办公用品	15%	$0.30
户外用品	15%	$0.30

续表

分 类	销售佣金百分比	适用的最低销售佣金 （除非另有规定，否则按件收费）
个人电脑	8%	$0.30
宠物用品	15%，但处方饲粮食为22%	$0.30
软件和电脑/视频游戏	15%	—
体育用品（体育收藏品除外）	15%	$0.30
工具和家居装修	15%，但基础设备电动工具为12%	$0.30
玩具和游戏	15%	$0.30
解锁手机	8%	$0.30
视频和 DVD	15%	—
视频游戏机	8%	$0.30
其他①	15%	$0.30
3D 打印商品	12%	$0.30
汽车用品	12%，但轮胎和轮毂商品为10%	$0.30
美妆	对于总销售价格不超过 $10.00 的商品，收取 8% 的销售佣金	$0.30
	对于总销售价格超过 $10.00 的商品，收取 15% 的销售佣金	
服装与配饰（包括运动装）	17%	$0.30
收藏类图书	15%	—
硬币收藏品	有关销售佣金，请参阅分类要求	$0.30
娱乐收藏品	有关销售佣金，请参阅分类要求	—
艺术品	有关销售佣金，请参阅分类要求	—
礼品卡	20%	—
食品	对于总销售价格不超过 $15.00 的商品，收取 8% 的销售佣金	—
	对于总销售价格超过 $15.00 的商品，收取 15% 的销售佣金	
个护健康（含个护用品）	对于总销售价格不超过 $10.00 的商品，收取 8% 的销售佣金	$0.30
	对于总销售价格超过 $10.00 的商品，收取 15% 的销售佣金	

分 类	销售佣金百分比	适用的最低销售佣金 （除非另有规定，否则按件收费）
工业和科学用品 （含餐饮服务和清洁与卫生）	12％	$0.30
珠宝首饰	对于总销售价格中不超过$250.00的部分，收取20％的销售佣金	$0.30
	对于总销售价格中超过$250.00的部分，收取5％的销售佣金	
箱包和旅行用品	15％	$0.30
鞋靴、手提包和太阳镜	15％	$0.30
体育收藏品	有关销售佣金，请参阅分类要求	—
钟表	对于总销售价格中不超过$1500.00的部分，收取16％的销售佣金	$0.30
	对于总销售价格中超出$1500.00的部分，收取3％的销售佣金	
延长保修、保护计划及服务合约	96％	—

注：①如果卖家所售商品无法明确归入任何现有分类，可使用"其他"分类。

资料来源：亚马逊全球开店．[2021-08-15]．https://gs.amazon.cn/north-america.html? ref＝as_cn_ags_hnav_na.

(四)注册指导

1. 全球开店注册方式

企业进行全球开店注册有两种方式：自注册和联系招商经理注册。无论选择哪种方式注册账号都是免费的，目前来说，较多人偏向于通过招商经理通道注册账号。

(1)自注册

直接在亚马逊中国站的"全球开店"入口进行注册。注册地址为https://gs.amazon.cn/。

注册主要步骤包括：①填写姓名、邮箱地址、密码，创建新用户；②验证邮箱；③填写公司所在地、业务类型、名称；④填写公司详细信息，进行电话/短信认证验证；⑤填写法人以及受益人信息；⑥填写信用卡卡号、有效期、持卡人姓名、账单地址；⑦填写收款账户的金融机构名称、收款账户所在国家（地区）、账户持有人姓名、9位数的银行识别代码和银行账号等；⑧填写店铺名称；⑨进行身份验证并完成验证；⑩进行美国站税务审核；⑪填写其他站点存款方式（收款账号）。

(2)联系招商经理注册

联系亚马逊全球开店的招商经理，通过招商经理提供的注册链接进行注册。相比于自注册账号，招商经理注册账号可以申请各个站点的秒杀活动，可以获得招商经理的全程辅导,从而帮助卖家快速成长。这里以招商经理注册账号为例,详解全球开店的注册流程。

第一步,填写企业信息,完成预登记。关注"亚马逊全球开店"微信公众号,通过"我要开店"功能模块进入"亚马逊全球开店登记表"页面,卖家填写好公司名称、姓名、手机、邮箱、省份、主营产品、公司性质、年销售额、海外站点开通情况、目标站点等企业信息。预登记成功后,招商经理会以邮件形式联系卖家,需要卖家填写企业信息和提交资料,然后进行初步审核。

第二步,获取注册链接,完成注册。通过初步审核后,招商经理会给卖家下发注册链接,注册链接有效期一般不会超过30天。所以卖家拿到注册链接后要尽快准备好开店资料并进行注册,注册过程一气呵成不要中断。

第三步,准备资质材料,完成账户审核。目前,亚马逊北美站点将"卖家身份验证"从账户注册完成后,提前到账户注册流程中。公司卖家需要提供法人身份证和营业执照,而个人卖家需要提供身份证和信用卡对账单、银行对账单或费用账单。

第四步,了解卖家平台,完成账户设置。资质审核通过后,卖家可以在"卖家平台"了解平台的业务知识和规则政策。卖家在开始销售前需要进行账户设置,首先设置账户信息,确认信用卡信息录入正确,实时处于可缴费状态;其次设置账户权限,为其他用户开放管理库存、处理发货确认、设置广告活动等各项功能,但是账户凭证具有唯一性和机密性,不可与任何人共享;最后设置配送模板,确认发货国家(地区)以及能发到的区域和运费。账户设置完成后,若所销售品类需要亚马逊批准,卖家需要进行销售申请获得销售权;若所销售品类不需要亚马逊批准,卖家可以上架产品和发FBA。

2. 全球开店注册资料

申请亚马逊账号的所有资料、网络以及硬件都应是全新的。注册时使用的企业资料必须是"干净"的,从来没有在亚马逊上注册过卖家账号,以防关联;注册时使用的电脑及网络必须是"干净"的,从来没有注册或者登录过亚马逊账号,以防关联。主要的企业资料如表1-4所示,并以亚马逊北美站为例讲解资料规范。

全球开店及资质审核

表1-4 亚马逊北美站的注册资料

类型	注册资料	注意事项
联系信息	电子邮箱	不同站点的注册邮箱不能重复,新卖家需要开通多个站点就需要准备多个邮箱地址;不建议使用网易邮箱,有时候会收不到亚马逊信息和链接
	手机号码	如果使用同一套公司资料注册不同站点,可以使用同一个手机号码;如果使用不同的公司资料注册同一个站点的多个店铺,需要使用不同的手机号码
公司信息	店铺名称	英文名称,卖家自拟,避免重复,后期可修改
	营业执照	注册主体须具备公司资质,且需要提供相应的商业文件,对于中国大陆卖家而言,商业文件是指三证合一的公司营业执照;营业执照需要提供彩色照片或扫描件,不接受黑白复印件,图片必须完整清晰可读;营业执照状态为正常,距离过期日期应超过45天
	身份证	法定代表人的身份证

续表

类 型	注册资料	注意事项
收付款信息	双币信用卡信用卡/储蓄卡对账单	带 Visa 或者 MasterCard 标志的可支付美元的双币信用卡,不限银行,信用卡激活并能正常扣款;北美站可以使用法人代表、股东以及其他自然人的双币信用卡,准备好相应的信用卡/储蓄卡对账单
	收款账户	亚马逊接受 LianLian Pay、iPayLinks、万唯、Payoneer、WorldFirst、PingPong 等 6 种收款方式;北美站既可以使用公司名义注册的收款账户,也能使用个人名义注册的收款账户

【创业示范】

创业任务:入驻亚马逊北美站。

亚马逊平台注册账号(实操)

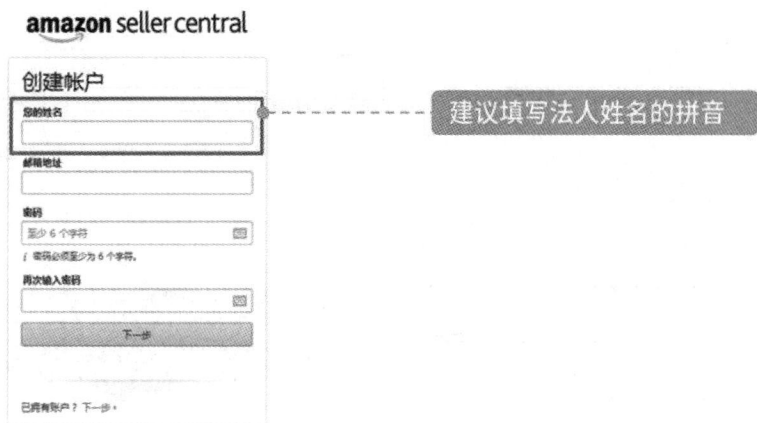

全球开店自注册流程与招商经理注册流程基本一致,本书以全球开店自注册流程为例。

[Step 1] 准备好开店资料。

打开注册链接 https://sellercentral.amazon.com/,点击"创建您的 Amazon 账户"。在注册过程中需注意以下方面:第一,除特殊要求之外,所有信息请使用拼音或英文填写;第二,注册过程不可逆,请仔细填写。

[Step 2] 填写账号注册信息。

填写姓名、邮箱地址、密码,创建新用户,如图 1-4 所示。"您的姓名"建议填写法人姓名的拼音,如 zhangsan。

图 1-4　创建账户

[Step 3] 验证邮箱。

登录账号注册信息时填写的联系邮箱去收取邮件。你会收到一封来自亚马逊的邮件,里面有包含 6 位数字的验证码。如图 1-5 所示,输入验证码,然后点击"创建您的亚马逊账户"按钮。如果没有收到验证邮件,可先去垃圾邮件箱看看是否被邮箱归类到垃圾邮件里了。如果还是没有，稍等片刻后点击图 1-5 中的"重新发送验证"链接。

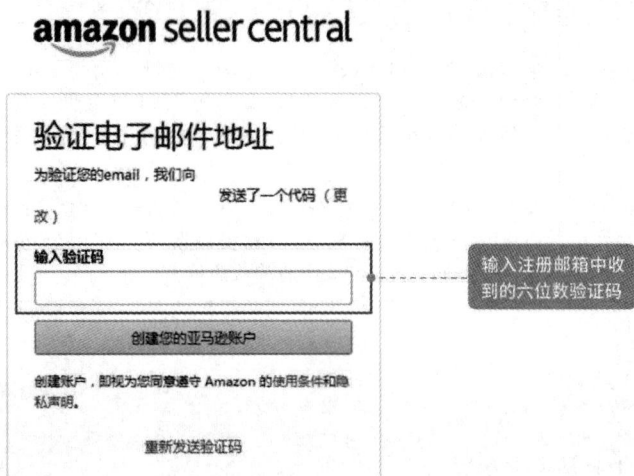

图 1-5　验证邮箱

[Step 4]　设置公司所在地、业务类型和名称。

先在"公司地址"下拉列表中选择自己所在的国家或地区，然后根据自己公司的实际情况选择业务类型。如图 1-6 所示，填写公司的英文名称（营业执照上公司名称的汉语拼音）和中文名称，最后点击"同意并继续"按钮。

若提示公司名称过长，建议使用拼音全小写，不要有空格；如果超出最大输入限制，请尽量填写公司名字的主要部分。

图 1-6　设置公司所在地、业务类型和名称

〔Step 5〕　填写公司信息。依次输入公司的相关信息,填的时候需要注意:

(1)公司注册号码需要和营业执照上的相同。如图 1-7 所示,中国大陆用统一社会信用代码。

(2)地址填写栏可以填写公司营业执照上的地址或者公司的实际运营地址,地址需详细到门牌号,填写时使用中文。

(3)PIN 接收方式是说用哪种方式进行验证,可以选择短信或者电话。输入电话号码时,需要在电话号码旁边的下拉框中选择所在的国家或地区(中国大陆的电话号码选择"中国＋86")。建议选择短信方式进行验证。

(4)选择的如果是短信验证,就会收到短消息,输入短信验证码即可。如果选择电话,就会接到自动打过来的语音电话,请接起电话,把网页中显示的 4 位数字输入手机进行验证,若验证码正确网页会显示认证成功。当系统验证出错时,请尝试用其他语言进行验证或者短信验证,3 次不成功则需等候 1 小时后才可重新验证。

(5)主要联系人请填写公司的法定代表人姓名的拼音。

所有信息输入完毕,而且通过短信或者电话验证后,点击"下一页"按钮,进入下一步。

请注意:一旦验证完成,就将无法再退回至本步骤修改信息,所以请在短信或电话验证前仔细检查本页内容。

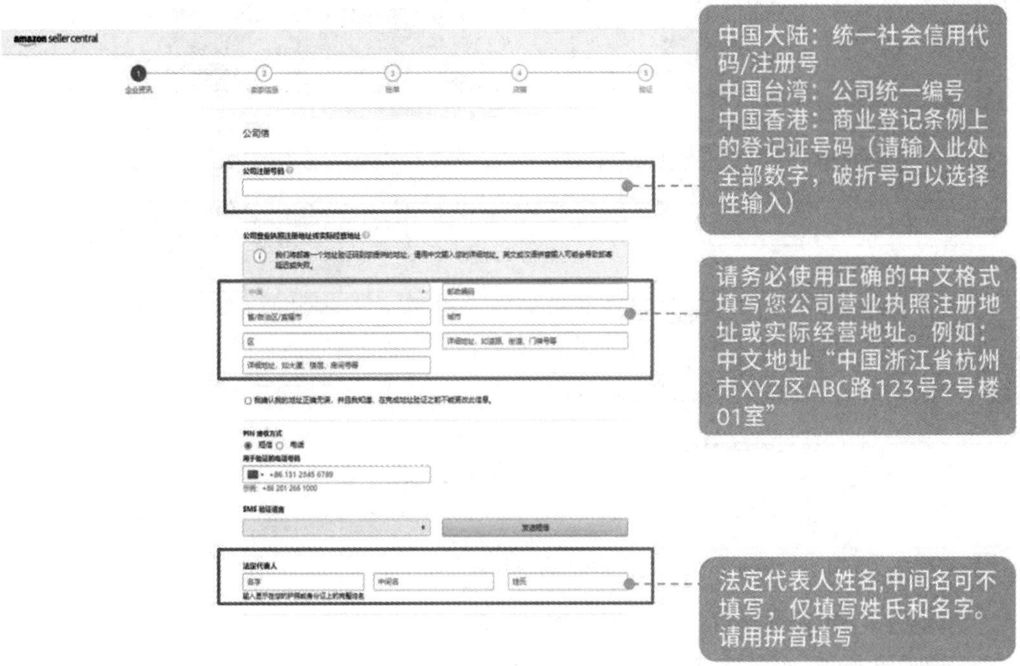

图 1-7　填写公司信息

〔Step 6〕　填写卖家个人信息。

在个人信息页面,需要进一步完善账号所在公司法人的个人信息。

(1)如图 1-8 所示,选择国籍后,再依次输入或者选择出生地、出生日期、身份证的号码和有效期、身份证的签发国,以及身份证上的名称,名称可以是中文。

（2）居住地址如果和页面上默认的企业办公地址不一样，可以点击"添加其他地址"链接，增加新的地址。

（3）如果法人的手机号码，和页面上默认的电话号码不一样，也可以点击"添加新的手机号码"，增加新的手机号。需要注意的是，新增加的手机号也需要通过短信或者电话进行验证。

（4）受益人信息（Beneficial Owner Information）：受益人必须是公司所有人或管理者，即直接或间接拥有公司25%及以上股份，或对业务发展有决定权，或以其他形式对公司行使管理权的自然人或者公司。人数必须与实际情况相符，其信息将有可能被验证。

（5）勾选"是企业的受益所有人"以及"是企业的法人代表"两个勾选框。

（6）如果公司的受益人只有法人一个，"我已新增该公司所有的受益人"下就选择"是"，否则就选择"否"。如果选择"否"的话，就需要进一步输入其他受益人的信息。

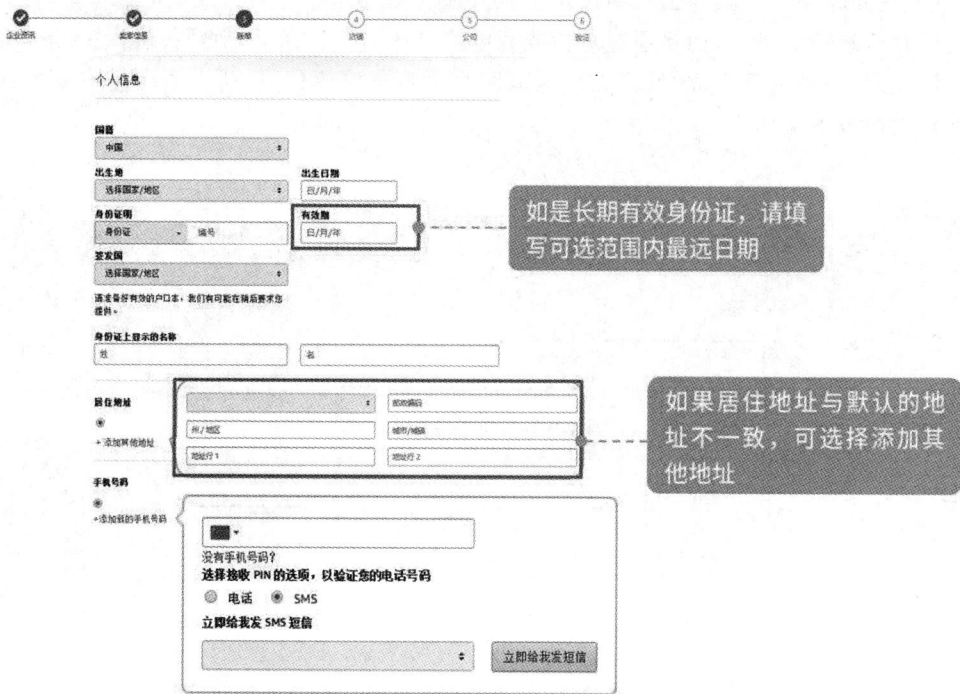

图1-8　填写卖家个人信息

[Step 7]　输入银行存款账户信息和付款的信用卡信息。

如图1-9所示，需要填写银行存款账户信息。

（1）使用亚马逊全球收款，使用人民币接收全球付款并直接存入您的国内银行账户，银行地址选择"中国"。

（2）使用海外或中国香港地区的有效银行账户，用当地货币接收亚马逊销售款。这种方式需要选择银行地址为账户所属国家和地区，并填写银行账户信息。

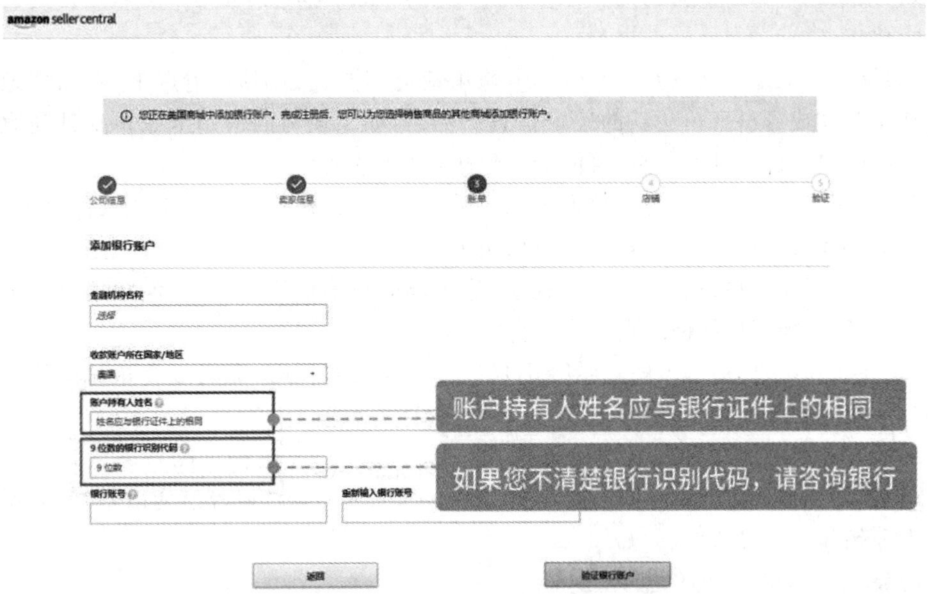

图 1-9　输入银行存款账户信息

（3）使用参加"支付服务商计划"的支付服务商提供给您的银行账户，此种情形下请选择银行地址为支付服务商开立给您的银行账户所在国家或地区，并填入银行账户信息。

如图 1-10 所示，需要填写信用卡卡号、有效期、持卡人姓名、账单地址。

图 1-10　输入付款的信用卡信息

（1）请使用可以国际付款的信用卡（VISA、Master 卡均可，推荐 VISA），否则会提示不符合要求。

（2）检查默认地址信息是否与信用卡账单地址相同。如不同，请点击"添加新地址"，然后使用英文或者拼音填写新的地址信息。注意：如果填写的信用卡账单地址与您在银行填写的账单寄送地址不一致，可能会导致账户注册失败。

（3）信用卡持卡人与账户注册人无须为同一人；公司账户亦可使用个人信用卡（欧洲信用卡信息建议使用法人/受益人所属信用卡）。

（4）在注册完成后及账户运营过程中，您可随时更换信用卡信息，但频繁更改可能会触发账户审核，建议更换前咨询卖家支持。

（5）在账户结算，而卖家账户结余不足以抵扣相关款项时，亚马逊会从这张信用卡中扣除每月服务费或其他销售费用，如 FBA 费用。

（6）在前 6 个月，您将需要支付每月 39.99 美元的专业销售订阅费。从第 7 个月开始，无论您在何处销售，您将需要支付总计不超过 39.99 美元（或等值货币）的针对所有商城的专业销售全球订阅费。

[Step 8] 填写店铺信息。

填写店铺的名称以及商品编码和品牌的一些信息。如图 1-11 所示，其中店铺名称强烈建议使用英文填写。

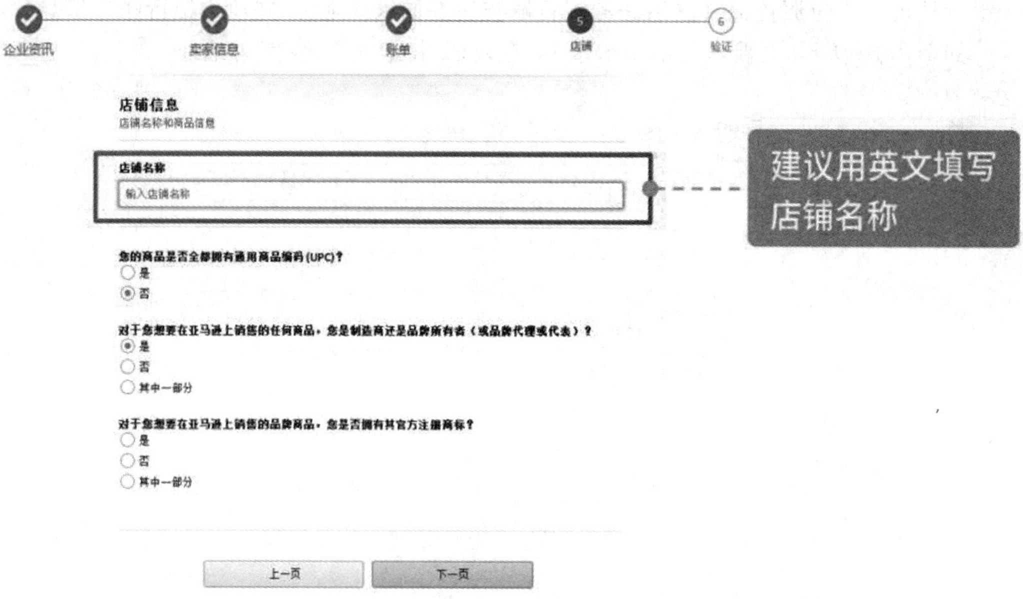

图 1-11 填写店铺信息

[Step 9] 提交身份验证。

如图 1-12 所示，因为企业以及法人的信息前面都已经填过，这一步只需要上传法人身份证的正反面以及公司营业执照的照片就可以了。

照片的上传可能需要一点时间，等上传成功后点击最下方的"提交"按钮，等看到绿色身份验证信息提交后就可以关闭此页面。

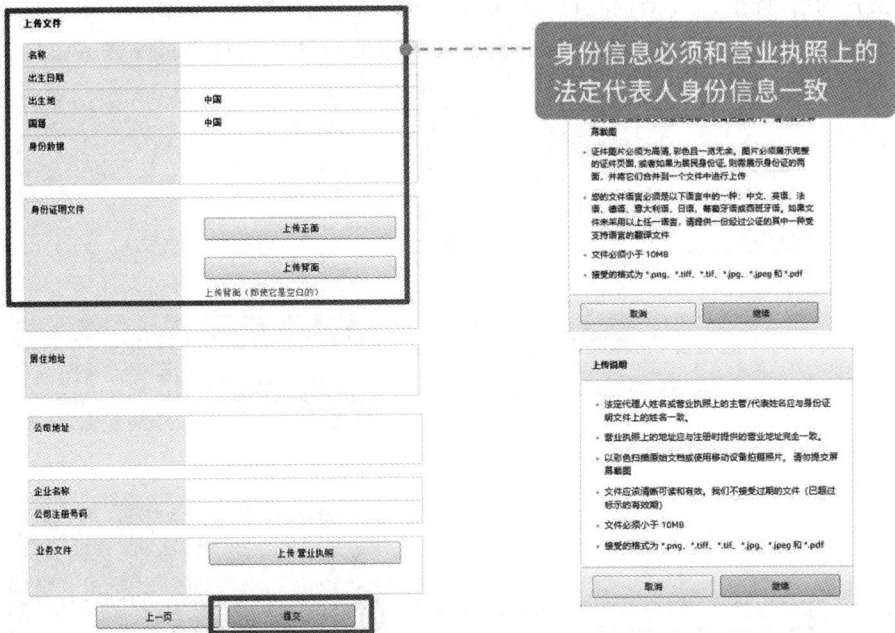

图 1-12　提交身份验证

[Step 10]　身份验证与地址验证。

请选择"实时视频通话",并点击"下一步"。选择一个日期和时间,并单击"下一步"确认视频通话验证预约。

如图 1-13 所示,请再次检查预约的时间,并准备好所需文件。

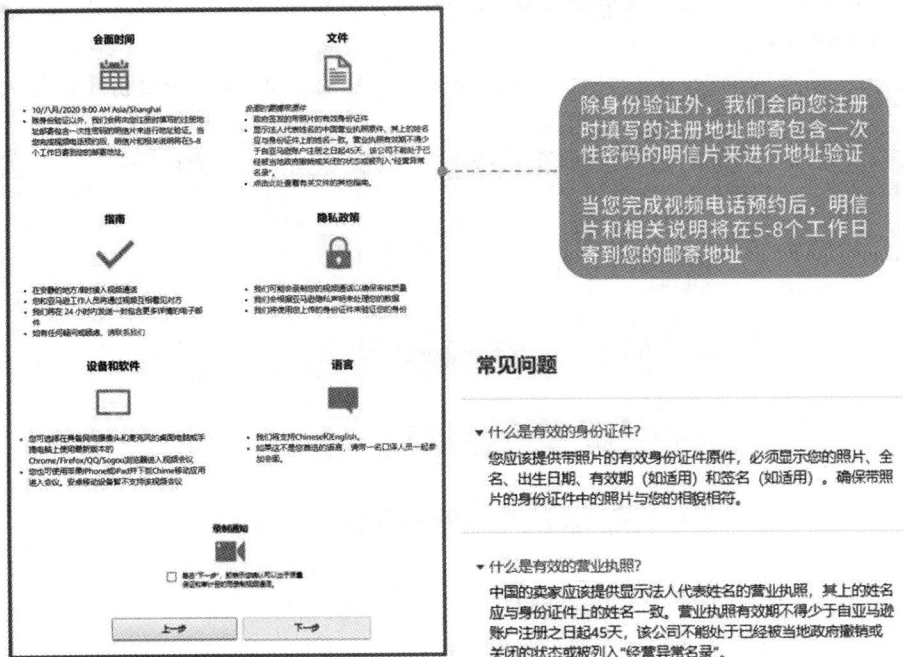

图 1-13　身份验证与地址验证

完成预约后,将在 24 小时内收到一封包含更多详情的电子邮件。可以取消或更改预约。

如图 1-14 所示,请在预约时间准时出席视频通话验证。亚马逊将邮寄一张包含地址验证码的明信片至您填写的地址。

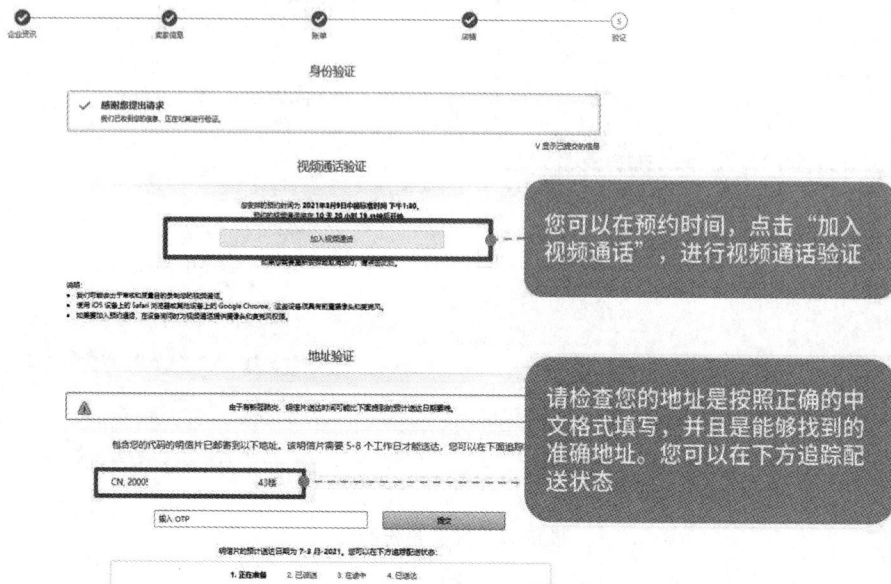

图 1-14　视频通话验证

在视频验证过程中,若错过原先预约时间而未出席,Seller Central 界面将会查看到相应提示。请重新预约新的时间,并准时出席。

可以通过两种方式获知身份验证结果:①等待亚马逊邮件告知;②登录 Seller Central 界面查看审核结果。

如图 1-15 所示,在 Seller Central 界面查看到以下状态时,意味着身份验证已通过且

图 1-15　身份验证通过信息

同时开通了北美站、欧洲站、日本站和澳大利亚站的卖家账户。根据实际运营需求,进入相应站点(可同时开通多站点)开启卖家账户销售。

如图 1-16 所示,可以点击右上角的"搜索""帮助"按钮,查找所有关于亚马逊北美站点卖家运营的信息。还可以通过卖家平台的帮助按钮,联系亚马逊卖家支持团队,解答问题。

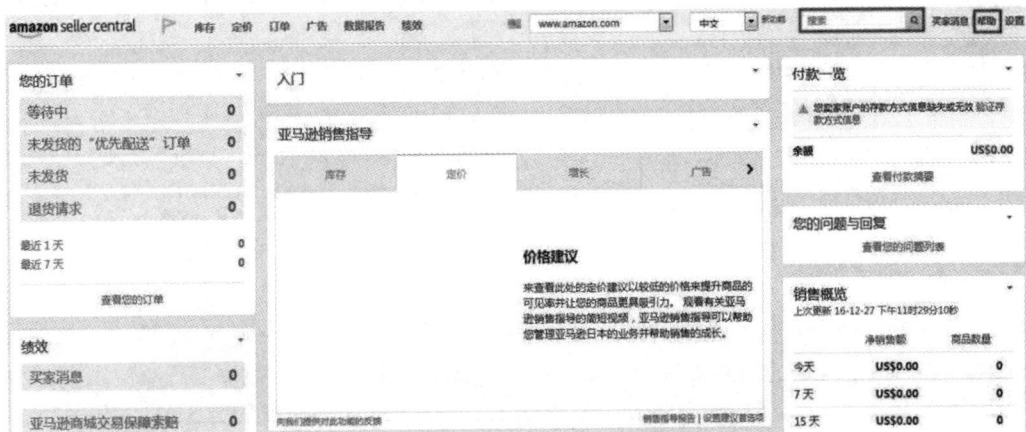

图 1-16 卖家平台帮助信息

[Step 11] 美国站税务审核。

成功登录卖家平台后,将会被亚马逊要求提供纳税身份信息,进行税务审核;否则买家将看不到你创建的任何商品。

如图 1-17 所示,请单击"提供纳税身份信息",根据系统指示完成以下 5 个步骤的自助税务审核。

图 1-17 提供税务信息

(1)确认公司或个人非美国身份。

(2)选择受益人性质——公司或个人。

(3)同意提供电子签名。

(4)确认有关账户受益人的信息是否准确,如需修改,请返回上一页并更新信息。如图 1-18 所示,如信息经检查后无误,请点击"提交表格"。

图 1-18 税务信息表

(5)点击"退出调查",结束审核。

[Step 12] 填写北美站点存款方式(收款账户)。

如果在注册过程中没有填写收款账户,成功登录卖家平台后,将会被亚马逊要求提供收款账户。

(1)如图 1-19 所示,点击"添加或更新存款方式"。

图 1-19 添加或更新存款方式

(2)点击"分配"存款方式。

(3)填写接收付款的银行账户信息。

请注意,银行账户信息的填写有以下三种选择,请对照实际情况填写。

方法一:使用亚马逊全球收款,可以使用人民币接收全球付款并直接存入国内银行账户。如图 1-20 所示,请选择银行地址为"中国"并按照提示填写银行账号信息,然后勾选接受首信易支付及亚马逊全球收款条款和条件。

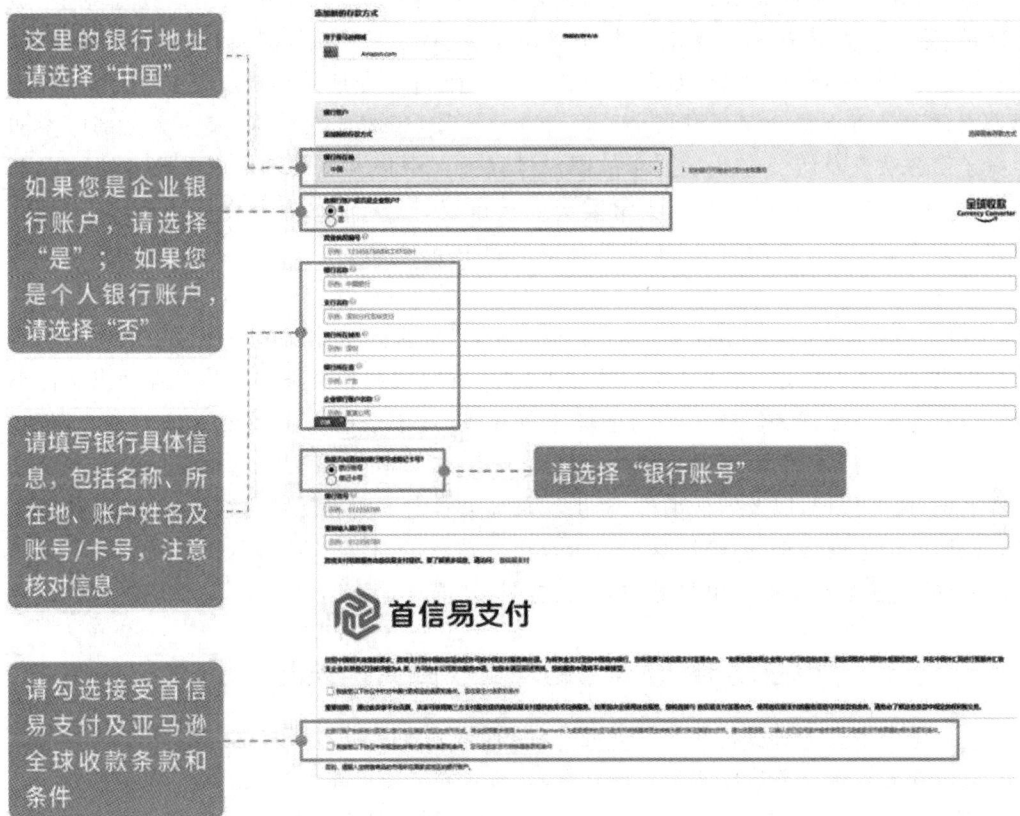

图 1-20　亚马逊全球收款

注意:如果是使用企业账户进行收款的卖家,则须取得中国对外贸易经营权,并在中国外汇局进行贸易外汇收支企业名录登记且被评级为 A 类,方可向亚马逊发出服务申请。如未满足前述资质,服务申请将不会被接受。

方法二:使用海外或中国香港地区的有效银行账户,用当地货币接收亚马逊销售款。这种方式需要选择银行地址为账户所属国家或地区,并填写银行账户信息。

方法三:使用参加"支付服务商计划"的支付服务商提供的银行账户,此种情形下请选择银行地址为支付服务商开立的银行账户所在国家或地区,并填入银行账户信息。

注意:请务必保证存款方式信息的正确性,如果银行账户有问题,亚马逊就无法对账户进行结算。

【拓展知识】

一、《中华人民共和国电子商务法》

近年来,我国电子商务领域的发展引人瞩目,其增速与规模都已居于世界前列。据国家统计局数据,2018年全年实现电子商务交易额31.63万亿元,同比增长8.5%。在移动互联网、大数据等新一代信息技术的驱动下,电子商务向生产、流通、消费等各个环节快速渗透,成为一种极具活力的新型经济形态。与此同时,网络销售中的无序竞争、虚假促销、监管乏力等方面问题也逐渐暴露出来。自2000年第九届全国人大三次会议"一号提案"以来,呼吁专门针对电子商务制定法律的声音日益高涨。2013年12月,全国人大财政经济委员会牵头开展电子商务立法工作,组织成立由国务院12个部门参加的电子商务法起草组。在此后五年的制定过程中,《中华人民共和国电子商务法》(以下简称《电子商务法》)经过两届人大常委会四次审议,三次面向社会公开征求意见,充分吸收了多方意见后,2018年8月终于获得通过并正式颁布。该法已于2019年1月1日正式施行。

《电子商务法》从法律层面对国家、企业、消费者等多元主体在电商领域中的各自行为角色做出了明晰的界定,阐述了相应的法律关系,并对权利和义务的具体内容做出了详细的规定。为各类经营者创造公平的市场竞争环境,是该法的一个重要立法原则。例如,《电子商务法》规定国家平等对待线上线下商务活动。同时,该法对电商经营者办理市场主体登记、税务登记,以及依法纳税、提供发票等也做出了明确规定。这意味着,过去由于监管缺漏而给电商带来的"隐性福利",以及由此造成的对实体店的不公平竞争将不为法律所允许,流通全行业的竞争将更加规范、透明、公正。

《电子商务法》中与跨境电子商务相关的法条

第九条　本法所称电子商务经营者,是指通过互联网等信息网络从事销售商品或者提供服务的经营活动的自然人、法人和非法人组织,包括电子商务平台经营者、平台内经营者以及通过自建网站、其他网络服务销售商品或者提供服务的电子商务经营者。

本法所称电子商务平台经营者,是指在电子商务中为交易双方或者多方提供网络经营场所、交易撮合、信息发布等服务,供交易双方或者多方独立开展交易活动的法人或者非法人组织。

本法所称平台内经营者,是指通过电子商务平台销售商品或者提供服务的电子商务经营者。

第二十六条　电子商务经营者从事跨境电子商务,应当遵守进出口监督管理的法律、行政法规和国家有关规定。

第七十一条　国家促进跨境电子商务发展,建立健全适应跨境电子商务特点的海关、税收、进出境检验检疫、支付结算等管理制度,提高跨境电子商务各环节便利化水平,支持跨境电子商务平台经营者等为跨境电子商务提供仓储物流、报关、报检等服务。

国家支持小型微型企业从事跨境电子商务。

第七十二条　国家进出口管理部门应当推进跨境电子商务海关申报、纳税、检验检疫等环节的综合服务和监管体系建设,优化监管流程,推动实现信息共享、监管互认、执法互助,提高跨境电子商务服务和监管效率。跨境电子商务经营者可以凭电子单证向国家进出口管理部门办理有关手续。

第七十三条　国家推动建立与不同国家、地区之间跨境电子商务的交流合作,参与电子商务国际规则的制定,促进电子签名、电子身份等国际互认。

国家推动建立与不同国家、地区之间的跨境电子商务争议解决机制。

二、《电子商务法》对跨境电子商务的影响

(1)明确了电子商务的对象。《电子商务法》第二条规定,电子商务是指通过互联网等信息网络销售商品或者提供服务的经营活动;法律、行政法规对销售商品或者提供服务有规定的,适用其规定;金融类产品和服务,利用信息网络提供新闻信息、音视频节目、出版以及文化产品等内容方面的服务,不适用本法。也就是说,人们通常理解的跨境电子商务是在《电子商务法》适用范围内的。

(2)跨境电商经营者应当办理市场主体登记。此项规定对当前的 C2C 模式经营中的海外代购行为影响最大,因为大多数的海外代购之所以存在,是由于一价定律的失效,即同一种商品在不同关税区的价格不同,而两者之间的价格差要远远大于他们从事这项工作所付出的成本,如果根据《电子商务法》的规定,落实商业主体责任,这就意味着经营者需要履行纳税义务,这必然会增加他们的经济成本。此项规定也存在一定制度上的困难,由于《电子商务法》的法律效力只在中国境内有效,而办理工商登记是需要进行住所登记的,所以居住在境外的海外代购者是无法取得我国的相关行政许可的,如此一来,相当一部分的海外代购者将成为不合规的跨境电商经营者。

(3)个人信息受法律保护。《电子商务法》第二十三条规定,电子商务经营者收集、使用其用户的个人信息,应当遵守法律、行政法规有关个人信息保护的规定;第二十五条规定,有关主管部门应当采取必要措施保护电子商务经营者提供的数据信息的安全,并对其中的个人信息、隐私和商业秘密严格保密,不得泄露、出售或者非法向他人提供。此项规定在落实上存在一定困难,但将维护个人信息作为电子商务经营者和相关主管部门的义务写进法律也不失为一种进步,有了法律依据,消费者的个人信息也将会在一定程度上得到保护。

(4)电子商务平台经营者应当建立知识产权保护规则。《电子商务法》第四十一条至第四十九规定了电子商务平台经营者对于平台内经营者侵犯知识产权行为的惩罚义务,必要时需采取一系列强制手段切断侵权人的交易途径。由于信息网络的发展,受侵犯的知识产权人易于发现侵权行为,向电子商务平台经营者申诉比向相关政府部门申诉更为容易,可降低知识产权人维权的难度。

(5)明确了电子商务合同的订立与履行。《电子商务法》第四十九条规定,电子商务经营者发布的商品或者服务信息符合要约条件的,用户选择该商品或者服务并提交订单成功,合同成立;当事人另有约定的,从其约定;电子商务经营者不得以格式条款等方式约定消费者支付价款后合同不成立;格式条款等含有该内容的,其内容无效。此项规定明确了电商合同成立的时间点,即在消费者付款成功的那一刻,合同便已经成立,且声明任何约定在价款成功支付后合同不成立的方式(如格式条款)均不存在法律效力。

(6)消费者权益保护问题。《电子商务法》第五十八条规定,国家鼓励电子商务平台经

营者建立有利于电子商务发展和消费者权益保护的商品、服务质量担保机制;第五十九条至第六十三条对维护消费者权益进行了详细的说明。此项规定仅适用于境内的电子商务活动,涉及其他国家的侵害消费者权益的问题是无法通过此项法案解决的。

从《电子商务法》的内容来看,该法立足于我国的具体国情,基本涵盖了电子商务的各个方面,如电子商务经营主体、经营方式、合同订立履行、快递物流、电子支付、争端解决等,为诸多问题提供了解决方案。但由于跨境电子商务的复杂性,仍需要同国际接轨,建立国际电子商务统一规则,才能更好地促进跨境电商的发展。

【技能训练】

一、温故知新

1.跨境电子商务是指分属( )的交易主体,通过电子商务平台达成交易、进行支付结算,并通过跨境物流送达商品、完成交易的一种国际商业活动。

A.不同国家 B.不同地区

C.不同关境 D.不同大洲

2.大学生做跨境电商创业不具备的优势是( )。

A.语言优势 B.专业技能优势

C.个性优势 D.选择优势

3.大学生跨境电商创业过程中遇到的问题和困难不包括( )。

A.资金困难 B.语言困难

C.没有风险意识 D.物流成本较高

4.下列账户类型的注册主体是美国本土卖家的是( )。

A.VE B.AB

C.VC D.SC

5.作为亚马逊平台的卖家,您必须具备并向亚马逊提供中国法律法规所要求的相关经营资质文件的电子版包括( )。

A.营业执照副本 B.国税税务登记证

C.商品品牌资质 D.个人身份证

二、创业实践

以亚马逊美国站为例,请总结整理平台的入驻流程,并尝试完成注册。

平台规则

【学习目标】

✿ 知识目标

- 了解亚马逊账户的状态;
- 熟悉亚马逊卖家的禁止行为;
- 掌握亚马逊账户的关联因素和防范措施;
- 掌握亚马逊账户的各项绩效指标含义及标准。

✿ 能力目标

- 能遵守亚马逊平台的各项规则及政策;
- 能防范与规避亚马逊平台的账户风险。

✿ 创业目标

- 遵守卖家行为规范,安全运营店铺,牢记合规红线;
- 维护账户绩效健康,规避账户风险,坚持合规操作。

【学习导航】

【引导案例】

从 2021 年 4 月开始,亚马逊开始对其平台上的卖家进行整顿,首先帕拓逊遭到打击,随后智能硬件品牌 Apeman,家居品牌 Homfa,泽宝旗下的 RAVPower、Taotronics、VAVA 品牌被迫暂停销售,有棵树旗下 340 个站点被封等。据深圳市跨境电子商务协会统计,2021 年 5 月至 6 月期间,亚马逊上被封店的中国卖家账户超过 5 万个,行业损失金额预估超千亿元。

这些卖家账户为何会被封禁?从亚马逊全球开店公众号 2021 年 5 月 20 日发布的一封《致亚马逊全体卖家信》中可以得知,亚马逊封店的主要原因是"卖家滥用评论"。7 月

15 日,天泽信息披露,旗下从事跨境电商业务的有棵树主要涉嫌违反亚马逊平台"滥用评分、反馈或评论""滥用销售排名""滥用搜索和浏览""涉嫌知识产权侵权""账户信息未通过验证流程""涉嫌未经销售许可发布某品牌商品"等规则多达 12 项。

对于卖家账户的查封、冻结等行为,在 Lazada、eBay、沃尔玛等跨境电商平台上并不罕见,封禁率为 8%～10%。然而,这次亚马逊提高了管控强度,封禁率达到 35%,且很多是中国卖家。由于新进卖家数量快速增加,侵权、评价干扰等现象陆续增多,包括有棵树在内的一批跨境电商出口企业在追求市场份额不断扩大的同时,一定程度上忽略了平台店铺运营的合规性,一些具体的运营行为可能涉嫌违反平台的运营规则。

2021 年 7 月 22 日,商务部表示,我们一直要求企业遵守各国法律法规,尊重当地风俗习惯,依法合规开展经营;我们将为企业提升风控水平,加强与国际经贸规则和标准对接提供帮助,坚决支持企业采取合理措施保护自身合法权益,推动上下游各类主体加强交流协作,共促行业健康发展。

资料来源:陈佳岚.超 5 万中国卖家遭封禁亚马逊"清网"进行时[N/OL].中国经营报,2021-07-31[2021-08-09].https://baijiahao.baidu.com/s? id=1706757304695437897&wfr=spider&for=pc;赵竹青,高雷.商务部回应"亚马逊封号风波":是外贸新业态"成长的烦恼"[EB/OL].2021-07-22[2021-08-09].http://finance.people.com.cn/n1/2021/0722/c1004-32166498.html.

【引例分析】

这是跨境电商发展过程中出现的问题,是阶段性的"水土不服",是"成长的烦恼"。有些跨境电商企业出海遭遇到了风险与挑战,经营受限。因此,跨境电商企业在边学边干的过程中事前、事中、事后都应积极应对各种由于各国法律、文化、商业习惯不同而带来的风险和挑战。

任务 1　卖家行为规范

【创业知识】

一、亚马逊卖家禁止行为

(1)试图转移交易或买家。禁止使用广告、营销信息、购买号召等引导、提示或鼓励亚马逊用户离开亚马逊网站。

卖家禁止行为

(2)企业名称未经授权和不正确。企业名称必须符合以下四个要求:①可准确识别卖家的身份;②不会引起误解;③卖家有权使用该名称,即名称中不得包含他人的商标,也不得侵犯他人的商标或其他知识产权;④卖家不得使用包含电子邮件后缀(如.com、.net、.biz 等)的企业名称。

(3)进行不当的电子邮件与电话通信。亚马逊不允许卖家主动与买家进行电子邮件

或电话交流,不允许进行与订单配送和相关客户服务无关的电子邮件或电话交流,不允许进行与营销相关的电子邮件或电话交流。

(4)使用多个卖家账户。禁止操作和持有多个卖家账户,即一个人或一家公司仅能拥有一套亚马逊卖家账户。

(5)滥用亚马逊销售服务。如果卖家反复上传大量数据,或以其他方式过度或不合理地使用服务,则亚马逊会限制或阻止卖家的滥用行为。

(6)滥用评分、反馈或评论。禁止试图操纵评分、反馈或评论的行为,违反行为包括但不限于:①卖家对自己的商品或竞争对手的商品发布评论;②卖家为第三方提供经济报酬、折扣、免费商品或其他补偿来换取对自己的商品或竞争对手的商品的评论;③卖家在买家编写评论之后提供退款或补偿;④卖家使用与评论相关的可提供免费或折扣商品的第三方服务;⑤卖家的家人或员工为卖家的商品或竞争对手的商品发布评论;⑥卖家让评论者更改或移除评论;⑦卖家将差评转发给自己或其他反馈机制,而将好评发送给亚马逊;⑧卖家在商品之间创建变体关系,旨在通过聚集评论操控评论和提升商品的星级评定;⑨卖家提供亚马逊好评或物质奖励,以换取对商品包装或装运箱的评论;⑩卖家使用买家账户为自己的商品或竞争对手的商品编写或更改评论。

(7)滥用销售排名。禁止任何试图操纵销售排名的行为:①不得征求或故意接受虚假或欺诈性订单,其中包括不得下单购买自己的商品;②不得向买家提供补偿以使其购买商品,或为了提升销售排名向买家提供优惠码;③不得在商品详情页面中宣传关于该商品的排名信息。

(8)滥用亚马逊商城交易保障。收到亚马逊商城交易保障索赔的次数或总金额过多的卖家,有可能被终止销售权限。

(9)滥用搜索和浏览。禁止试图操纵搜索和浏览体验的行为,即与商品相关的所有信息(如关键字和搜索词)需要符合买家的搜索和浏览体验。

(10)滥用商品定制。禁止试图操纵定制功能的行为包括但不限于提供保修、捆绑商品、使用制造商的通用产品编码(UPC)发布商品、提供免费促销、将"是/否"作为定制选项等。同时,卖家不得在定制计划中发布个人电脑、笔记本电脑、电脑主机、视频游戏机或平板电脑等商品的新品和翻新品。

(11)适用于卖家的其他指南。①卖家不得发布亚马逊指定为可预订的媒介类商品(图书、音乐、影视)或与该类商品相竞争;②配送亚马逊媒介类商品需要在订单确认后2个工作日内发货;③在交易完成后不得提高商品销售价格,以及不得设置过高的订单配送费用;④使用现有商品详情页面发布商品以供销售时,所选的商品详情页面必须在各个方面准确描述该商品,包括但不限于制造商、版次、捆绑组合、版本、格式或播放器兼容性等属性;⑤不得为已存在于亚马逊目录中的商品创建商品详情页面;⑥不得为完全相同的同一商品创建另一条商品信息。

(12)适用于服务提供商的其他指南。①服务提供商不得在收到服务请求之前、期间或之后征询买家是否要订购其他商品、部件或服务,仅能在买家购买服务的当天,执行服务详情页面上提供的列在工作范围内的服务;②对于上门服务,需要派遣获得批准的技术人员执行服务订单。

二、卖家行为管理

(一)卖家账户状态

卖家账户状态有以下四种情况。

(1)活动(Active):卖家账户处于正常状态,可以在亚马逊上销售商品,按照正常进度支付款项。

(2)正在审核(Under Review):卖家账户可以在亚马逊上销售商品,但当前正在接受亚马逊的审核,在完成审核前,卖家账户只能接受资金,但无法转出资金。

(3)受限制(Restricted):卖家账户已受限制,可能无法销售某些类别中的商品,或只能销售自行配送的商品。

(4)暂停(Suspend):卖家账户不能在亚马逊上销售商品,资金被暂时冻结,也称为账户被封。

(二)防范账户关联

1. 关联因素

亚马逊通过技术手段监测、核对各类数据,进行关联因素匹配,如果发现一个卖家拥有两个或两个以上同站点账户,这些账户会被判定为关联账户。关联因素主要有以下四类。

账户防关联

(1)硬件类信息:计算机、网络、网卡、路由器等。计算机主要指硬件信息,若用注册过亚马逊账户的计算机申请新账户,会被判定为账户关联。网络主要指IP地址,由于国内IP地址多是浮动的,难免会出现多个账户相同的情况,所以IP地址仅仅是判定关联的一个因素而非唯一因素。卖家使用重装系统后的计算机登录新账户,若计算机网卡是集成的,没有禁用网卡和更换新网卡,同样容易导致账户关联。

(2)软件类信息:浏览器指纹、Cookie、邮件中的图片或Flash等。亚马逊收集卖家的插件、系统字体、操作系统版本、打字方式、打字速度等信息,形成数字指纹,从而判断是否同一人操作多个账户。

(3)注册信息:营业执照、付款账号信息、收款账号信息、地址信息、邮箱、电话号码、密码等。除特殊情况外,一套资料只能注册一个卖家账户。

(4)产品信息:如果两个亚马逊账户中的产品信息(标题、图片、描述等)高度相似,且这样的产品占总产品数量比例大于30%,同样容易导致账户关联。

2. 防范措施

做好防关联措施是每一个亚马逊卖家必须了解的内容,只有从根源上杜绝关联,才能进行合规运营。需要注意的是,亚马逊不会提醒账户关联,即卖家不会收到相关的邮件通知、客服联系、后台警告。防范措施主要有以下四种。

关联后果及防范措施

(1)亚马逊能监测到的硬件信息要不同,包括计算器、路由器、宽带等。

(2)亚马逊能监测到的软件信息要不同,包括系统、浏览器等。

(3)亚马逊能监测到的注册信息要不同,包括邮箱、手机号、信用卡号、收款账户等。

(4)亚马逊能监测到的产品信息要不同,卖家在不同的店铺尽量发布不同的产品;如果产品有限而又想在多个店铺同步发布,那么建议在图片、标题、描述等产品信息上做出区别。

(三)规避受限商品

亚马逊卖家不能销售非法商品、不安全商品以及列明的受限商品。销售非法或不安全的商品可能引发法律诉讼,包括民事和刑事处罚。销售受限商品可能导致暂停卖家账户或终止销售权限。亚马逊的受限商品(美国站)包括但不限于:

(1)动物和动物相关商品;

(2)化妆品和护肤/护发用品;

(3)CPAP(Continuous Positive Airway Pressure,呼吸机)清洁和消毒器械;

(4)货币、硬币、现金等价物和礼品卡;

(5)膳食补充剂;

(6)药物和药物用具;

(7)爆炸物、武器及相关商品;

(8)出口控制;

(9)危险品;

(10)照明灯具;

(11)开锁和盗窃设备;

(12)医疗器械和配件;

(13)冒犯性和有争议的商品;

(14)杀虫剂和杀虫剂设备;

(15)植物和种子商品;

(16)召回的商品;

(17)监控设备;

(18)烟草和烟草类商品;

(19)质保、服务方案、合约和担保;

(20)其他受限商品。

产品限制

(四)确保商品质量

影响商品质量的违规行为有"严重不符"违规行为和"知识产权"违规行为。

卖家发布和配送的商品必须与相应商品详情页面上的描述和图片完全一致,否则是"严重不符"违规行为。典型情况有两类:一是卖家配送已残损、存在缺陷、分类错误、描述错误或详情页面上缺失商品图片的商品;二是在热销商品的详情页面上发布自己的商品进行销售,但该商品与页面上的描述不完全一致。

卖家确保提供的商品合法且已授权,可销售或转售,并且这些商品没有侵犯他人的版权、专利权、商标权以及宣传权利等,否则是"知识产权"违规行为。典型情况有两类:一是在未经商标所有者授权的情况下,出售与热门商标商品相同的商品(也称为"假冒伪劣商品");二是在未经版权所有者授权的情况下,在自己商品的包装上使用他人的版权内容。

【创业示范】

创业任务:查看账户状况。

查看账户状况的路径为:卖家中心主页→绩效→账户状况,如图 2-1 所示。

图 2-1　账户状况页面

账户状况分为客户服务绩效、商品政策合规性和配送绩效三个模块。其中,商品政策合规性包含涉嫌侵犯知识产权、知识产权投诉、商品真实性买家投诉、商品状况买家投诉、商品安全买家投诉、上架政策违规、违反受限商品政策、违反买家商品评论政策等指标,单击"查看详情"按钮,可以查看违规详情,如图 2-2 所示。

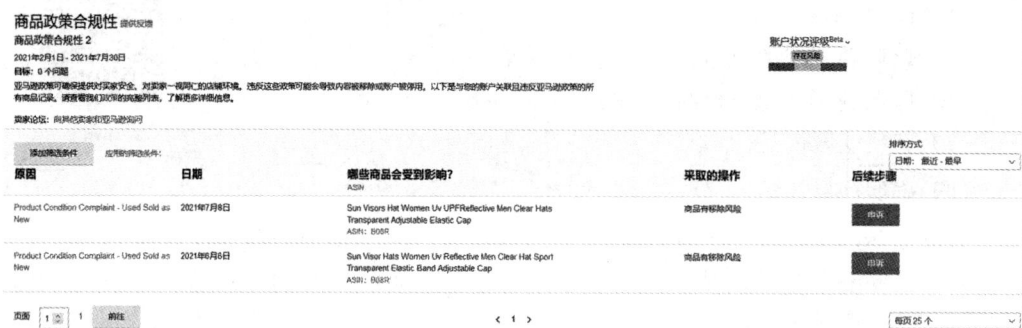

图 2-2　商品政策合规性页面

任务 2 绩效健康及维护

【创业知识】

一、客户服务绩效

订单缺陷率(Order Defect Rate,ODR)是指在给定的 60 天时间段内,存在一种或多种缺陷的所有订单占订单总数的百分比。订单缺陷有负面反馈、未拒绝的亚马逊商城交易保障索赔和信用卡拒付索赔等三种类型。ODR 是衡量卖家提供良好买家体验能力的主要指标。

卖家应维持低于 1% 的 ODR,否则账户可能被停用。

(一)负面反馈(Negative Feedback)

反馈(Feedback)反映了买家的购买体验,是对卖家在可靠性、质量和整体配送方面的评价,不是对商品质量、功能或实用性等方面的评价。亚马逊买家使用 5 星评分制来提供反馈,其中,5 星或 4 星属于正面反馈(好评),3 星属于中性反馈(中立),2 星或 1 星属于负面反馈(差评)。

卖家需要在 90 天内处理 1~2 星的反馈,否则计入 ODR,最终影响账户指标,具体操作步骤如下。

(1)登录卖家中心首页,查看"绩效",点击"反馈",进入"反馈管理器"页面,如图 2-3 所示。

反馈管理器
使用反馈管理器可跟踪买家对您服务的满意度。您可以查看短期和长期指标,以及详细的反馈条目,包括买家电子邮件和订单编号。点击"订单编号"以查看卖家平台的"管理订单"部分中的交易详细信息。了解更多信息

反馈评级 ☆☆☆☆☆
自卖家开店以来共获得 5 颗星。(34 次评级)

	30 天	90 天	365 天	累计
好评	100 %(3)	100 %(9)	100 %(34)	100 %(34)
中立	0 %(0)	0 %(0)	0 %(0)	0 %(0)
差评	0 %(0)	0 %(0)	0 %(0)	0 %(0)
计数	3	9	34	34

此表显示相应的反馈百分比和反馈计数。了解如何在亚马逊商城向买家显示您的反馈。   由于舍入入的原因,显示的值之和可能不等于 100%。

最新反馈

ⓘ 显示过去 365 天内的反馈。要请求反馈报告,请执行以下操作:下载反馈报告

所有评级 好评 中立 差评
‹ 1 2 ›

日期	评级	订单编号	评论	操作
2021/07/20	5	114-4913983	Just as picture. Is worth the purchase!	选得一个 ⌄
2021/07/08	5	112-6609393	Item shipped quickly and all were in good condition. Can't wait to use them!	选得一个 ⌄

图 2-3 反馈管理器页面

（2）查找"差评"，鼠标移到"选择一个"，下拉点击"请求删除"，如图2-4所示。

图2-4　选择"请求删除"

（3）如果反馈包括污秽语言，或反馈包括卖家特定的个人识别信息，或整个反馈评论全部是商品评论，或反馈涉及亚马逊物流订单的配送或客户服务，则可选择"是"，如图2-5所示。

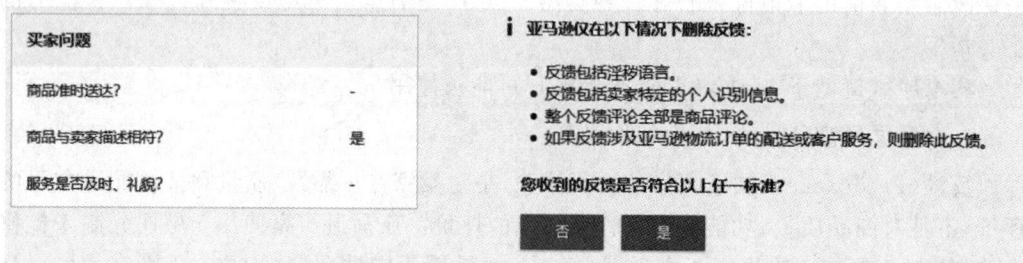

图2-5　请求删除差评

（4）成功删除后会收到"来自亚马逊的消息"，如图2-6所示。

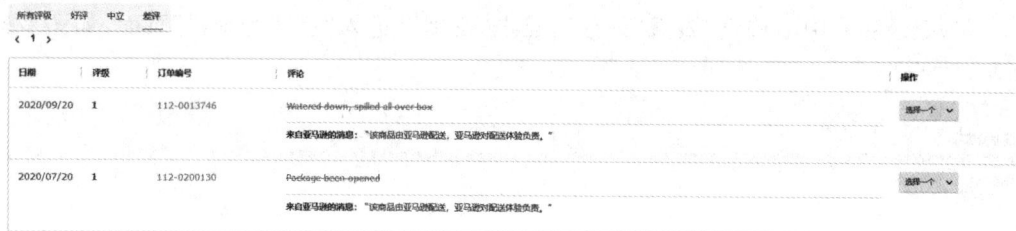

图2-6　成功删除差评

（二）亚马逊商城交易保障索赔（A-to-Z Guarantee Claims）

如果买家不满意卖家销售的商品或服务，买家可以针对某一订单发起亚马逊商城交易保障索赔，索赔原因一般是未收到货、商品与描述不符或者买家已退货但未收到退款、申请退货遭拒等所有对产品或者服务不满的投诉索赔因素。

买家发起索赔需要满足以下三个条件：一是，买家已通过"我的账号"中的"联系卖家"按钮与卖家进行沟通；二是，买家等待卖家的回复已超过2个工作日，但卖家没有回复买家；三是，买家的索赔要求必须符合亚马逊商城的交易保障索赔条件。

当买家提出索赔之日后3天内，卖家需要做出回应，否则亚马逊就会默认买家赢，直接批准买家的索赔要求并将全部索赔金额给买家。卖家的回应有以下两种方式。

（1）买家自愿撤销索赔，无须申诉。经过双方沟通后达成一致，买家在3天内撤销

A-to-Z索赔,既不计入卖家ODR,也无须亚马逊介入仲裁;若买家超过3天再主动撤销,这单索赔还是会计入卖家ODR。

(2)买家不愿意撤销索赔,卖家进行申诉。如果卖家多次联系买家,买家却一直不回复,或者买家提出的要求是卖家无法满足的,那么卖家可以进入亚马逊发送的索赔邮件,点击"Representto Amazon",提供自己收集好的资料,让亚马逊介入仲裁。

(三)信用卡拒付索赔(Chargeback Claims)

信用卡拒付是指持卡人在支付后一定期限内向银行申请拒付账单上的某笔交易,拒付的原因有卡被盗、未收到货物、货物与订单不符、重复扣款等。拒付情况的产生一般是由于货物与订单不符或未收到货物造成的。信用卡拒付和A-to-Z不同的是,亚马逊买家可以向信用卡银行索赔,并由银行再向亚马逊反馈,亚马逊属于中间媒介。

卖家在收到电子邮件之日起7个工作日内对信用卡拒付索赔做出回应,否则亚马逊可能从卖家的账户中扣除交易金额。卖家的回应有以下两种方式。

账户绩效详解

(1)立即发起退款,这种方式会被亚马逊判定为卖家过错,计入卖家ODR,最终影响账户指标。

(2)不同意退款,卖家通过回复亚马逊发送的信用卡拒付电子邮件来进行申诉。

二、商品政策性合规

(一)涉嫌侵犯知识产权

知识产权主要有专利权、商标权和著作权等三种。其中,著作权是用以保护文学、艺术和科学作品作者,以及与著作权有关的权益;商标权是指商标所有人对其商标所享有独占的、排他的权利,商标由文字、图形、字母、数字、三维标志、颜色组合、声音或者上述要素的组合构成;专利权是对发明创造的法律保护,发明创造是指发明、实用新型和外观设计。知识产权由一国依据法律授予并限于授予特许权的国家领土范围内,只有在该权利受到保护的国家才存在被侵犯的可能。在亚马逊上,侵犯知识产权是非常严重的问题。亚马逊对涉嫌侵犯知识产权的投诉处理流程是先将商品下架,再进行后续的调查。

(二)知识产权投诉

知识产权投诉与涉嫌侵犯知识产权投诉都是针对侵犯知识产权的行为,但不同的是,涉嫌侵犯知识产权投诉是指亚马逊主动监测到的侵犯知识产权行为,而知识产权投诉是指知识产权权利人主动投诉的侵犯知识产权行为。

(三)商品真实性买家投诉

商品真实性是指商品详情页面所展示的商品和买家实际收到的商品是否一致。有些卖家为了增加商品的销售量,对商品进行过分渲染,导致诸多功能和参数都超出了真实值的范围,这会导致商品真实性买家投诉。

(四)商品状况买家投诉

商品状况买家投诉主要是对商品是否为新品的投诉。在亚马逊上,买家退货回来的有些商品会被继续销售,但其实这些商品已经被轻微损坏,而在重新包装的过程中工作人员并没有发现,这就导致买家在收到商品以后认为它是翻新商品或二手商品,从而发起商品状况买家投诉。

(五)商品安全买家投诉

商品安全买家投诉主要是对商品造成或可能造成买家人身或财产等损失的投诉。引起商品安全买家投诉的商品有可能造成灾难性后果,比如灯带,曾有买家投诉自己购买的灯带在正常使用情况下突发大火,对自己的房屋造成了大面积毁损,最后卖家对此进行了赔偿。

(六)上架政策违规

上架政策违规主要是指卖家违反亚马逊商品上架规定的一系列行为,包括但不限于将商品发布到不相关类目、对不相关商品变体进行合并、商品描述不符合亚马逊规定等情形。

(七)违反受限商品政策

亚马逊有严格的商品发布政策和商品类目限制。某些商品必须通过亚马逊的类目审核才可以发布,某些商品只允许本土的或者特定的卖家销售,这些商品统称受限商品。当卖家企图以违规的方式蒙混过关来销售受限商品时,就会触发亚马逊的预警,这时商品会被下架,甚至账户会被关闭。

(八)违反商品评论政策

违反商品评论政策是指卖家以提供折扣或奖金的方式引诱买家留下商品评论,或者卖家进行虚假交易来伪造商品评论。亚马逊加大了对违反商品评论政策的惩罚力度,一旦被发现,卖家账户将被封。

三、配送绩效

(一)取消率(Pre-fulfillment Cancel Rate,CR)

取消率是在给定的 7 天时间段内,卖家取消的所有订单占订单总数的百分比。CR 仅适用于卖家自配送订单。如果买家直接取消等待中的订单,或使用其亚马逊账户中的订单取消选项请求取消订单,则不会被计入 CR。

有效维护账户指标

卖家应维持低于 2.5% 的 CR,否则账户可能被停用。

(二)迟发率(Late Shipment Rate,LSR)

迟发率是在给定的 10 天或 30 天时间段内,卖家在预计发货日期之后完成配送确认的所有订单占订单总数的百分比。LSR 仅适用于卖家自配送订单。在预计发货日期前确认订单发货十分重要,这样买家才能在线查看已发货订单的状态,否则容易增加亚马逊商城交易保障索赔、负面反馈、买家联系、负面买家满意度等。

卖家应维持低于 4% 的 LSR,否则账户可能被停用。

(三)有效追踪率(Valid Tracking Rate,VTR)

有效追踪率是在给定的 30 天时间段内,卖家提供有效追踪编码的所有货件占总货件数的百分比。VTR 仅适用于卖家自配送订单。买家根据追踪编码了解订单配送状态和预计收货时间,因此 VTR 是一项可以反映买家期望的绩效指标。

卖家应维持高于 95% 的 VTR,否则销售权限可能被限制。

(四)准时交货率(On-Time Delivery Rate,OTDR)

准时交货率是在给定的 30 天时间段内,卖家在预计送达日期之前送达的所有货件占总货件数的百分比。OTDR 仅适用于卖家自配送订单。

卖家应维持高于 97% 的 OTDR,以便提供更好的客户体验,但是目前亚马逊对于没有满足绩效目标的情况暂无处罚。

四、买家之声

买家之声是亚马逊在 2019 年 6 月推出的买家评价系统,如图 2-7 所示。买家之声将买家对商品的满意程度分为极好、良好、一般、不合格、极差等五个等级,其中,被买家评定为"不合格"和"极差"的商品有极高的被下架风险。

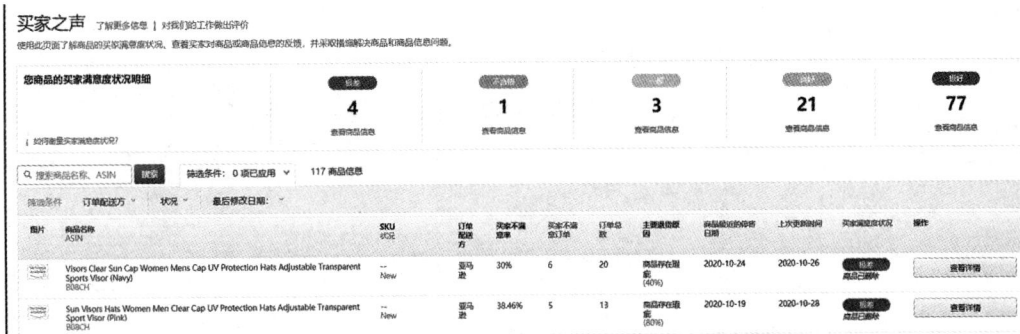

图 2-7 买家之声页面

买家之声为每个商品给出了满意度的详细信息,如图 2-8 所示。卖家可以查看商品造成买家不满意的主要原因,再根据这些具体原因改进商品或优化商品详情页。

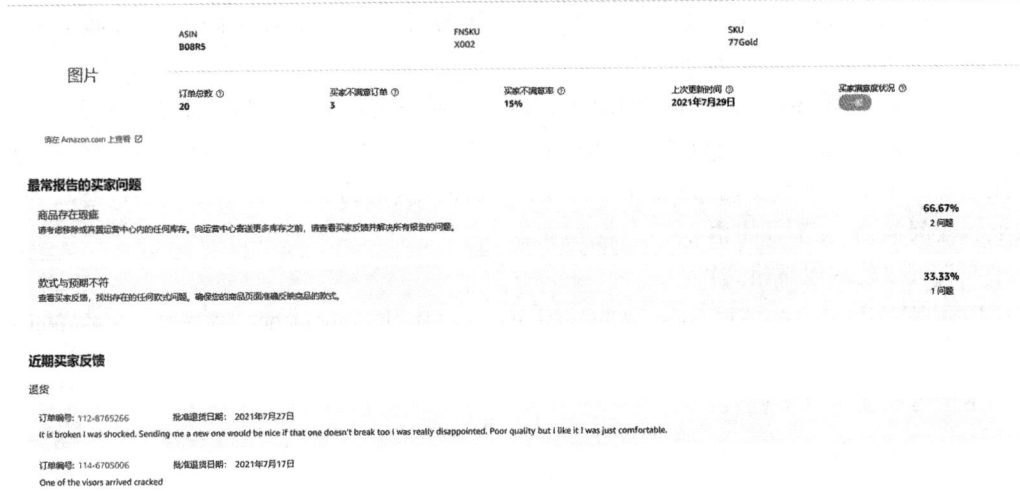

图 2-8 商品满意度详情页面

【创业示范】

创业任务：及时回复买家邮件。

自 2018 年 10 月起，亚马逊除了原本账户绩效指标里的买家联系响应时间（Contact Response Time）一项（24 小时内回复次数＞90％，延迟回复≤10％），但从目前的实际运营来看，如果消息回复超过 24 小时的次数过多，仍然会影响账户绩效。

［Step 1］ 及时查看买家邮件。卖家点击卖家中心首页右上角的"买家消息"，查看买家邮件，如图 2-9 所示。亚马逊将买家邮件和卖家邮件合成消息页面。

图 2-9　买家消息页面

［Step 2］ 分析买家邮件内容。卖家需要有针对性地分析买家邮件的内容和诉求，提炼出邮件核心内容，即买家想要通过邮件来解决的问题，如询问商品的价格、功能、参数及最近的优惠活动等。

［Step 3］ 邮件格式和问候语的应用。买家一般是用口语化的形式来发送消息。因此，在回复买家消息时，我们也要用口语化的措辞，言简意赅地表达出回复内容；同时，也要注意表达上的礼貌和委婉。我们可以采用一般商务函电的格式，在表达核心信息之外，加上一些问候语、礼节性用语。

开头可以使用以下格式：

Dear XX, thank you for your order and we do attach importance to every consumer's experience.

结尾可以使用以下格式：

Best Regards

Sincerely

XX Co. , Ltd.

［Step 4］ 解决核心问题。用简洁而又得体的语言提供解决方案，是回复邮件的核心要点，最后单击"发送"按钮，如图 2-10 所示，就完成了这封邮件的回复。如果买家发来

了某一封邮件,卖家确定已经解决了问题,不需要再回复时,可以单击"不需要回复"按钮,如图 2-11 所示,也就完成了对这封邮件的回复。

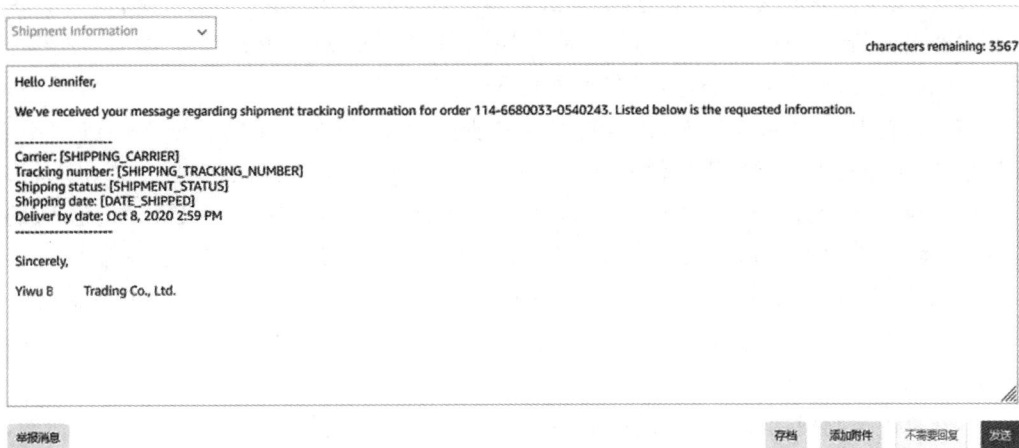

图 2-10 选择"发送"

图 2-11 选择"不需要回复"

【拓展知识】

随着我国跨境电商的迅猛发展,商标权、专利权、版权等知识产权侵权事件频发。目前,欧美是我国跨境电商的主要目标市场,欧美的知识产权法律制度相对健全,知识产权保护机制较成熟,而我国跨境电商企业知识产权保护意识较弱,法律风险防范能力不强,处理境外纠纷渠道不畅,面对突如其来的侵权索赔,往往手足无措、应对乏力。因此,跨境电商企业在出口时要重视知识产权保护,对知识产权侵权风险进行有效分析,采取合理的防范措施,避免遭遇知识产权侵权诉讼。

一、案例介绍

江西某公司在 eBay 网站注册并售卖女式双层双面印花斜纹手袋长围巾,展示的产品图片中有一张与国际某知名品牌迪奥(Dior)相似。2020 年 5 月 26 日,该公司收到 Paypal 支付平台的通知,该通知主要包括以下三部分内容。

第一,Paypal 平台在 2020 年 5 月 22 日收到法院指令,由于该公司可能侵犯了 Dior 公司的知识产权,其 Paypal 账号必须受到限制,在得到进一步消息之前,该公司 Paypal 账号的付款、收款、提款功能,以及部分或所有款项的使用均可能受到影响。

第二,Paypal 平台可能会收到法院裁决,要求对该公司的 Paypal 账号做进一步行动,因此要求该公司立即与原告代理律师事务所 Greer Burns & Crain(GBC)联系相关事宜。

第三,该案件原告为 Dior 公司,受理法院为美国伊利诺伊地区法院。Paypal 支付平台在收到法院的临时冻结令(TRO)后,冻结该公司 Paypal 账户所有资金,共计 19 万美元,折算成人民币约百万元资金,所有资金不得提取和转移。

该公司在 Paypal 账号被冻结后,立即与专业律师联系,在律师的帮助下,通过 GBC 取证地址,排查 GBC 订单,找到侵权产品。原来在 2020 年 1 月,来自美国的 GBC 买手买下了涉嫌侵权图片对应的窄丝巾产品,产品上面有一个"CD"标识侵犯了 Dior 公司的商标权,美国 GBC 买手向该公司索要了 Paypal 账号。在 2020 年 4 月 20 日,美国律师事务所 GBC 代理原告 Christian Dior Couture SA 向美国伊利诺伊地区法院提起商标侵权诉讼。接下来,美国 GBC 向该公司发出邮件,告知其侵权,如果 21 天内不去美国应诉的话,法院就要进行缺席判决。

尽管美国律师费用较高,估计整场官司打下来,可能要支付几万元人民币的律师费,但是由于该公司被冻结的 Paypal 账户金额较大,并且有证据证明其确实侵犯了迪奥的商标权。因此,该公司决定聘请美国当地律师与 GBC 律师所联系,商量和解事宜。本案属于典型的品牌方起诉跨境电商出口商标侵权案例。

二、案例分析

(一)上传侵权图片的风险

在本案中,江西某公司在发布产品及产品上架前,没有做有效的产品检索和分析去排除侵权风险,就将涉嫌侵犯商标权的产品图片上传到店铺。根据美国的法律,在互联网上传涉嫌侵权的图片,即使没有实际售卖侵权产品,未造成实际损害,但这种侵权性的宣传行为也可能被法院认定为侵权行为。

(二)售卖侵权产品的风险

在本案中,江西某公司不仅在跨境电商平台上传了涉嫌侵权的产品图片,而且还在 2020 年 1 月将涉嫌侵犯了商标权的窄丝巾产品,实际售卖给来自美国的买家,构成了商标侵权。因此品牌方迪奥公司向该公司提起商标侵权诉讼。

(三)本案是侵权诉讼案

在本案中,江西某公司的 Paypal 账号资金被冻结,刚开始,该公司以为是 Paypal 支付平台的问题,后来经过调查,发现这并不是 Paypal 平台的问题,而是知识产权纠纷引发的问题。事实上,Paypal 平台冻结资金只是财产保全措施的一种,其基础仍然是正在法院进行的知识产权侵权诉讼。只有通过和解或应诉这些司法途径才能最终解决知识产权侵权纠纷,让原告主动撤诉或法院撤销冻结令。

(四)消极应诉的后果

在本案中,江西某公司的 Paypal 账号被冻结后,若该公司不主动应对,最终结果有可能是法院依据原告的主张来确定损失金额,Paypal 账号里被冻结的资金将会全部作为赔偿金支付给原告,并且原告代理律师事务所仍可以通过购买该公司的店铺产品获得该公司的最新 Paypal 账号,然后继续冻结此账号。

(五)应诉的司法途径

跨境电商企业在出口中遭遇知识产权侵权诉讼时,只有通过应诉或和解才能最终解决知识产权侵权纠纷,让原告主动撤诉或法院撤销冻结令。如果跨境电商企业确信自己不存在侵权行为,那么应该选择应诉,俗称"打官司",打官司诉讼费用高、耗时较长。如果跨境电商企业确实存在侵权行为,且被冻结的 Paypal 账户金额较大,那么只能选择和解。在本案中,江西某公司 Paypal 账户金额有 19 万美元,金额较大,并且有证据能证明该公司侵犯了迪奥公司的商标权,因此被起诉后只能选择去和解。

三、防范跨境电商出口中知识产权侵权风险的几点建议

一是,提升知识产权意识。跨境电商企业应该正视知识产权的重要性,提升知识产权意识,学习国内外知识产权法律,熟悉国内外知识产权规则,强化权利意识,尊重他人知识产权和自己的诉权。在保证不违法的前提下,学会用法律维护自己的权益。

二是,做好知识产权部署。目前,跨境电商出口中的知识产权侵权纠纷主要是侵犯商标权和专利权。由于大多数国家采用商标申请、专利申请在先的原则,因此跨境电商企业要做好知识产权的战略部署,不仅要在国内积极注册商标、申请专利,而且还要在产品所要销售的国家(地区)抢先注册商标、申请专利。为了保护产品的商标权,在产品上架之前,跨境电商企业要在电商平台做商标备案。

三是,打造自有品牌。对于中小型跨境电商企业而言,打造自有品牌难度大、成本高、时间长。但是,一个企业要想在激烈的市场竞争中拥有一席之地,依靠的就是自有品牌。跨境电商企业只有不断进行自主创新和研发,打造和维护自有品牌,才能让自己在众多跨境电商企业中脱颖而出,也能够尽可能地避免知识产权侵权纠纷的产生。

四是,做好侵权排查。在产品上架售卖之前,跨境电商企业一定要做有效的产品检索,分析该款产品是否在国外申请过相关的知识产权,做好侵权排查。当排查美国商标时,企业可以登录美国商标局官网,输入要查询的商标,就可以看到该注册商标的具体内容包括商标名、大类、注册时间、有效/失效、所有者信息等。当产品涉及专利技术时,企业还需要请专业人士提前做好侵权风险分析和评估,避免侵权。

五是,杜绝侵权行为。首先,要从货源上预防侵权,跨境电商企业在进货时,应尽量找到一手货源,确保货源合法正规,并且要求供货商提供能够证明其货源不存在侵权所需的各类有效文件;同时,企业要与供货商签订规范的合同,注明如果出现侵权问题,责任由供货商负责。其次,企业还需要了解自己是不是独家销售,如果在产品为独家销售且为原创的情况下,企业和生产厂商可以共同为该产品申请专利,从而获得对产品应有的保护。最后,企业在发布产品时,产品图片要自己拍摄,标题、产品描述、关键词列表都应该避免写入他人的商标,产品描述一定要避免直接拷贝他人的。此外,图形商标也有可能遇到侵权问题,企业尽可能不要使用查不到来源的图片,为了以防万一,可以在相关的产权机构进行检索确认。

六是,积极应诉。跨境电商企业遭遇国外知识产权侵权诉讼时,第一,要在第一时间立即停止销售被控侵权的商品,这一举措并非承认侵权而是尽可能降低有可能发生的赔

偿数额。第二,要积极寻求境外优质的法律服务资源,聘请深谙知识产权诉讼业务的境外律师,尽量降低赔偿额。第三,要尽力寻求诉讼期间的调解,由于烦琐冗长的知识产权诉讼程序会耗费企业很多的金钱、时间和精力,甚至影响企业正常的生产经营活动。因此,要尽可能迅速达成调解方案,保障冻结资金有效运转起来,这是对企业自身商业利益最大限度的保护。

七是,定期转移账户资金。跨境电商企业定期转移 Paypal 账户资金,有利于企业资金周转。如果企业没有定期转移账户资金,从而使账户留存资金数额较大,万一账户资金被冻结,即使最后法院判定没有侵权,但资金冻结这段时间也不利于企业的资金周转。

【技能训练】

一、温故知新

1.亚马逊买家的电话号码的正确用法是(   )。

A.用来打售后电话　　　　　　　　B.用来添加好友

C.用来短信营销　　　　　　　　　D.用来打印配送标

2.下列产品在亚马逊美国站属于禁售产品的是(   )。

A.气球　　　　　　　　　　　　　B.冰箱

C.中文版《三体》书籍　　　　　　D.枪支弹药

3.以下情况不会造成账户关联的是(   )。

A.采用同一法人名下的不同公司信息进行注册

B.采用同一个网络注册两个账户

C.两个账户出售相同产品

D.用不同电脑、不同网络管理不同账户

4.订单缺陷率不计算(   )。

A.负面反馈　　　　　　　　　　　B.亚马逊商城交易保障索赔

C.信用卡拒付索赔　　　　　　　　D.商品投诉

5.下列不是亚马逊自发货卖家的绩效指标的是(   )。

A.订单缺陷率小于 1%　　　　　　　B.回复率小于 24 小时

C.准时交货率超过 97%　　　　　　　D.有效追踪率超过 95%

二、创业实践

在阿里巴巴(1688.com)批发网选择一款产品,请具体说明这款产品不能在亚马逊美国站销售的原因。

选品与定价策略

【学习目标】

❈ 知识目标

- 了解跨境电商选品的含义,掌握跨境电商选品及亚马逊选品的思路与技巧;
- 熟悉跨境电商选品的常用方法及常用数据分析工具;
- 掌握利润、头程运费、销售佣金、FBA费用、推广费用、售后损失等概念的含义;
- 熟悉亚马逊平台产品定价过程中应考虑的各项因素及定价策略。

❈ 能力目标

- 能运用多种方法进行市场调研并进行数据选品;
- 能够综合产品特点及平台发展阶段进行合理定价。

❈ 创业目标

- 能够开展合理调研,全面了解竞争情况;
- 能够运用多种方法,分析锁定具体商品;
- 能够分析产品成本,学会产品定价方法;
- 通过选品教学增强学生对我国产业的自豪感,提升创业自信。

【学习导航】

- 跨境电商产品的价格架构
- 跨境电商产品的定价技巧 —— 跨境电商产品的定价策略

- 新品上架阶段
- 产品成长阶段
- 产品成熟阶段
- 产品衰退阶段 —— 产品在不同阶段的定价策略

- 产品成本
- 产品费用
- 产品利润 —— 亚马逊产品的一般定价公式

- 亚马逊的选品思路
- 亚马逊的选品工具
- 亚马逊的常见选品误区 —— 亚马逊的选品方法

选品与定价策略

- 跨境电商选品概述
  - 跨境电商选品含义
  - 跨境电商选品思路
  - 跨境电商选品要点

- 跨境电商选品方法
  - 根据资源定位选品
  - 根据平台模式选品
  - 根据用户需求选品
  - 根据竞争对手选品
  - 根据数据工具选品

- 亚马逊的市场调研
  - 产品信息调研
  - 竞争情况调研

【引导案例】

Anker 诞生于美国加州,生产移动电源充电器等数码周边产品。在亚马逊平台上,Anker 一直是一个神话一样的存在。虽然很多中国卖家都在研究和模仿 Anker,但真正能够模仿 Anker 并做得很好的少之又少。目前基于对 Anker 的研究和学习,进而开拓出新的思路的有两个品牌。

Anker 以移动电源起家,一直以黑白色调为主打。在 Anker 自己的调研中,它们得出的结论是欧美人更爱好黑色。因此,打开 Anker 的店铺,黑色调格外明显。同时,Anker 的产品以方正款式为主,以商务人士为首选客户群体,甚至包括亚马逊全球副总裁在做招商推介的时候也说道:"我来中国出差,用的就是 Anker 的移动电源。"以至于很多想从 Anker 身上学习的卖家,也都采取了同样的黑色调和方正款,但成功的案例并不多。然而,有两家公司,同样以移动电源为主打,选择了和 Anker 不一样的路,却做得非常成功。

Jackery 同样以移动电源为主打,同样主推方正款式,却选择了和 Anker 完全不一样的颜色——橙色。在 Anker 给人的冰冷沉稳的黑色印象之外,橙色一下子就以鲜活亮眼的色彩吸引了用户的眼球。抛开品质方面的对比不谈,就单纯从色彩层面来看,如果说 Anker 是以成年稳重商务人士为核心客户群,那么 Jakery 则明显地可以获得女性群体以及更年轻的消费者的青睐。

在亚马逊平台上,在移动电源这个类目下,Anker 占据着霸主地位,而 Jackery 的另辟蹊径也让它活得非常好,从商品评论数量可知,Jackery 的销售金额也已是以亿为单位计,遥遥领先于普通卖家。除 Jackery 之外,另一家移动电源的品牌打造就更有意思。

Lepow 以更加鲜活的形象切入移动电源市场,在品牌打造的过程中,Lepow 选取了绿色和黄色为主推色调,同时,在款式方面,Lepow 选取了圆润款式甚至带有卡通形象的款式为主打,一下子就虏取了年轻群体的心。在亚马逊平台上,Lepow 虽然起步晚,但走到目前,也一直走得很好。

【引例分析】

以上案例的选品思路,Anker 凭首发优势,主要面对商务人士群体,占得移动电源类目的龙头。而 Jackery 在选品中,既从 Anker 的发展中看到了商机,又为了避免与 Anker 正面肉搏,选择从侧翼进入,以亮色调获取了稍微年轻群体的青睐。当 Lepow 想进入移动电源这个市场时,想去撼动 Anker 的销售地位已经是非常困难,Lepow 选择了迂回策略,在目标人群定位上,选择了年轻群体。于是,Lepow 以更加年轻化的群体为目标,做出针对性的颜色和款式优化,也一举获得成功。差异化的定位与策略,成就了三家公司。

资料来源:赢商荟.http://www.dianshangwin.com/knowledge/414.html.

任务1　跨境电商选品

【创业知识】

一、跨境电商选品概述

(一)跨境电商选品含义

海外消费者对"中国制造"商品的青睐让许多中小卖家和个人看到了商机并投入到跨境电商产业。常言道"七分靠选品,三分在运营",选品是开展跨境电商业务的一个非常重要的环节。好的产品即意味着成功的一半,如果产品选不好,会浪费大量的人力和资源,不仅运营效果不好,还很容易打击卖家的积极性。跨境电商选品是指从供应链中选择适合目标市场需求的产品进行销售,包括目标客户群、销售渠道、竞争对手、运营成本、盈利能力及最终收获等内容。选品实际上既要解决卖什么,又要解决怎么卖的问题。

跨境电商选品概述

(二)跨境电商选品思路

随着竞争对手越来越多,跨境电商选品也越来越复杂。一方面,线上热门商品的利润被压得很低,另一方面,产品同质化现象变得越发严重。甚至,有些跨境电商卖家会纠结是单品类销售或是多品类销售的问题。其实,卖家可以遵循以下跨境电商选品思路:首先确定平台网站定位,其次分析行业动态,再次进行区域用户需求分析,最后使用数据分析工具完成产品开发与信息加工。

1. 平台导向

卖家需要先了解跨境电商平台的规则再进行选品,重点关注平台的可销售品类、禁售商品、知识产权等规则。其实,卖家可从品类大类目中进行选择,如服饰、家居、电子等。同时,还要考虑品类的宽度和深度。品类宽度是指子类目能够全面满足用户对该类别产品的不同需求,一般来讲产品品类要有一定的宽度以便于销售,同时也要考虑关联销售的产品;品类深度是指每个子类目的产品要有数量规模,在颜色、规格、配方等方面要有维度,在价格、质量、技术等方面要有梯度。目前来看,卖家在小众的或新兴的跨境电商平台上销售时,更需要关注品类的宽度和深度这两个方面。

2. 行业导向

卖家可以从行业角度了解到出口贸易中该产品的市场规模和国家(地区)分布,并据此来进行选品。行业信息主要有以下三种获取途径:一是第三方研究机构或贸易平台发布的市场调查报告,这些报告可以带来较系统的行业信息;二是行业展会,可以展示行业中的新产品、新技术、新渠道等最新动态和企业动向;三是出口贸易公司或工厂,它们直接参与所在行业的出口活动,掌握着大量的第一手资料。在掌握相关的行业数据后,可以有针对性地对某个行业或某个国家(地区)进行选品。需要注意的是,跨境电商卖家需要先掌握一定的行业知识。

3. 需求导向

卖家销售的产品本质上是要满足消费者的需求,所以选品要遵循市场需求原则。因此卖家在做选品时,需要了解目的国(地)消费者购买行为、消费心理、当地文化特色、宗教信仰和经济状况等,比如欧美用户习惯参加个人派对、家庭户外活动等;东南亚用户对产品品质要求不高,但对价格比较敏感,相对喜欢新、奇、特等创意商品;中东用户倾向于单色产品,身材一般比较高大,衣服以欧码、美码为标准等。另外,卖家还需要借助平台数据检验自己选品的效果,综合参考产品热度、好评度、转化率等一系列绩效指标,在不断调整中打造自己的产品线。

4. 数据导向

从数据来源看,选品所需的数据分为内部数据和外部数据。内部数据是指企业内部经营过程中产生的数据信息以及跨境电子商务平台后台生成的店铺、行业、平台的各项数据,这些数据可以帮助卖家更好地进行选品分析;而外部数据是指平台以外的其他公司、市场等产生的数据,如 Google Trends、KeywordSpy、Alexa 等网站产生的各项数据。

(1)内部数据

内部数据的选品分析一般集中在产品趋势、竞争热度、价格区间、属性权重等方面。

一是产品趋势。卖家通过总额和销量可以看出市场容量、客单价、淡旺季等,同时对比该产品的历史总额和销量,判断产品是属于上升期还是下降期,若属于下降期产品则不建议开发。

二是竞争热度。卖家通过国内外卖家的数量了解竞争情况,建议选一些国外卖家比重大的品类,因为国内卖家的供应链环境、信息环境相差不大,竞争往往很激烈。同时了解大卖家、大品牌的市场占比,如果超过了 50% 则形成了垄断优势,再去开发相关产品就会很难。

三是价格区间。卖家分析每个价格区间的数据,比如 20 美元以下有多少卖家、销量情况、市场份额等,根据分析结果,选择适合自己且竞争力不大的价格区间。

四是属性权重。在选品开发时,卖家要知道产品各属性的平台权重。比如 iPhone 数据线,白色还是黑色的销量哪个更多,长度是 1 米还是 2 米的搜索量哪个更多,圆形还是扁状的卖家哪个更多等。只有了解这些方面的信息,卖家才能更容易发现并进入蓝海市场。

(2)外部数据

卖家可以通过 Google Trends 分析产品的周期性特点,把握产品开发时机;可以借助 KeywordSpy、Merchantwords、Scientific Seller 等关键词搜索工具,发现搜索热度高的品类关键词;可以借助 Alexa 选择出销售国(地)至少 3 家竞争对手网站,作为对目标市场分析的参考。卖家获取外部数据的工具还有 Jungle Scout、AMZ Tracker、紫鸟、米库等。

外部数据的选品分析主要从以下两个方面着手:一是扩大化,卖家分析产品可调整的策略,以扩大客户群体范围和地区、增加心理价格、加大购买频率和印象分等;二是找重叠,卖家结合多个站外工具的数据结论,其重叠处会是用户的刚需点。

（三）跨境电商选品要点

1. 市场大、利润高

卖家应尽可能选择市场大、销量大的产品。市场需求量大的产品,才会有大的销售量,这是产生销售流水的关键。同时,要考虑利润较高的产品。由于跨境电商业务线较长,资金回款期也很长,售后退款等成本较高,因此需要综合考虑利润率的问题。在核算了进货成本、包装成本、销售佣金、物流费用之后,跨境电商零售产品的利润率一般需要达到50%以上甚至是100%,才能够有盈利。

2. 适合国际物流

国际物流的运输时间较长、流程较复杂、牵涉面较广,且运费按照实际重量或体积重量两者之中较高者进行计算。因此,卖家可以选择体积小、重量轻、不易破碎的产品进行销售,一方面可以降低货物破损概率,另一方面可以降低国际物流成本。

3. 售后服务简单

需要向消费者展示使用指导或安装指导的产品,相对而言有较高的投诉率和客户服务成本。以拼接婴儿床为例,若消费者按照使用手册无法自行拼装,跨境电商卖家将会接到服务咨询、退货退款甚至产品投诉,从而导致运营成本上升。因此,卖家可以选择售后服务简单或不需要售后服务的产品进行销售,除非已经做好相应的准备工作。

4. 附加值较高

由于国际运费较高,如果运费高于产品价格,消费者就要考虑该产品是否值得购买。因此,附加值较低的产品在吸引跨境消费者购买方面有很大的难度。对于这类产品,卖家可以采用组合销售、成套销售等方式来增加产品附加值,以降低国际物流费用占总订单金额的比例,比如气球20个一组或组成气球婚礼套装来进行销售。

5. 具备独特性

产品独特性包括有专利、有品牌、有设计创新或有贴心包装等,这些产品在一定程度上具有不可模仿性,被同行跟卖的可能性也较小。同时,具有独特性与创新性的产品自身就具有技术屏障,可以实现高利润率销售,创造较高的利润。

6. 价格要合理

一般来说,所销售的产品的线上价格应低于该产品的当地线下价格。若产品的线上交易价格高于或等于线下销售价格,那么再加上跨境物流的等待时间,则该产品对跨境消费者而言就没有那么大的吸引力。因此,在保证利润的同时,卖家需要进行合理定价。

7. 遵守法律法规

跨境电商卖家需要遵守目的国(地)的法律法规,注意不能销售知识产权侵权产品或者违禁品,也不能销售植物种子或者特定动植物制品,这些产品不仅赚不了钱,甚至需要付出法律代价。同时,也要注意了解不同宗教信仰、不同风俗习惯对产品的不同要求,以免产生不必要的麻烦。

二、跨境电商选品方法

（一）根据资源定位选品

面对跨境电商领域日益激烈的市场竞争,卖家从自己比较熟悉和

跨境电商选品方法

了解的行业切入,才更容易上手,并更快在市场中站稳脚跟。因此,卖家首先要对自己有清晰的定位,及时了解自身资源,选择那些比较了解且在质量和价格方面具有先天优势的产品进行销售,如此才能与消费者进行产品细节的交流沟通,与供应商建立稳固的采购关系,并建立起自己店铺某一品类产品的竞争优势。

(二)根据平台模式选品

每个跨境电商平台都有各自的特点和影响力,比如亚马逊的消费者主要来自欧美国家,速卖通的消费者主要来自俄罗斯、美国、巴西、英国、法国等国家,尤其在俄罗斯、巴西等新兴市场拥有大批忠实买家。卖家如果考虑在亚马逊上进行销售,产品质量可以很高并致力于集中优势做品牌;如果考虑在速卖通上进行销售,产品价格需要极具优势。

(三)根据用户需求选品

从用户需求的角度出发,选品要满足用户对某种效用的需求,比如带来生活便利、满足虚荣心、消除痛苦等方面的心理或生理需求。iMedia Research(艾媒咨询)的《2019 全球跨境电商市场与发展趋势研究报告》显示,跨境电商销售热度前 5 的品类分别是服饰鞋帽、电子设备、玩具爱好、首饰手表、家居美容产品。创业者可以根据统计数据,选择用户需求量较大的产品。

根据用户需求选品,卖家还可以借助用户评论对现有热销品进行升级改造。卖家先收集各大跨境电商平台上同一款热销品的差评数据,从中找到消费者不满意的地方,有针对性地改良产品;同时,也要兼顾分析该产品的好评数据,从中寻找消费者对产品的需求点和期望值,高效率地打造爆款产品。

(四)根据竞争对手选品

作为一名合格的跨境电商卖家,每天的工作内容之一就是了解竞争对手的情况,关注以下五个方面:第一,竞争对手的产品排名和自己的产品排名对比;第二,竞争对手的产品评论数量和星级是否增长;第三,竞争对手的产品广告所在位置;第四,竞争对手的产品近期是否参加促销活动;第五,竞争对手的店铺是否上架新品。卖家关注竞争对手的情况,一方面能够发现销量大的产品,根据用户的真实需求进行产品开发;另一方面能够发现市场上的新品,结合自身资源判断是否销售同款。

(五)根据数据工具选品

跨境电商平台都有自带的站内数据工具,例如 eBay 的 eBay Plus、亚马逊的四大排行榜、速卖通的生意参谋(原数据纵横)、Wish 的跨境商户数据分析平台以及敦煌网的数据智囊等。以数据纵横为例,根据国家(地区)和行业的组合,卖家可以选择出热搜和热销的商品品类;在选择好之后,可以根据竞争度的大小,选择适合的产品,并根据热卖国家(地区)特点发布对应产品;同时,还可以针对选择的热卖品类,查看关联属性的组合,有助于在发布产品时完整填写属性组合,以提高产品的曝光量和转化率。

目前,国内熟知的跨境电商站外数据工具有 Google Trends、Jungle Scout、Big Tracker、Votobo、Camel Camel Camel 等。以 Google Trends 为例,它是 Google 推出的一款基于搜索日志分析的应用产品,可以告诉用户某一搜索关键词在 Google 被搜索的频率、相关统计数据和搜索趋势。对于跨境电商卖家而言,Google Trends 是一个很有用的工具,可用于分析品类的需求情况和周期性特点。

【创业示范】

创业任务:认识跨境电商选品的一些工具及网站。

[Step 1]　Google Trends(谷歌趋势)。登录网址 https://www.google.com/trends,进入如图 3-1 所示的页面(由于国内法律政策和谷歌公司的战略,该操作需要使用 VPN 服务)。以关键词圣诞节 Christmas 为例,选择国家为美国的搜索结果如图 3-2 所示。结果表明,11—12 月为圣诞节搜索的高峰期,1—7 月几乎没有搜索量。因此,对于美国市场的圣诞节产品开发,选品人员要在 9—10 月完成,否则容易错过市场需求期。

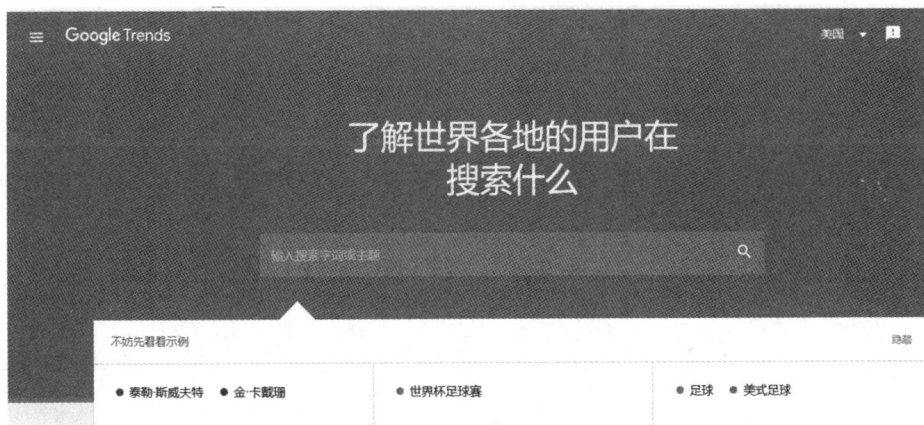

图 3-1　Google Trends 显示页面

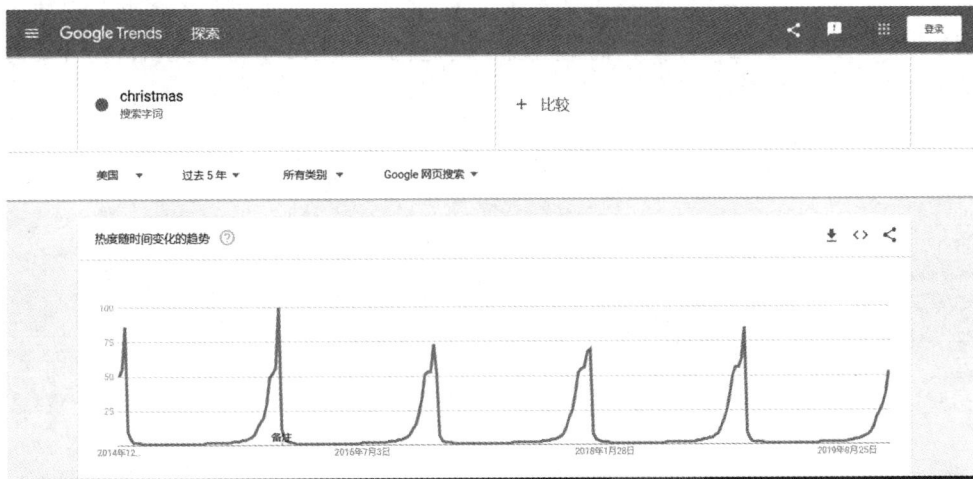

图 3-2　Google Trends 搜索结果页面

[Step 2] Merchant Words。登录网址 https://www.merchantwords.com,以 Christmas 为例,选择美国为分析市场,搜索结果如图 3-3 所示。2020 年 2 月,Christmas 月搜索量达到 12. 97 万次,市场热度低,Christmas Lights、Christmas Tree Bag、Christmas Tree Storage、 Christmas gifts、Nightmare Before Christmas 是搜索量最大的 5 个圣诞节关键词。这些 关键词可用于有市场需求的产品开发,也可用于产品详情页编辑中的命名和描述。

Christmas				
	129,700	10	EVERGREEN	AMAZON VIDEO KITCHEN & DINING

☆ CSV　∨ ▦ US 84,969　∨ Search Volume　∨ Depth　∨ Categories

+ SELECT ALL	AMAZON SEARCH ⓘ	AMAZON SEARCH VOLUME ⓘ ⬍	DEPTH ⓘ	APPEARANCE ⓘ	DOMINANT CATEGORIES
+ ⭢ 🔍	christmas lights	415,700	3	Evergreen	Home & Kitchen
+ ⭢ 🔍	christmas tree bag	245,100	3	Evergreen	Home & Kitchen
+ ⭢ 🔍	christmas tree storage	236,300	3	Evergreen	Kitchen & Dining
+ ⭢ 🔍	christmas gifts	226,300	3	Evergreen	Sports & Fitness
+ ⭢ 🔍	nightmare before christmas	210,100	3	Evergreen	Movies & TV
+ ⭢ 🔍	christmas stocking	190,700	4	Evergreen	Home & Kitchen
+ ⭢ 🔍	christmas ornaments	161,000	4	Evergreen	Home & Kitchen
+ ⭢ 🔍	christmas tree storage bag	152,500	3	Evergreen	Home & Kitchen

图 3-3　MerchantWords 搜索结果页面

[Step 3] Alexa。登录网址 https://alexa.chinaz.com,进入如图 3-4 和图 3-5 所示 的页面。以"shopee.com"为例,结果显示其在全球综合排名第 28951 名、美国网站排名第 93514 名,可以看出该网站在美国的知名度不高,基于 Shopee 平台在美国市场开展跨境 电商创业并不是最优选择。

shopee.com			查看分析　获取API

shopee.com			ALEXA全球排名
站点名称:Shopee.com Offers A Full ...	所属国家:EN	访问速度:694 Ms / 90分	第28951位 ↓9749
反向链接:294	下期预估排名:28,951	备案号:--	
域名年龄:17年6月25天	IP:203.116.187.60	域名注册商:GoDaddy.com, LLC	中文网站排名
百度权重:0	移动权重:0	360权重:0　360移动权重:0　神马权重:0	提交网站
百度收录:10	360收录:1	搜狗收录:19　谷歌收录:25　关键词数:5	该网站暂未被网站排行榜收录

站长工具:SEO查询　网站备案查询　网站IP查询　whois查询　友链查询　反链查询　权重查询　网站测速

图 3-4　Alexa 搜索结果页面

国家/地区名称 [14 个]	国家/地区代码	国家/地区排名	页面浏览比例	网站访问比例
摩洛哥	MA	16,718	0.6%	0.7%
越南	VN	1,721	21.5%	12.0%
印度	IN	46,362	4.5%	8.1%
印度尼西亚	ID	4,307	9.6%	7.2%
新加坡	SG	2,978	6.7%	6.2%
泰国	TH	4,036	5.0%	4.3%
马来西亚	MY	2,507	9.0%	5.7%
中国台湾省	TW	15,121	2.5%	1.7%
巴基斯坦	PK	49,413	0.5%	1.0%
美国	US	93,514	4.1%	4.3%
中国香港	HK	1,490	15.6%	12.2%
柬埔寨	KH	3,691	0.6%	1.0%
韩国	KR	5,226	7.4%	13.4%
其他	O	--	12.4%	22.2%

图 3-5 www.google.com 日均流量国家（地区）细分情况

任务 2 亚马逊选品

【创业知识】

一、亚马逊的市场调研

（一）产品信息调研

亚马逊平台市场调研

为了全面了解某个产品是否符合亚马逊卖家的选品要求，卖家需要对产品的价格、排名、评论、库存、商标、名称、描述、包装、链接等信息进行调研。其中，有六个要点需要重点分析。

1. 调研产品价格

调研产品价格，包括抢到黄金购物车的产品价格。若产品价格不符合卖家的店铺定位，则这些产品不需要深入研究，比如宠物用品店铺的价格区间为 20～30 美元，卖家可以直接放弃单价低于 10 美元或高于 50 美元的产品；若通过产品价格核算出的毛利润率过低，再考虑到经营成本，可能没有净利润，则这些商品也不需要深入研究。

2. 调研产品排名

产品排名是反映产品销量的有效参考指标，通过产品排名，卖家可以知道产品在某个产品类目中的位置，某产品排名越靠前，证明它越有竞争力。总的而言，如果把一个产品的排名做到一级类目下前十万，二级类目下前一万，三级类目下前一千，那么该产品是较为理想的，同时获利空间较大。如图 3-6 所示，我们可以看到该产品在服饰一级类目排名第111 位，在女装二级类目排名第 52 位，在女士连衫裤三级类目排名第 1 位，可见是非常不错

的一款产品。

Amazon Best Sellers Rank: #111 in Clothing, Shoes & Jewelry (See Top 100 in Clothing, Shoes & Jewelry)
#52 in Women's Shops
#1 in Women's Jumpsuits

图 3-6　亚马逊热销商品排名

3.调研产品评论

评论的增长速度和内容有很大的参考价值,如图 3-7 所示。通过分析产品的评论内容,卖家可以发掘产品本身的品质状况和设计缺陷,从而了解客户深层次的诉求,并有针对性地改良产品;如果产品评论星级普遍低于四星,说明这款产品缺陷较多,不适合成为卖家选品的参考对象。另外,卖家需要综合分析排名数据和评论数据,如果评论数量在上升,但产品排名却在下跌,则该产品有可能存在刷单情况,需要再观察一段时间;如果两个数据一起增长,则该产品可以继续深入研究。

Customer reviews

⭐⭐⭐⭐⭐ 4.4 out of 5

16 customer ratings

5 star	71%
4 star	14%
3 star	0%
2 star	14%
1 star	0%

图 3-7　亚马逊买家评级

4.调研产品销量

亚马逊平台尊重卖家的隐私,不会公开某个产品的销量。产品的销量与库存有很大的关系,如图 3-8 所示,卖家想要了解某个产品的市场销量,可以分析竞争对手的库存数

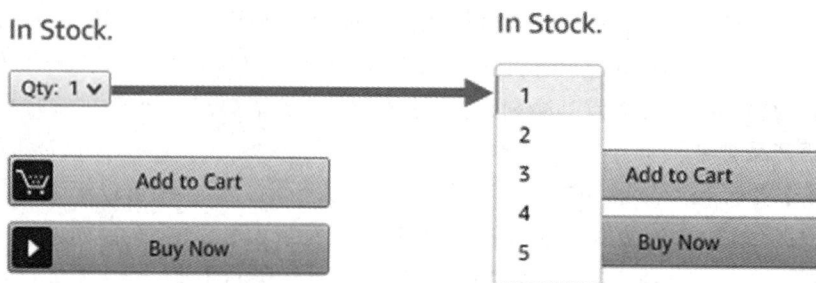

In Stock.　　　　　　　　In Stock.

Qty: 1 ∨

🛒 Add to Cart

▶ Buy Now

1
2
3
4
5

Add to Cart

Buy Now

图 3-8　产品库存数量调研

量,经过一周或一个月的持续跟踪来评估这个产品的销售速度和市场容量。如果一个产品在一段时间内销量比较高,但评论比较少,这种产品是值得关注的,因为它很可能是一款有潜力的还没有上升为"爆款"的产品。

5. 调研产品品牌

卖家需要注意产品是否有品牌。如果某一个产品没有品牌保护,也没有注册商标和专利设计,卖家可以直接跟卖该产品;如果有品牌保护,卖家又想要代理销售,可以跟在售的卖家进行沟通以获得代理权或授权书。若对方不肯给予授权书,卖家可以找相似款的产品,换言之,卖家可以开发外观不同,但功能一样或类似的升级产品。

6. 调研产品认证

一些类目是比较特别的,被强制要求获得相关认证之后才能进行销售。在亚马逊美国站,如果卖家计划销售食品、药品、化妆品或医疗用品,则需要进行 FDA(Food and Drug Administration,食品和药物管理局)认证;如果卖家计划售卖儿童玩具或儿童服装,则需要 CPC(Children's Product Certificate,儿童产品证书)认证;如果卖家计划出售蓝牙、无线遥控玩具、无线开关等产品,则需要 FCC(Federal Communications Commission,美国联邦通信委员会)认证。因此,如果卖家没有做认证的条件或基础,这些产品不做选品考虑。

总的来说,通过分析竞争对手产品的各项数据,卖家可以判断产品所处的阶段,是处于新品期、成长期、成熟期或衰退期,从而制定产品开发策略。

(二)竞争情况调研

除了调研产品信息,卖家还需要对这类产品的竞争情况进行调研,以了解所选产品是否存在激烈竞争。一般卖家希望选择用户需求量较大、竞争不是很激烈的品类,也就是所谓的蓝海市场。由于亚马逊平台没有这方面的数据信息,卖家可以从以下三个方面进行调研。

1. 调研产品数量

卖家直接在亚马逊前端搜索框内输入关键词,可以查看到正在销售的产品数量。如图 3-9 所示,以女士连衣裙 Women's Dresses 为例,搜索出的产品数量超过 3 万,说明该品类的竞争很激烈。在选择蓝海市场时,卖家需要客观地看待竞争这个问题,需求越大竞争越激烈,现阶段很难发现竞争小、需求大的品类。

图 3-9　Women's Dresses 产品数量

2. 调研行业数据

由于亚马逊不提供行业数据,卖家需要借助第三方平台,比如国外的 Jungle Scout、国内的 Captain BI(船长商业智能)等,如图 3-10 所示。这些第三方平台为卖家付费提供行业走势、子行业分析、优秀商品分析、优秀店铺分析等,弥补了亚马逊平台数据分析功能不足的短板,为我们对平台竞争调研提供了相应的数据。

图 3-10 Captain BI 选品调研界面

3. 调研广告竞价

卖家还可以通过关键词广告的均价来确定产品类目的竞争情况。通过 KeywordSpy 平台,卖家可以很方便地查看类目的 CPC 广告费用情况,以此来判断平台商家的竞争情况。具体如图 3-11 所示。

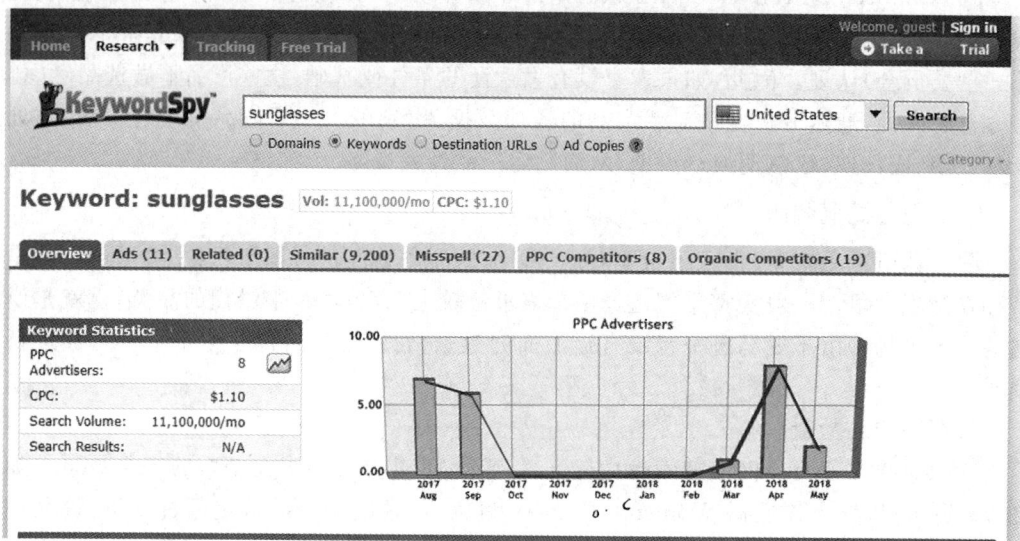

图 3-11 KeywordSpy 平台调研界面

二、亚马逊的选品方法

(一)亚马逊的选品思路

1. 计算市场需求量

市场需求量通常以产品关键词的搜索量作为计算指标,如图 3-2 和图 3-3 所示。在确定了大致的产品范围后,卖家将目标产品的关键词进行罗列,然后在 Google Trends 或 MerchantWords 中对这些关键词的搜索量进行查询,这些关键词的搜索量相加即为该产品的搜索量。

亚马逊选品工具

2. 计算市场供应量

市场供应量通常以亚马逊前端搜索框显示的关键词搜索结果作为计算指标,如图 3-9 所示。关键词搜索结果的数值越大,说明同类型卖家越多,这意味着该产品的市场饱和度

越高,而新手卖家要谨慎选择该产品。另外,一款产品的关键词是有多个的,卖家需要逐个计算市场供应量。

3.计算市场竞争度

市场竞争度可以通过产品集中度、品牌集中度和卖家集中度等具体的数据来体现。这里的数据以亚马逊销售排行榜为样本进行分析,其中,产品集中度是指销售排行榜前20的产品销量占样品总销量的比例,品牌集中度是指销售排行榜前10的品牌销量占样品品牌总销量的比例,卖家集中度是指销售排行榜前10的卖家销量占样本卖家总销量的比例。集中度数值越高,意味着垄断程度越高。

4.计算利润率

卖家若想要持续地经营亚马逊店铺,其资金周转需要是健康的。利润是店铺的生命线,也是保证资金健康周转的重要因素。虽然很多卖家会在运营初期采用"赔本挣吆喝"的策略,即以低价格或大折扣的方式进行产品促销,但是这样做的长期目标也是赚取利润。所以,卖家要选有盈利能力、利润率较高的产品进行销售。

5.计算供应链获取的难易程度

在选品时,经过前期的产品信息调研和竞争情况调研,完成中期的产品筛选和产品审核,进入后期寻找产品供应链的阶段时,卖家要结合市场的供应情况进行深入分析,确定这款产品是否有知识产权侵权的风险,即避免运营过程中产品被拥有知识产权的卖家发现并举报,从而降低产品被强制下架、影响账户安全的风险。

(二)亚马逊的选品工具

1.站内工具

(1)产品排名

在产品详情页中,销售排名(Best Sellers Rank,BSR)出现在基本信息(Product Details)一栏,一般在详情页的结尾处。如图 3-12 所示,这个产品在一级类目"Clothing, Shoes & Jewelry"(服装、鞋靴和珠宝饰品)中排名第 30234 位,在二级类目"Women's Shops"(女士商店)中排名第 12800 位,在三级类目"Women's Bucket Hats"中排名第 32 位。产品在不同的类目中,竞争环境不一样,其排名位置也不一样。同时,亚马逊提供了五个榜单,包括销售排行榜(Amazon Best Sellers)、新品排行榜(Amazon Hot New Release)、销售飙升榜

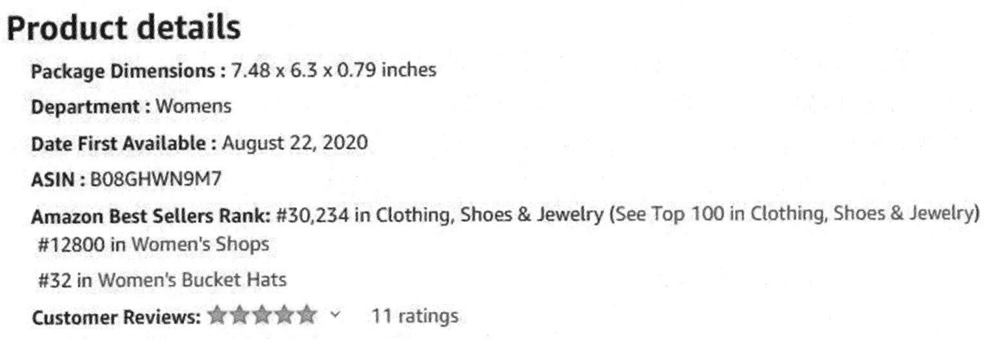

Product details

Package Dimensions : 7.48 x 6.3 x 0.79 inches

Department : Womens

Date First Available : August 22, 2020

ASIN : B08GHWN9M7

Amazon Best Sellers Rank: #30,234 in Clothing, Shoes & Jewelry (See Top 100 in Clothing, Shoes & Jewelry)
#12800 in Women's Shops
#32 in Women's Bucket Hats

Customer Reviews: ⭐⭐⭐⭐⭐ ⌄　　11 ratings

图 3-12　亚马逊产品的排名信息

(Amazon Movers & Shakers)、愿望清单(Amazon Most Wished for)、礼物榜(Amazon Gift Ideas)，分别列出了各个类目下排名前100的产品，这些内容对于选品都非常有帮助。

（2）用户评价

亚马逊的评价由商品评论(Review)和买家反馈(Feedback)两个部分构成。商品评论是消费者对产品本身的评价，展示位置是产品详情页面；买家反馈是消费者对已购买产品的服务做出评价，展示位置是卖家资料页面。相对而言，商品评论对选品更具有指导意义。如图3-13所示，第一个消费者表示很喜欢，因为这款帽子可水洗、可折叠且质量好(Washable,collapsable and well made)；第二个消费者表示不喜欢，因为这款帽子的头围小、无弹性(Unfortunately this hat is too small. Additionally it doesn't stretch)。这些商品评论，一方面让卖家认识到消费者的具体产品需求和关注的产品特性；另一方面让卖家认识到产品还有哪些可以改进和提升的空间。

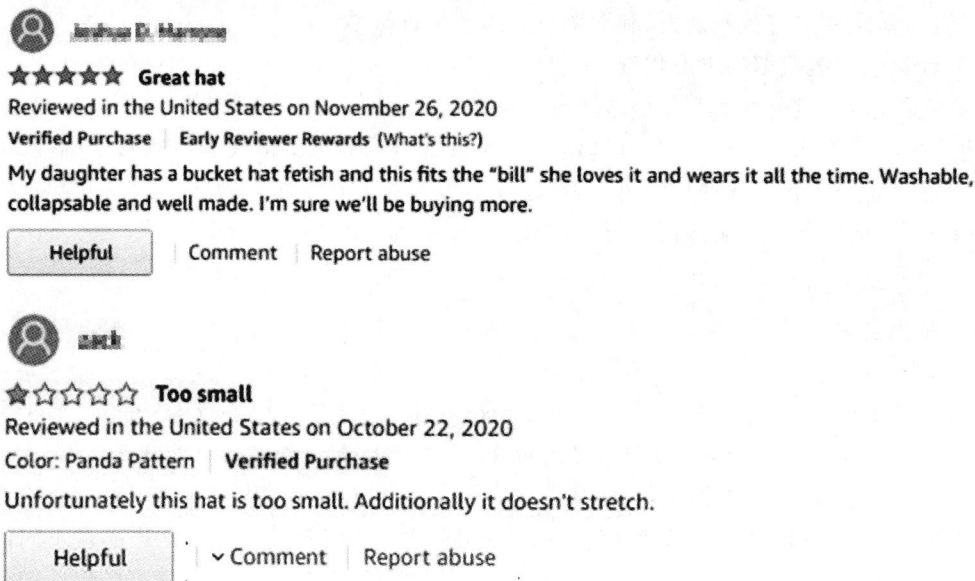

图 3-13　亚马逊产品的用户评价

2. 站外工具

站外选品的主要渠道有三个：一是利用主要的搜索工具或社交软件，寻找市场的趋势和消费者的偏好，如 Google Trends、Facebook、Twitter 等；二是利用专门面向亚马逊平台的一些数据分析网站，对产品进行详细跟踪和数据分析，如 Jungle Scout、BQool、Captain BI 等；三是利用阿里巴巴、速卖通、Wish 等网站进行产品信息调研，进一步了解该类产品在其他跨境电商平台的销量、价格、品牌等情况。

（三）亚马逊的常见选品误区

亚马逊卖家需要有意识地避开以下常见的误区，提高选品的成功率。

1. 盲目追求爆品

销售火爆而竞争对手又很少的亚马逊产品通常都申请了知识产权。如果卖家要在亚马逊上长期运营,需要选择合适的类目,专注于自己的类目,用心经营、避免侵权,铸就自己的竞争壁垒。

2.盲目追求新品

消费者对新品的认知度不一定会很高,如果卖家一味地做站内推广,过低的转化率并不能提高销量,反而增加运营风险和运营难度。

3.盲目追求差异化

产品差异化可以有效提升竞争力。如果卖家没有充足的资金和时间提供给工厂开模生产,选品的进度将会停滞不前。

4.忽视产品的市场容量

市场容量可以通过搜索量、销量、排名等具体的数据来体现,是市场的有效需求。如果产品本身的市场容量非常小、需求量有限,卖家不太可能将产品打造成爆款。

5.忽视产品的市场潜力

市场潜力可以通过销量趋势、月搜索趋势、搜索词排名涨跌等具体的数据来体现,是未来的多数用户的需求方向。卖家可以借助快速增长的用户需求,轻松打造爆品。

6.忽视产品的寡头垄断

亚马逊平台开放卖家入驻已经很多年,一些有实力、有技术、有资源的先进入者已经将自己的品牌做大做强,基本已位于某些产品类目的垄断地位。如果销售寡头垄断了某类目的产品,那么与竞争对手过大的差距将导致产品的点击率和转化率非常低,使得投资回报率(Return on Investment,ROI)非常低。

7.忽视产品的生命周期

在选择节日性产品或者季节性产品的时候,卖家要先考虑进入这个市场的时机是否合适。如果销售这种产品,卖家要在产品搜索量上升初期就进入,在销量最高时果断退出。

8.忽视产品的价格区间

在进行产品信息调研的时候,卖家要做好相对应的价格区间分析,找到消费者接受度最高的价格区间再定价。

9.忽视产品的安全隐患

竞争对手的产品评价普遍等级过低时,卖家就要考虑产品本身是否存在一定的质量问题,是否存在缺陷、不足或安全隐患等。如果销售这种产品,过高的退货率将导致产品链接被下架。

【创业示范】

创业任务:掌握亚马逊站内选品工具的使用。

[Step 1] 亚马逊搜索(Amazon Search)。登录亚马逊官网 https://www.amazon.com,在搜索框内输入关键词,即可看到系统提供的热搜关键词及相关长尾词,如图 3-14 所示。搜索框汇聚了精准的搜索词,是买家搜索商品的主要工具之一,也是卖家具有很高参考价值的站内选品工具之一。

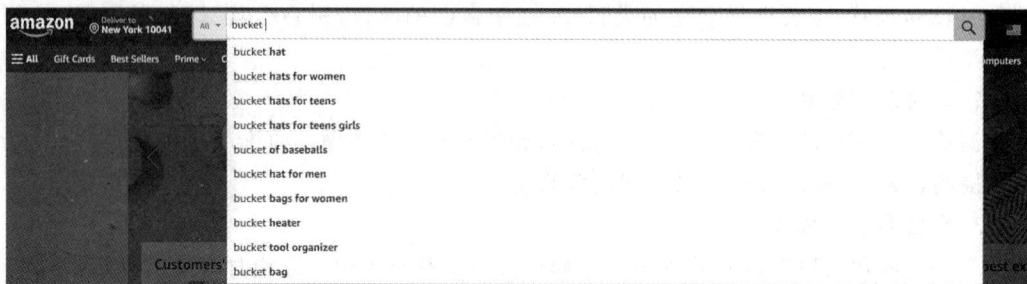

图 3-14 亚马逊前端关键词搜索

[Step 2] 亚马逊销售排行榜（Amazon Best Sellers）。入口链接为 https://www. amazon. com/Best-Sellers/zgbs。销售排行榜也称为热销榜，展示了各个类目下销量前 100 的商品列表，如图 3-15 所示。所有亚马逊卖家都希望能在热销榜上找到自己的产品，因此竞争非常激烈。热销榜是基于产品销量进行排名的，每个小时更新一次。

Amazon Best Sellers
Our most popular products based on sales. Updated hourly.

Any Department
Amazon Devices & Accessories
Amazon Launchpad
Amazon Pantry
Appliances
Apps & Games
Arts, Crafts & Sewing
Audible Books & Originals
Automotive
Baby
Beauty & Personal Care
Books
CDs & Vinyl
Camera & Photo
Cell Phones & Accessories

Toys & Games
› See more Best Sellers in Toys & Games

1. LeapFrog 100 Animals Book (Frustration Free Packaging), Pink ★★★★★ 29,483

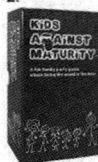
2. Kids Against Maturity: Card Game for Kids and Families, Super Fun Hilarious for Family Party Game Night ★★★★★ 9,085

3. ThinkFun Gravity Maze Marble Run Brain Game and STEM Toy for Boys and Girls Age 8 and Up – Toy of the Year Award Winner ★★★★★ 8,552

图 3-15 亚马逊热销榜

[Step 3] 亚马逊新品排行榜（Amazon Hot New Release）。入口链接为 https:// www. amazon. com/gp/new-release。这个榜单展示了最新推出和将要推出的畅销商品列表，每个小时更新一次，如图 3-16 所示。与销售排行榜中那些竞争激烈、难以追赶的产

Amazon Hot New Releases
Our best-selling new and future releases. Updated hourly.

Any Department
Amazon Devices & Accessories
Amazon Launchpad
Amazon Pantry
Appliances
Apps & Games
Arts, Crafts & Sewing
Audible Books & Originals
Automotive
Baby
Beauty & Personal Care
Books
CDs & Vinyl
Camera & Photo
Cell Phones & Accessories

Video Games
› See more New Releases in Video Games

1. Cyberpunk 2077 - PlayStation 4 WB Games

2. DualSense Wireless Controller PlayStation ★★★★★ 2,568

3. Super Mario 3D All-Stars - Nintendo Switch Nintendo ★★★★★ 20,666

图 3-16 亚马逊新品排行榜

品相比,这里的产品更值得卖家选择。

[Step 4] 亚马逊销售飙升榜(Amazon Movers & Shakers)。入口链接为 https://www.amazon.com/gp/movers-and-shakers。这个榜单展示了过去 24 小时内销量排名增长最快的商品列表,每小时更新一次,如图 3-17 所示。每个产品的上方都会有绿色和红色的箭头,绿色表示人气在上升,红色则表示人气在下降。卖家可以根据箭头的颜色来选择潜力产品。

Amazon Movers & Shakers
Our biggest gainers in sales rank over the past 24 hours. Updated hourly.

Any Department
Amazon Devices & Accessories
Amazon Launchpad
Amazon Pantry
Appliances
Apps & Games
Arts, Crafts & Sewing
Audible Books & Originals
Automotive
Baby
Beauty & Personal Care
Books
CDs & Vinyl
Camera & Photo
Cell Phones & Accessories

Gift Cards
› See more Movers & Shakers in Gift Cards

1. Sales rank: 360 (previously unranked)

Chick-fil-A Gift Card $50

2. 977% Sales rank: 44 (was 474)

Red Robin Gift Card ⭐⭐⭐⭐⭐ 1,056

3. 210% Sales rank: 276 (was 856)
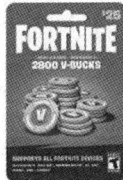
Fortnite V-Bucks Gift Card (redeem at Fortnite.com/vbuckscard) ⭐⭐⭐⭐½ 7,044

图 3-17 亚马逊销售飙升榜

[Step 5] 亚马逊愿望清单(Amazon Most Wished for)。入口链接为 https://www.amazon.com/gp/most-wished-for。这个榜单展示了消费者最常添加到心愿单和注册表上的商品列表,每日更新一次,如图 3-18 所示,也是发掘消费者潜在需求的一个重要依据。当这里的产品有促销消息时,亚马逊会通过邮件自动提醒消费者,帮助卖家进行二次营销,从而带来更多的销量。

Amazon Most Wished For
Our products most often added to Wishlists and Registries. Updated daily.

Any Department
Amazon Devices & Accessories
Amazon Launchpad
Appliances
Arts, Crafts & Sewing
Audible Books & Originals
Automotive
Baby
Beauty & Personal Care
Books
CDs & Vinyl
Camera & Photo
Clothing, Shoes & Jewelry
Collectible Currencies

Gift Cards
› See more Most Wished For in Gift Cards

1.

Amazon.com Gift Card in a Mini Envelope ⭐⭐⭐⭐⭐ 37,520

2.

Amazon.com Gift Card in a Reveal (Various Designs) ⭐⭐⭐⭐⭐ 26,073

3.

Starbucks Gift Card ⭐⭐⭐⭐½ 10,748

图 3-18 亚马逊愿望清单

[Step 6] 亚马逊礼品榜(Amazon Gift Ideas)。入口链接为 https://www.amazon.com/gp/most-gifted。这个榜单展示了订购最受欢迎产品作为礼物送出的商品列表,每

日更新一次,如图 3-19 所示,也是把握节日消费需求的一个重要依据。很多消费者会通过这个榜单给家人或者朋友选购礼物,因为这里的产品不仅可以提前购买,还能在指定的时间送货。特别是节假日、销售旺季的时候,这些作为礼物的产品销量会大幅度增长。

Amazon Gift Ideas
Our most popular products ordered as gifts. Updated daily.

Any Department
Amazon Devices & Accessories
Amazon Launchpad
Appliances
Arts, Crafts & Sewing
Audible Books & Originals
Automotive
Baby
Beauty & Personal Care
Books
CDs & Vinyl
Camera & Photo
Clothing, Shoes & Jewelry
Collectible Currencies
Computers & Accessories

Toys & Games
› See more Gift Ideas in Toys & Games

1.
LeapFrog 100 Animals Book (Frustration Free Packaging), Pink
29,483

2.
ThinkFun Gravity Maze Marble Run Brain Game and STEM Toy for Boys and Girls Age 8 and Up – Toy of the Year Award Winner
8,552

3.
Exploding Kittens Card Game - Family-Friendly Party Games - Card Games for Adults, Teens & Kids
42,835

图 3-19　亚马逊礼品榜

任务 3　成本分析与定价策略

【创业知识】

一、跨境电商产品的定价策略

跨境电商产品的定价策略

(一)跨境电商产品的价格架构

　　跨境电商产品的价格架构是指店铺产品在不同时期或者采用不同营销方法时的价格分类。通常跨境电商卖家会将产品分为基础的新款、老款、清仓款,从而进一步细分成引流款、利润款和活动款,进而打造出店铺的爆款。其实,最终目的就是寻找到消费者喜欢的产品,带动产品销量,提高产品转化率。

1. 引流款

　　引流款是指店铺用来吸引流量的产品,一般会以成本价进行销售。

2. 利润款

　　利润款是指店铺正常销售的产品,这类产品的利润会比引流款高一些,采用购买折扣、买一赠一、免运费等促销活动,配合引流款带来的流量,最终实现关联销售。

3. 活动款

　　活动款是指专门为了参加平台活动而选择的产品,这类产品在定价时需要考虑到平台活动的折扣力度,以免产生不必要的亏损。

需要注意的是,鉴于目前的跨境电商平台流量规则,每款产品都不能忽视推广费用。

(二)跨境电商产品的定价技巧

新卖家在产品定价方面经常面临高价不出单、低价没利润的窘境,因此卖家首先需要认识定价对于店铺运营的影响,即产品定价的重要性。产品价格的高低既直接影响产品销量,也能够反应店铺定位。常用的产品定价策略有:基于产品成本定价、基于竞争对手定价和基于产品价值定价。

1.基于产品成本定价

这种定价策略不需要进行大量的市场调研和用户分析,仅需要明确产品的单位成本,即可根据成本直接设定价格,并确保产品最低回报。该定价策略是零售行业常用的定价方式,即单位成本＋预期利润＝价格。单位成本不仅需要计算产品的变动成本,还需要考虑每月分摊的固定成本,如厂房、设备等。基于产品成本的定价策略的优势是简单直接,但是有时可能会使产品定价过于固定,从而影响销量和利润。

2.基于竞争对手定价

这种定价策略卖家仅需"监控"直接竞争对手的产品价格,并设置与其相对应的价格即可。如果卖家采用了这种定价策略,其就是假设竞争对手的价格是匹配市场期望的。但是这种定价策略容易带来价格竞争,有些人称之为"向下竞争"。例如,卖家 A 在 Amazon 上销售某产品,A 在其他网站上销售同样的产品标价为 299.99 美元,因此 A 将 Amazon 上该产品的价格也设定为 299.99 美元,希望订单能蜂拥而来。但是随着时间的推移,产品转化率惨淡。经过调研,A 发现竞争对手正在以 289.99 美元的价格出售相同的产品,为了提升产品订单,A 将价格降至 279.99 美元。而竞争对手发现后,也进行相应调价。经过一段时间,A 和竞争对手均因为双方不断降价,造成产品利润空间不断压缩。因此,卖家需要谨慎使用基于竞争对手的定价策略。

3.基于产品价值定价

这种模式下产品价格的高低以消费者的感知价值为基础,也是较为复杂的一种定价策略。应用此策略时,卖家需要进行市场调研和消费者分析,了解产品消费群体的关键特征,考虑消费者的购买原因,分析产品功能的重要性,并且知道价格因素对购买决策的影响力。卖家如果采用了这种定价策略,随着对产品市场和价格理解的加深,则可以不断对价格进行反复、细微的改动。因此,此种定价策略可以为卖家带来更多的利润。

例如,某商街出售雨伞的便利店,在天气好时,人们对雨伞的感知价值较低,卖家可以依靠降价促销来达到薄利多销的目的;而在雨天,雨伞成为人们出行必需品,此时消费者对雨伞的感知价值极高,因此卖家可通过提高价格来获取更多利润。

二、产品在不同阶段的定价策略

(一)新品上架阶段

当产品刚上架时,卖家可以采取两种定价方案。方法一,如果新品自身带有很强的优势,刚好是市场上的热销品,很受消费者的追捧,卖家可以直接将价格设置得高一些,待产品的热销度退减,再逐步降价。

产品在不同阶段的
定价策略

方法二,如果产品刚上架,自身优势不明显,产品竞争力较弱,短期内很难累积有说服力的好评、星级评分、忠实粉丝等运营数据,在这种情况下,为了培养买家的良好体验,让产品快速切入市场,卖家需要将价格设得低一些。但是,价格也不宜设得太低,那样非但赚不到应得的利润,反而会让买家低估商品的价值,甚至怀疑卖家在卖假货。

(二)产品成长阶段

当卖家的产品在销量、好评、星级评分等各项指标上有了一些基础,如果产品销量快速增长,但是忠实粉丝还是较少,说明该产品处于成长阶段。此时卖家可以稍微提一下价格,或者将价格控制在比竞争对手的价格稍低的范围。

(三)产品成熟阶段

当卖家的产品销量已经稳定,同时排名、流量、星级评分等各项指标都很不错,在市场上积累了不少的人气,那么,该产品的表现已超过一般卖家,已是一款"爆品"或"准爆品"。在这个层次的产品,比价功能已经弱化,更多的是代表了品牌形象与店铺定位。卖家可以放心地将价格调得比市场价高一些,忠实的买家也不会因为提价而离开。

(四)产品衰退阶段

当卖家的产品慢慢地进入衰退期时,市场会推出功能更加完善的产品取而代之,消费者的忠诚度也会下降,需求也会逐渐减弱,销量与利润都会大不如从前。如果产品进入这一阶段,卖家也没必要继续强推这个产品,若该产品还有库存,可以进行清仓处理,如满减、打折、包邮等。

三、亚马逊产品的一般定价公式

亚马逊卖家如果使用FBA发货,该怎么进行产品定价?不妨参考以下定价公式:

$$FBA\ 产品售价 = \frac{产品成本 + 头程运输费用 + FBA\ 费用}{1 - 销售佣金率 - 推广费用率 - 售后损失率 - 杂费率 - 利润率}$$

在产品定价之前,卖家需要了解公式中的主要关键词含义,同时要切记一点,产品价格不能引起买家的反感。

(一)产品成本

产品成本主要包括产品的生产成本、采购成本以及包装成本等。生产成本是指生产活动的成本,即企业为生产产品而发生的成本,由直接材料、直接人工和制造费用三部分组成。一般来说,卖家的产品品质越好,意味着生产成本也越高;如果卖家对产品进行改良或创新,生产成本也会增加。然而,并不是所有的卖家都有能力进行生产活动,有些

亚马逊产品的一般定价公式

卖家只能寻找工厂进行采购。采购成本受到市场供需情况的直接影响,在产品紧缺、供不应求时,供应商就会涨价;反之,则会降价。包装成本也是亚马逊卖家需要考虑的重要因素,一方面要根据消费国(地)的情况订制包装,从包装材料、设计风格、印刷语言等方面来增加产品的吸引力或说明性,以此提高消费者的接受度;另一方面,如果使用FBA服务,卖家还需要进行贴标操作,这也会有成本产生。

(二)产品费用

1. 头程运输费用

头程运输费用是指从国内发货到亚马逊运营中心的国际运费。国际运费的计算方式主要取决于运输方式和运输距离。国际货物的运输方式一般有海运和空运,海运比空运的费用便宜,但速度慢。由于亚马逊的运营中心比较多、分布广,所以运输到不同运营中心的费用也有所不同。卖家需要根据实际情况确定 FBA 头程运输费用。

2. FBA 费用

FBA 费用涵盖三项服务的费用:一是商品储存在亚马逊运营中心的费用;二是取件、包装和配送订单的费用;三是亚马逊为所售商品提供客户服务的费用。卖家的主要 FBA 费用是仓储费和配送费,是根据商品的包装尺寸及重量来收费的。

3. 销售佣金

亚马逊卖家需要为售出的每件商品支付销售佣金。不同品类商品的销售佣金比例和每件最低佣金都有不同的规定,销售佣金比例一般为 8%～15%,最低为每件 0.3 美元。

4. 推广费用

卖家为了扩大销售,提高产品人气,会在亚马逊站内、站外做付费营销推广,主要包括站内广告、秒杀、优惠券、早期评论人、站外社交媒体平台推广等支出项目,这些都会产生一笔不小的推广费用。各项推广费用的总占比需要根据产品的行业、价位、经济效益等因素确定。

5. 售后损失

在大多数情况下,亚马逊买家可以在收到货后的 30 天内请求退回商品。对于 FBA 而言,如果确定该商品处于可售状况,亚马逊会将其退回卖家的库存;如果确定该商品处于不可售状况,由此产生的商品损失、破损商品移除费用、为解决售后纠纷而产生的退款等,都由卖家承担。售后损失的占比取决于商品质检合格率、买家满意度和售后服务政策等,需要根据商品情况或行业经验来确定。

6. 杂费

杂费是指未计算入内的其他开销,包括汇损、报损、提现手续费、平台月服务费等。不同规模的跨境电商企业承受杂费的能力是不同的,因此杂费率设置多高可根据具体情况来确定,但是杂费率一定不能忽视。

(三)产品利润

产品利润可以根据售价利润率来计算,也可以根据成本利润率来计算,本书定价公式中的利润率是指售价利润率。举个例子,如果产品售价是 20 美元,售价利润率是 30%,那么该产品利润就是 6 美元。卖家需要在选品时或上架产品前预估产品利润,如果自家产品很有市场前景,卖家对产品利润的期望值就会高一些,可能是售价的几成或是成本的几倍甚至几十倍。

【创业示范】

创业任务:计算 SKU 为 SK03-001 至 SK03-003 的亚马逊产品售价。

[Step 1] 亚马逊产品价格计算公式：

$$FBA\ 产品售价 = \frac{产品成本 + 头程运输费用 + FBA\ 费用}{1 - 销售佣金率 - 推广费用率 - 售后损失率 - 杂费率 - 利润率}$$

[Step 2] 产品成本及费用分析。销售佣金根据产品类目确定。售后损失率根据本品类的市场调查估算。推广费用指亚马逊站内及站外的推广费用，控制在20%以内为佳。例如，某款男士袜子的进货价格为10元，头程运输费用(即每个产品的空运或海运的平均分摊费用)为6.5元，FBA仓储费为0.09美元(3个月)，FBA配送费用为3.31美元，销售佣金为售价的17%，推广费用率按照引流款、活动款、利润款分别预设为20%、20%和0，售后损失率预估为2%，杂费率预估为4%。把这些费用项目列表，并用Excel进行统计，如表3-1所示。

表3-1 产品成本分析

SKU	价格架构	进货成本	头程运输费用	FBA仓储费	FBA配送费	销售佣金率/%	推广费用率/%	售后损失率/%	杂费率/%	美元汇率(2020-02-14)
SK03-001	引流款	RMB 10	RMB 6.5	USD 0.09	USD 3.31	17	20	2	4	6.96
SK03-002	活动款	RMB 10	RMB 6.5	USD 0.09	USD 3.31	17	20	2	4	6.96
SK03-003	利润款	RMB 10	RMB 6.5	USD 0.09	USD 3.31	17	0	2	4	6.96

[Step 3] 产品售价计算。Excel中还需要列出产品利润率，并转换成为美元价格，假设该产品利润率按照引流款、活动款、利润款分别设定为15%、20%、35%，2020年2月14日的汇率为6.96，用Excel进行计算，所得结果如表3-2所示。

表3-2 产品最终价格确定

SKU	价格架构	进货成本	头程运输费用	FBA仓储费	FBA配送费	销售佣金率/%	推广费用率/%	售后损失率/%	杂费率/%	利润率/%	售价
SK03-001	引流款	RMB 10	RMB 6.5	USD 0.09	USD 3.31	17	20	2	4	15	USD 13.74
SK03-002	活动款	RMB 10	RMB 6.5	USD 0.09	USD 3.31	17	20	2	4	20	USD15.60
SK03-003	利润款	RMB 10	RMB 6.5	USD 0.09	USD 3.31	17	0	2	4	35	USD13.74

【拓展知识】

一、首届世界海关跨境电商大会[1]

跨境电子商务在信息技术推动下快速发展，为国际贸易带来巨大机遇，但同时也带来

---

[1] 资料来源：首届世界海关跨境电商大会北京宣言[EB/OL]. (2018-02-11)[2021-08-15]. http://www.sohu.com/a/222218701_487113.

挑战。如何全面了解跨境电子商务发展形势,实现可持续发展,国际社会期盼跨境电子商务供应链各利益攸关方,特别是世界海关组织(WCO)及其他国际组织汇集智慧,携手共进。

在此背景下,2018年2月9日至10日,首届世界海关跨境电子商务大会在北京举行。全球各国海关、政府部门、电子商务企业、国际组织、中小微企业、消费者和学术界千余名代表出席会议。

大会为研讨全球跨境电子商务可持续发展提供了极大机遇。大会充分认识到跨境电子商务发展为提高经济竞争力,培育发展新动能,创造贸易新模式,引领消费新趋势,增加就业新岗位提供了巨大机遇。大会同时还认识到,研究透明经济政策的重要性。

会议认为,跨境电子商务平衡发展需要新方式、新政策。为此,会议倡议各方坚持包容、审慎、创新、协同的管理理念,支持跨境电商平衡、透明、非歧视可持续发展,积极应对当前及未来挑战。大会还认识到需要积极处理当前及预期挑战,并特别指出积极处理与税收、知识产权保护、公民安全保障等相关挑战。

(一)促进贸易便利,提高电商效益

大会认识到贸易便利化对于跨境电商发展和全面实施 WTO《贸易便利化协定》日益重要,期待加大电商的贡献,在国际贸易中降低成本,提高效率。大会鼓励各方积极采取有效措施,包括加强政府和电商业者和其他攸关方的协同,比如平台互赢、数据共享和扩容单一窗口参与方,以及探索运营新技术,提升数据可视性和风险管理等。

此外,大会还注意到不同的试点项目,如电子世界贸易平台(eWTP)和非洲电商联盟等。全球电子商务繁荣发展,给相互协作、改善和简化税收手续带来机遇。大会支持国际组织间的合作,推动标准趋同和成果共享,为电子商务发展提供更加公平、透明、稳定、可预见及安全的网上贸易环境。

(二)防控安全风险,构建守法体系

大会认识到安全是跨境电子商务可持续发展的必要前提,必须采取有效措施确保安全。大会鼓励各方采取有效透明和适当的措施,充分利用跨境电子商务电子化、数据驱动、数据丰富特性,确保电子商务的国家和公众安全和诚信经营。大会倡议各利益攸关方根据各自在供应链内的角色和责任,以营造规范诚信的营商环境和提高跨境电子商务供应链的透明度。

(三)运用信息技术,把握未来趋势

大会认识到现代信息通信技术,特别是移动互联网技术对跨境电子商务的巨大推动作用,倡议各方高度关注物联网、人工智能、区块链、大数据和云计算等技术与跨境电子商务相结合带来的革命性变革。鼓励各方评估数据重要性,协调行动,充分考虑各国公平竞争、数据隐私保护法律,努力实现以数据为中心的智慧管理,用好数字时代信息资源。

(四)发挥协同效应,共建良好生态

大会强调构建各利益攸关方共同参与的综合协调机制,建设跨境电子商务蓬勃发展良好生态圈。倡议加强国际海关间合作,发挥 WCO 电子商务工作组的平台作用,推动跨境电子商务国际海关信息互换、监管互认、执法互助。加强 WCO 与其他相关国际组织的合作。

（五）参与区域合作，推动均衡发展

大会充分认识到跨境电子商务对于推动经济增长方式重塑和经济全球化、促进经济复苏、推动发展中国家经济繁荣和中小微企业成长具有重要意义。大会探讨了区域发展畅通对跨境电子商务区域发展的巨大机遇，鼓励各方秉承和平合作、开放包容、互学互鉴、互利共赢精神开展合作。大会建议通过共同努力、倡议及透明的法律框架，开展经济、数字化和基础设施建设。大会倡议地区合作，强调符合各国和地区国情的运输、通信、金融基础设施建设和互联互通的重要性。鼓励各方加强政策对话、沟通和经验分享，推进手续协调一致，保证信息、资金和物流畅通。

（六）加快标准制定，着眼长远发展

大会充分认识到跨境电子商务发展涉及众多参与方，扩大合作十分必要。大会倡议进一步加强政企对话，共同促进新贸易规则的探索和制定。大会认同国际海关界近期通过的公报和决议中传递的强烈信息，赞成和鼓励各方支持《WCO 卢克索跨境电子商务决议》中所确定的原则。大会高度赞赏 WCO 成员海关以及各利益攸关方为制定《世界海关组织跨境电商标准框架》做出的贡献，就进一步完善该标准框架原则赞同达成基本共识。

鉴于此论坛意义重大，大会建议每两年在不同地区召开一次全球跨境电子商务大会。大会感谢各方的积极努力，对会议取得的丰硕成果表示满意。对 WCO 和中国海关成功主办本次大会表示感谢。

二、跨境电商将成为世界贸易主角[1]

作为一种贸易新业态，跨境电商能否改变传统贸易格局？2018 年 2 月召开的首届世界海关跨境电商大会给出了明确答案：跨境电商为提高经济竞争力、培育发展新动能、引领消费新趋势、增加就业岗位等提供了巨大机遇。未来，以跨境电商为代表的中小微企业将成为世界贸易的主要力量。"我相信，世界海关跨境电商大会是世界贸易史上里程碑性的会议，它向世界展示了一种新的机遇，一种新的合作，一种新的未来。"正如阿里巴巴董事局主席马云在首届世界海关跨境电商大会上所言，不久的将来，跨境电商将成为世界贸易的主角。作为大会重要成果，主办方就进一步完善《跨境电商标准框架》达成基本共识，重点确定了跨境电商管理的八大核心原则，成为世界海关跨境电商监管与服务的首个指导性文件。大会还发布了《北京宣言》，确立了世界海关跨境电商大会机制，推动管理理念创新，促进贸易安全与便利，实现均衡发展。

（一）将世界推向新贸易时代

到北京参加首届世界海关跨境电商大会的第一天，世界海关组织秘书长御厨邦雄特意选择乘坐地铁从驻地前往市中心。"地铁里非常安静，几乎所有的乘客都在看手机，要么在玩游戏、发信息，要么是在购物。"这一场景让御厨邦雄颇为感慨：新技术带来了生活

---

❶ 资料来源：顾阳.跨境电商将成世界贸易主角［EB/OL］.（2018-02-13）［2021-08-01］.https://www.sohu.com/a/222501200_267106.

方式的改变,轻点键盘之间,消费者和微小中企业就能直接参与到全球供应链发展中。

在海关工作了近 30 年的世界海关组织守法便利司司长安娜·B.伊诺霍萨对此也深有体会。她表示,"跨境电商为全球贸易带来了新的图景,也让全球供应链发生了巨大的演进,尽管传统贸易在跨境贸易当中仍占大量份额,但越来越多的集装箱货物正在被小包裹取代"。有统计显示,20 年前中国全年的包裹数量不过 1 亿多个,2017 年中国的包裹数量就达到了 300 多亿个,平均每天 1 亿个。据估算,未来 8 年到 10 年,中国每天就可能产生包裹 10 亿个,其中 15% 以上来自跨境贸易。

"跨境电商为世界经济提供了新增长引擎,推动了消费也创造了更多就业机会。"中外运—敦豪国际航空快件有限公司董事兼副总经理聂华杰坦言,跨境电商发展给国际快递运输业发展创造了巨大商机,物流企业必须要调整好工作方式及流程模式,以更好地适应跨境电商的快速发展。在中等收入群体崛起的形势下,新消费带来了一个万亿元级的市场,跨境电商正在把全世界的需求和供给快速地连接起来,将世界推向一个新贸易时代。

在网易公司创始人兼首席执行官丁磊看来,跨境电商正在让世界变小、让市场变大。"这是个充满智慧的创造,在这个领域,所有人都是创新者、布道者,都有可能通过自己的努力去推动全球贸易发展。"丁磊说。事实上,与会代表对全球跨境电商发展已形成了基本共识——跨境电商为提高经济竞争力、培育发展新动能、引领消费新趋势、增加就业岗位等提供了巨大机遇。未来,以跨境电商为代表的中小微企业将成为世界贸易的主要力量。

(二)走中国特色跨境电商之路

中国的跨境电商虽起步较晚,但发展迅速,尤其是零售进口业务 B2C、C2C 的大幅增长,让中国跨境电商迅速成为国际贸易中的一支新力量。据海关总署统计,2017 年通过海关跨境电商管理平台零售进出口总额达 902.4 亿元,同比增长 80.6%。

"中国海关坚持'创新、包容、审慎、协同'理念,会同相关部门和业界不断探索实践,逐步建立起一套适应跨境电子商务发展的监管新模式。近 3 年来,中国海关跨境电商进出口额年均增长 50% 以上。"海关总署署长于广洲说。

曾经遥不可及的美洲干果、欧洲化妆品、非洲工艺品、澳大利亚奶粉等,如今已便捷地走进了中国的寻常百姓家,足不出户"买全球、卖全球"已变成现实。中国是如何做到的呢?

"跨境电子商务是创新的产物,要用创新的思路来监管,改革创新是助推跨境电子商务的内在动力。"海关总署监管司副处长白晓东表示,中国海关始终用发展的眼光看待跨境电商问题,本着在发展中规范、在规范中更科学发展的原则,在政策上支持、管理上谨慎、手段上适应,努力为新生事物发展创造更大的空间。

据悉,跨境电商自 2012 年启动试点以来,我国先后在郑州等 10 个城市开展了相关试点工作,积极推动杭州等 13 个跨境电子商务综合试验区建设,创造性地提出了"直购进口、网购保税进口、一般出口、特殊区域出口"四种新型监管模式,契合了新业态特征,基本满足了跨境电商发展的需求。

作为互联网时代发展最为迅速的贸易方式,跨境电商为更多国家、企业和群体带来了新的机遇。中国在推动跨境电商发展的探索中,闯出了一条具有中国特色的跨境电商发展之路。不仅如此,中国还积极参与到贸易规则的制定中来,搭建交流平台,分享发展经验,以开放的姿态赢得了认可与赏识。

"与中国相比,非洲跨境电商发展还处在初级阶段。"泛非邮政联盟助理秘书长科拉沃莱·拉希姆·阿杜洛朱说,中国在跨境电商领域的成就,让更多发展中国家看到了希望。

(三)构建跨境电商生态圈

作为新兴业态,跨境电商具有的碎片化、小额化、高频次等特征,给海关监管提出了一系列挑战。如何建立起各利益方共同参与的协调机制,构建起跨境电商可持续发展的生态圈,成为各方关注的焦点话题。

丁磊认为,加快跨境电商发展,需要进一步提升全球贸易效率,需要政府创新监管方式,也需要企业创新商业模式。"目前全球有超过 80 个国家、5000 多个品牌通过网易考拉来到中国,网易考拉也成为中国跨境电商的合作样板。未来,网易考拉还将通过全球商超、百货、电商等合作伙伴的力量,帮助更多优质品牌实现全球买卖。"丁磊说。

作为连续三年跨境进口零售电商冠军,聚美优品副总裁江南对生态圈的体会更为深刻:为了从源头实现质量把控,聚美优品与 1000 余个国内外知名品牌建立了合作关系,率先在国内启动打造"极速免税店"业务,引领了跨境电商业务的跨越式发展。

让国际贸易更加自由化、便利化,让跨境货物既通得快又管得住,这不仅是广大跨境电商企业的诉求,也是各国海关必须面对的现实问题。

"过去,大量的货物贸易是通过集装箱运输的,只要抓住了集装箱的关键数据就可以解决大部分业务难题。如今,我们生活在小包裹汹涌而至的时代,过去的做法就远远不够了。"御厨邦雄表示,必须采取更加紧密的协作,营造一个既促进电商发展又能堵住各种潜在风险与漏洞的环境。

新环境需要新规则,新规则离不开新思维。在马云看来,未来的贸易规则应足够简单。他表示,"规则不等于限制,便利也可以是规则中的一部分,促进更是规则的应有之义,规则的目的是更好地去服务好发展"。

"中国海关积极推动《跨境电商标准框架》达成共识并希望早日出台,目的在于为跨境电商发展提供更加透明、稳定、可预见的贸易环境,让全球商品更加安全、便利、高效地走进千家万户。"海关总署副署长邹志武表示,标准的制定只是一个起点,中国海关将以此为契机,让更多的企业享受贸易便利,让更多的消费者享受新贸易业态的红利。

【技能训练】

一、温故知新

1. 亚马逊销售排行榜显示的是销量前( )名的产品。

A. 50　　　　　　　B. 100　　　　　　　C. 150　　　　　　　D. 200

2. 下列不符合跨境电商选品要点的是( )。

A. 市场潜力大　　　　　　　　　B. 适合国际物流

C.售后服务复杂　　　　　　　　　　D.附加值较高

3.亚马逊隐私政策保护卖家的销量数量,我们可以通过(　　　)数据来推测销量。

A.价格　　　　　B.品牌　　　　　C.排名　　　　　　D.库存

4.在使用成本定价法时,亚马逊卖家无须考虑的因素是(　　　)。

A.头程运输费用　　B.销售佣金　　　C.FBA 费用　　　　D.开店年费

5.基于成本的定价策略需要考虑产品的成本、运营的费用和销售的(　　　)。

A.利润　　　　　B.重量　　　　　C.外观　　　　　　D.包装

二、创业实践

1.请结合自身实际,整合亲戚、朋友、同学等的资源,自行选定服装、运动、个护等类目,综合运用多种工具进行分析,为亚马逊店铺选出不少于 5 件拟销售产品,并提交不少于 600 字的报告。

2.根据以上选品的结果,对所选产品进行综合分析,请计算出 FBA 产品售价。

项目四

运营管理

【学习目标】

❋ 知识目标

- 了解亚马逊前后台的入口；
- 了解发布产品所需要的准备工作；
- 了解亚马逊如何正确"跟卖"与"防跟卖"产品。

❋ 能力目标

- 掌握亚马逊发布产品的详细步骤及优化要点；

- 掌握亚马逊退货、退款、A-to-Z 等的售后处理。

❋ 创业目标

- 了解前端后台，准备产品信息；
- 熟悉操作流程，编辑产品详情；
- 掌握平台运营，优化产品页面；
- 了解跨境电商领域中的知识产权侵权，以及如何规避侵权的风险。

【学习导航】

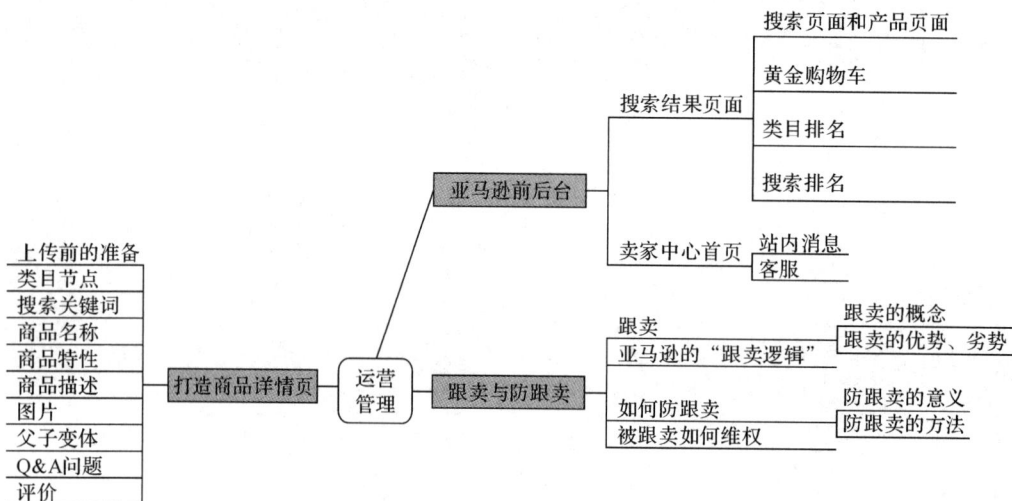

【引导案例】

亚马逊卖家小谢从 2010 年开始从事跨境电商创业,公司目前有员工 160 人,年销售额达到 5000 万美元。小谢在创业早期选择了敦煌、eBay 等平台,后期主要在速卖通。公司现有十几个大类目,如电子产品、家居、服装、饰品、假发等。公司早期则主要聚焦童装行业,通过大数据分析发现,童装市场容量大,而且款式没有女装丰富,运营相对简单。但随着团队规模扩大,并且平台流量没有之前增长的迅速,无论如何努力,销售额也无法进一步地增加。基于此,公司决定转向多类目的经营。在多类目经营过程中,小谢发现也无法突破整体销售额的增长,后来决定开始采用"多平台＋多类目＋多店铺"的运作模式。2015 年公司进入快车道,迅速将产品铺到十几个平台,销售额从最初的几千万元增加到 2亿多元。之所以采用"多平台＋多类目＋多店铺"的运营模式,主要是因为跨境电商的市场较之国内电商的市场更广,并且每个国家(地区)的市场需求又存在较大差别,每个平台有特定的流量、客户群体,为了避免某个平台的流量受到限制,或者某个平台的店铺出现问题,则这种运营模式可以更好地规避运营风险。

【引例分析】

跨境电商卖家在选择平台时,应该根据实际情况与可利用的资源做出决策,不要人云亦云。如果启动资金充足,可以选择相对成熟的平台,如亚马逊,只需要聚焦一种类目的产品就可以获得高收益。如果启动资金不充足,可以选择利润稍高的小众平台,如Shopee 等。卖家在选择产品类目时,开始先聚焦一个类目,在选品方面要用心,不要随便跟卖,应根据平台选品,如亚马逊更重视产品,那么在运营时,卖家应该将精力更多地放在产品上面,可适当忽略运营技巧;而 eBay 则更重店铺,卖家需要不断地铺货,把能拿到的产品全部上架,这样可以快速提高销售额。

任务 1 亚马逊前后台

【创业知识】

一、搜索结果页面

(一)搜索页面和产品页面

1. 搜索页面

搜索页面是指输入一个关键词进行搜索时所展示的页面。如图 4-1

玩转亚马逊前后台

所示,搜索一个关键词,例如 iPhone case,则会出现大量的搜索结果,亚马逊页面会显示

"1-18 of over 50,000 results for iPhone case"表示该关键词下有超过 50000 个的产品。通过"Show result for"和"Refine by"来筛选类目和其他条件。商品名称上方若有灰色字体"Sponsored"的标签,则表示该产品是付费广告结果。

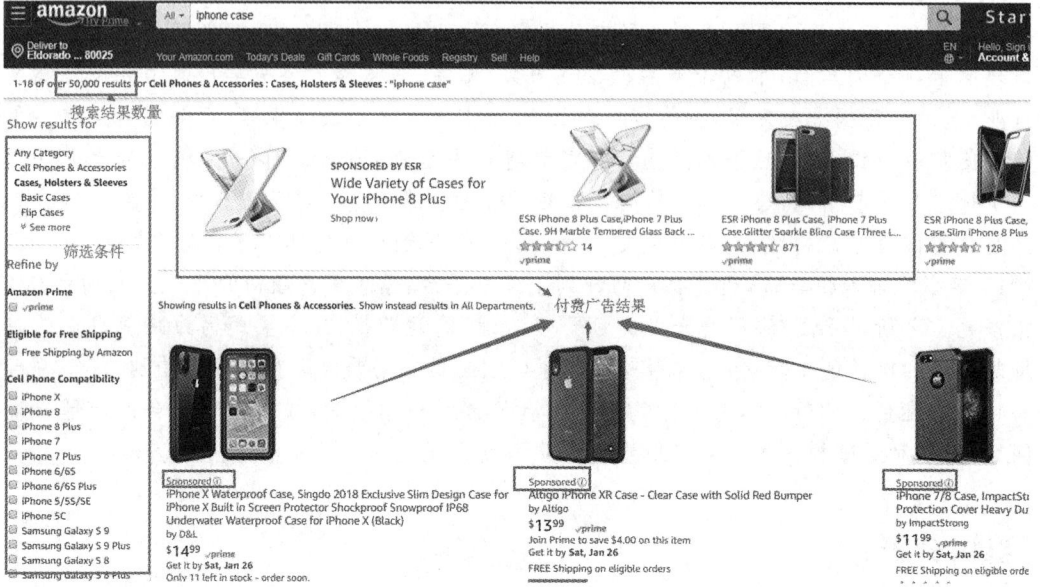

图 4-1　搜索结果展示

2. 产品页面

(1)产品页面是指点击产品之后进入的产品详情页,页面上端包括图片、品牌、标题、价格、变体、五点描述、卖家数量、购物车、配送信息等,如图 4-2 所示。

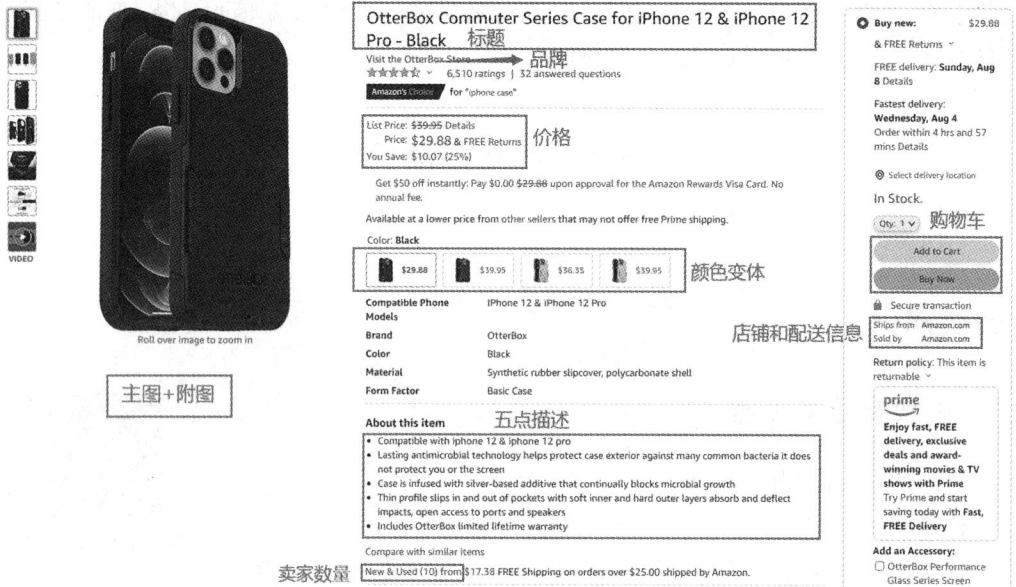

图 4-2　产品详情页

注意：如果店铺和配送处显示的为"Ships from and sold by Amazoncom"，则表示该产品由亚马逊自营或者由 VC 卖家销售。如果此处只显示"Fulfilled by Amazon"，则代表该卖家采用 FBA 发货。

(2)消费者经常一起购买的商品（Frequently bought together），如图 4-3 所示。

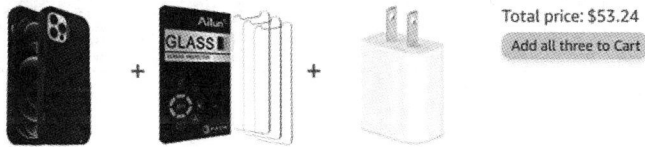

图 4-3　经常一起买的商品

(3)关联的广告商品（Sponsored products related to this item），如图 4-4 所示。

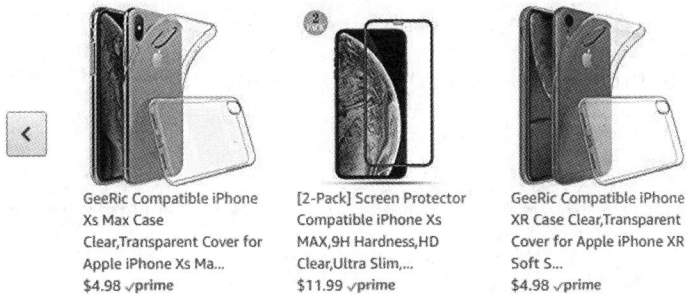

图 4-4　关联广告位

(4)浏览此商品的消费者同时也浏览其他产品（Customers who viewed this item also viewed），如图 4-5 所示。

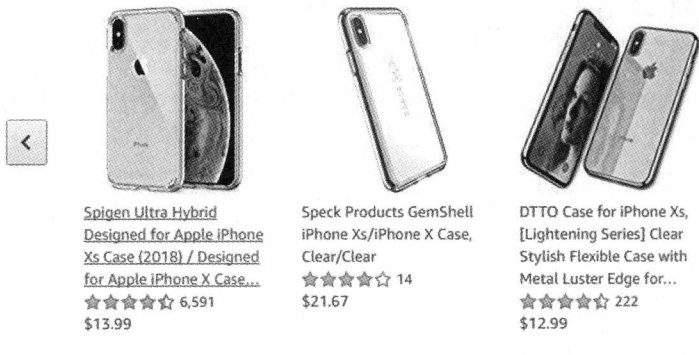

图 4-5　同时浏览

(5)对比类似商品(Compare with similar items),如图 4-6 所示。

Compare with similar items

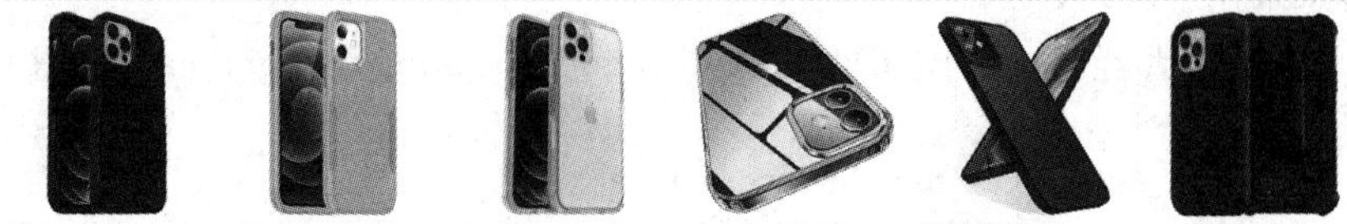

	This item OtterBox Commuter Series Case for iPhone 12 & iPhone 12 Pro - Black	LStiaq Compatible with iPhone 12/12 Pro Armor Case - [Rugged + Protective] Tough Grip Cover (Pink)	OtterBox Symmetry Clear Series Case for iPhone 12 & iPhone 12 Pro - Clear	Elando Crystal Clear Case Compatible with iPhone 12/12 Pro, Non-Yellowing Shockproof Protective Phone Case Slim Thin #1 Best Seller	TORRAS Shockproof Compatible for iPhone 12 Case/Compatible for iPhone 12 Pro Case, [Military Grade Drop Tested] Translucent Matte Hard PC Back with Soft Silicone Edge Slim Protective Guardian, Black	OtterBox Defender Series Screenless Edition Case for iPhone 12 & iPhone 12 Pro - Black
	Add to Cart	Add to Cart	Add to Cart	Add to Cart	Add to Cart	Add to Cart
Customer Rating	★★★★☆ (6510)	★★★★☆ (16)	★★★★☆ (3344)	★★★★☆ (5657)	★★★★☆ (8202)	★★★★☆ (6718)
Price	$29.88	$19.00	$45.48	$15.99	$21.99	$59.95
Shipping	FREE Shipping. Details	FREE Shipping on orders over $25.00 shipped by Amazon or get **Fast, Free Shipping** with Amazon Prime	FREE Shipping. Details	FREE Shipping on orders over $25.00 shipped by Amazon or get **Fast, Free Shipping** with Amazon Prime	FREE Shipping on orders over $25.00 shipped by Amazon or get **Fast, Free Shipping** with Amazon Prime	FREE Shipping. Details
Sold By	Amazon.com	LStiaq	Amazon.com	Hotopone	TORRAS®	Amazon.com
Color	Black	Pink	Clear	Crystal Clear	Black	Black
Compatible Phone Models	iPhone 12 & iPhone 12 Pro	iPhone 12 pro max Case	iPhone 12 & iPhone 12 Pro	iPhone 12, iPhone 12 Pro, iPhone 12 6.1 Inches, iPhone 12 Pro 6.1 Inches	iPhone	iPhone 12 & iPhone 12 Pro

图 4-6　对比类似商品

(6) 商品描述(Product description),如图 4-7 所示。

Product description

Color:**Design 102919**

Cat brings a wonderful iPhone case with sticky grip bumper and unique camera rim design. With 14 feet drop test, this series brings design and protection to a whole new level.

图 4-7　商品描述

(7)商品信息(Product information),包括重量、体积、ASIN(Amazon Standard Identification Number)、排名、上架时间等,如图 4-8 所示。

Product information

Color:**Midnight Green**

Product Dimensions	6.1 x 0.3 x 2.8 inches
Item Weight	5.6 ounces
ASIN	B08CXZ3342
Customer Reviews	★★★★☆ ˅ 13,979 ratings 4.6 out of 5 stars
Best Sellers Rank	#31 in Cell Phones & Accessories (See Top 100 in Cell Phones & Accessories) #3 in Cell Phone Basic Cases
Special Features	Anti-Drop, Raised lips, Easy to Clean, Smooth but Not Slippery, Soft Microfiber Lining
Other display features	Wireless
Colour	Midnight Green
Manufacturer	Cordking
Date First Available	July 14, 2020

图 4-8　商品信息

(二)黄金购物车

1.什么是黄金购物车

黄金购物车(Buy Box)位于每个商品页面的右上方。黄金购物车能使商品获得最大限度的销量,是提升卖家业绩的最佳帮手。在亚马逊平台同质化竞争日趋激烈的背景下,拥有黄金购物车,就意味着销量增加。同时,黄金购物车还影响付费广告的开启,是亚马逊卖家重要的出单入口。

黄金购物车虽然如此重要,亚马逊平台同样没有将它固定给某个卖家。为了提高卖家的整体竞争力,更为了能为用户提供更好的购物体验,亚马逊把黄金购物车共享给众多卖家,如图4-9所示,亚马逊平台上的热销产品 iPhone case,该产品目前由亚马逊自营,但同时还有其他 10 位卖家在等待下一次拥有黄金购物车的机会。

图 4-9　黄金购物车

2.拥有黄金购物车有哪些要求

对于每个小卖家而言,尽早获得黄金购物车自然大有裨益,但黄金购物车对卖家同样有一系列要求。亚马逊会通过一套考核指标来判断黄金购物车的归属权,考核指标包括是否是专业卖家、是否使用 FBA 发货、账户表现是否合格、价格是否有竞争力等,一旦其中某项指标发生恶化,黄金购物车的归属权可能就会从你手中流向下一个符合标准的卖家。在这里为大家归纳一下黄金购物车的主要要求。

获取黄金购物车

(1)首先必须是专业卖家,最好采用 FBA 发货。很多为了节省费用而降级为个人卖家的用户,是无法获得黄金购物车的。某用户若是专业卖家且同时采用亚马逊物流配送,则能提高获得购物车的概率。

(2)产品必须是新品,同时价格要有竞争力。很多小卖家为了跟卖其他销量好的产品而将自己的产品状态改为二手产品,这是无法获得黄金购物车的。其次产品价格如果较高,在竞争黄金购物车的时候也是处于劣势的。

（3）产品必须有库存。由于黄金购物车可能会给产品带来巨大的销量,如果库存不足,获得购物车的直接结果就是库存瞬间清零,而这会直接导致用户的购物体验快速下降,因此亚马逊的内在规则就是不会把黄金购物车给予一个库存量不多的卖家。

（4）亚马逊对于黄金购物车的考核要求与卖家的账户表现是否合格有关。例如订单缺陷率包含 A-to-Z 索赔率、负面反馈率、信用卡拒付率三个指标,而一旦订单缺陷率大于1%,将极大降低卖家获得黄金购物车的概率。

(三)类目排名

类目排名(Best Sellers Rank,BSR),即卖家的产品在该类目下的销售排名,每一款产品在不同类目与不同站点中的类目排名是不同的。

影响类目排名的唯一因素就是销量,根据亚马逊的官方说法,亚马逊 BSR 的计算是基于卖家每小时更新的销售数据,从而反映卖家每件商品的最近和历史销售额。简单来说,想要上到这个榜单就是要让产品拥有不错的销量,如图 4-10 所示。

图 4-10　亚马逊 Best Sellers

在产品详情页上,商品的类目排名会出现在"Product information"一栏。打开任何一条有销量的 Listing,系统一般都会为其统计出两个 BSR 排名,如图 4-11 所示,后面带有"See Top 100"字样的排名属于一级类目下的 BSR 排名,通常将其称为大类目排名,下面一行的排名则是小类目排名。如图 4-11 所示,这个产品在"Computers & Accessories"这个大类的排名是第 114 名,在小类目"Tower Computers"中的排名是第 1 名。

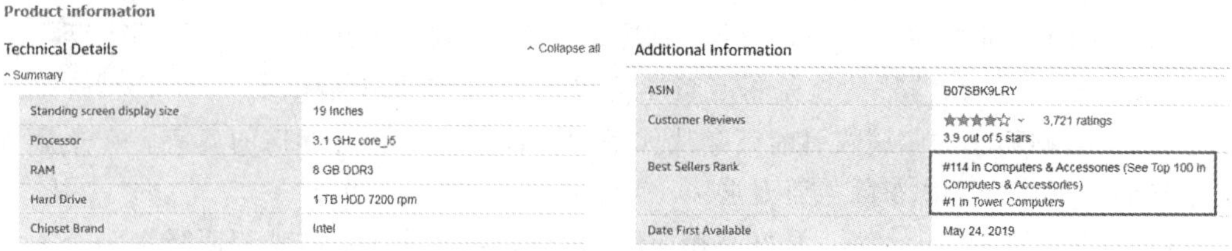

图 4-11　类目排名

(四)搜索排名

在亚马逊平台上搜索排名高是电子商务获得成功的关键。那么,卖家如何在亚马逊搜索上让自己的排名更高呢?

1. 亚马逊的 A9 算法

A9 算法(A9 Algorithm)就是从亚马逊庞大的产品类目中里挑选出来最相关的产品,根据相关性排序(A9 算法会把挑选出来的产品进行评分)并展示给客户,确保客户能最快、最精确地搜索到想要购买的产品。亚马逊会分析每一个客户的行为并记录,A9 算法根据这些分析并最终执行买家最大化收益(Revenue per Customer,RPC)。简单来说,它的作用就是帮助亚马逊计算和推荐商品排名。A9 算法会不断更新,但始终不会偏离最核心的内容。

2. 影响 Listing 搜索排名的因素

结合亚马逊的 A9 算法,本书将影响 Listing 搜索排名的因素总结为以下几点。

Listing 排名影响因素

(1)类目选择。发布产品的第一步就是根据产品选择类目,由于不同的类目下 Listing 的数量不同,有的类目 Listing 数量多,有的类目 Listing 数量偏少,很多卖家在发布产品时为了追求"更好地冲 BSR 排名,更快地成为 Best Sellers"的目的,故意把 Listing 创建在一些较小的类目下,表面上来看,这样固然可以达成目的,但实际上,如果自己的产品和选择的类目相关性不高,就严重地违背了 A9 算法相关性的要求,也会无形中影响 Listing 的权重。所以,从相关性的角度考虑,关于类目选择,建议卖家一定要尽可能选择精准的类目。

(2)商品名称。商品名称是整个 Listing 权重最大的部分,所以,要想让系统精准识别产品和特性,商品名称一定要认真撰写。一个好的商品名称包含:关键词、属性词、数量词、颜色词和适用群体等,只有包含了尽可能精准和详细的内容,才能够让 A9 算法识别到卖家的产品,并精准地推送到潜在消费者的面前。

(3)搜索关键词。搜索关键词是指隐藏在亚马逊后台的关键词列表,虽然消费者在前台不可见,但它又真实地参与到搜索中。所以,卖家一定要设置好搜索关键词,以便于 Listing 更多地被 A9 算法抓取到和匹配到潜在消费者面前。

(4)商品特性和商品描述。商品特性和商品描述既会被 A9 算法抓取,同时也是打动和说服消费者,进而提高转化率的非常重要的内容,所以卖家一定要用心撰写,谨慎对待。

(5)A+页面。亚马逊声称使用 A+页面能够提升 Listing 的转化率 10% 左右。因此,在卖家的 Listing 中通过 A+页面添加一些创意设计元素似乎能极大地促进消费者下单。

(6)产品图片。网上购物几乎等同于看图购物,因此产品图片尤其是产品主图在运营中至关重要。亚马逊对产品图片做了具体的要求,比如,主图需要纯白底色,主图上不可以带任何其他文字等。卖家若想让自己的图片得到亚马逊的认可,获得更多的曝光和流量,那么一定要严格遵守亚马逊的要求。

(7)产品价格。低价一直以来都是亚马逊在和其他对手竞争中致胜的法宝,对于亚马逊卖家来说,要想在竞争中取胜,获得平台更多的流量,有竞争力的价格必不可少。

(8)销售速度。亚马逊 A9 算法中还有一个比较重要却道不明的排名因素:销售速度。如果销售速度一直持续增加,那么搜索排名就会越高。这也能解释为什么当卖家处于库存售罄状态时,就需要很长一段时间来重新恢复销量,因为我们的销售速度基本上从

0 开始。需要注意的是,30 天的持续销售比 1~2 天的快速销售更为有效。这种策略在站外引流时用得较多。比如,卖家打算通过 EDM 推广新品,那么最好将一个月分成四个阶段而不是一次性发送这些推广邮件。

(9)产品评价。产品评价既是 Listing 非常看重的一个权重要素,也是消费者非常在意的一个口碑要素,评价数量的多与少、好与坏,都会反馈到产品的转化率和销量上,卖家在运营中一定要认真对待。

影响亚马逊运营的要素有很多,但从 A9 算法的角度看,卖家如果能够从上述要素入手并努力打造,则反馈到运营层面,卖家可以获得更多的曝光和流量,消费者的订单越多,从数据层面上,订单转化率也高于同行,这些数据的汇总,打造一个完美的 Listing 也就不是难事了。

二、卖家中心首页

(一)站内信息

站内的买家消息是买家与卖家之间的一种沟通渠道。亚马逊是一个注重用户真实体验的平台,为了给买家更好的购物体验,亚马逊要求卖家最好在 24 小时内回复买家消息。亚马逊规定卖家在跟买家沟通时,所发信息中不得包含以下内容。

1. 利益诱惑

亚马逊规定为了真实客观地反映买家对产品的体验感,如果买家给予差评,卖家不被允许通过退款、赠送礼品等方式来引导买家删除差评或给予好评。

2. 真实邮箱地址

为了避免买家与卖家在平台之外进行交易或沟通,买卖双方通过站内信息沟通时,不能在内容中发送真实邮箱地址给对方。买卖双方登录亚马逊的邮箱地址均为亚马逊的后缀,即@marketplace.amazon.com,也就是说双方均无法看到对方真实的邮箱地址。

3. 购买链接

亚马逊明确要求当买卖双方通过站内信息沟通时,卖家不能发送除了订单物流和物流服务信息以外的其他链接。

(二)客服

亚马逊平台非常注重客户的购买体验度,所以,客服在处理售前、售后等相关客服问题时,需要尊重对方国家、民族的文化,以客户所在国家、民族的处理方式进行妥善处理。

收到客户的售后邮件之后,客服首先要看懂邮件内容,找准客户的关注重点,分析客户发信的目的。只有找准客户发信的目的才能准确的解决客户的问题,不至于让客户对服务不满意。在解决问题的时候语言尽量简洁,针对问题一针见血。较为复杂的问题如产品操作等,可以使用图片或者视频来进行讲解。除此之外,还需要理解客户情绪,对症下药。这个主要针对售后邮件的处理,尤其是客户对产品或者服务不满意的时候,客服需要在解决问题的同时安抚客户情绪,切勿生硬的回答。

各类客服邮件应对技巧

任务 2 跟卖与防跟卖

【创业知识】

一、跟 卖

(一)跟卖的概念

亚马逊跟卖就是在别人创建的产品页面下销售同样的产品。跟卖
(Sell Yours on Amazon)实质上就是共享"Listing",是亚马逊平台允许
的一种销售方式。如图 4-12 所示,当同一个产品页面上显示有多个卖
家出售时,则表示该产品被跟卖了。

跟卖的概念及注意事项

图 4-12 跟卖

(二)跟卖的优势与劣势

1. 优势

(1)快速获取流量。跟卖的产品通常都是已经上架了一段时间的商品,而且是比较热
卖的商品,越是销量好的商品就越容易为卖家带来更多的流量。特别是搜索排名在前三
页的商品。如果是热门的关键词,而且是排在前三页,那就意味着只要跟卖这种商品,就
能快速地增加流量。

(2)相对于创建新品可以更快地出单。对于创建新品的新卖家来说,出单不会很快。
如果不跟卖的话,很有可能一个月后才会有第一笔订单。相反,如果跟卖的话,很有可能
在第一个星期就出单了。所以,跟卖可以为新卖家更快地带来利润。

(3)通过跟卖某个商品,借用其销量,可以极大地降低营销推广的费用。

2. 劣势

(1)同一 Listing 下面,商家众多,价格战在所难免,为了抢到黄金购物车,跟卖者往往
会通过低价来进行竞争,导致产品利润率低。

(2)跟卖虽然是亚马逊平台许可的售卖行为,但是规则和要求复杂,跟卖者如果一不

注意,很可能会造成侵权进而导致被投诉。

(3)若跟卖的产品高度相似,则有可能成为账户关联的因素。

(4)跟卖别人的产品会引起原卖家的不满,原卖家可能会通过 Test Buy Order(测试单)来对跟卖者发起进攻,如果原卖家投诉成功,那么跟卖者轻则产品被下架,重则店铺被关。

二、亚马逊的"跟卖逻辑"

对于新卖家,如果有一款搜索排名或者销量靠前的商品,那么新卖家可以跟在该产品下面销售。显然,跟卖产品可以提高产品的曝光率和成交量,也是新卖家快速出单的重要技巧。前提是,卖家跟卖的产品没有造成侵权。如果销售某品牌产品的卖家 A 申请了专卖权,卖家 B 跟卖了,轻则卖家 A 投诉至亚马逊(卖家 B 收到亚马逊的警告邮件或者产品被阻止上架),重则卖家 B 账号会被封。注意,卖家跟卖的产品一定要与对方卖家的一样,最好不要出现与图片不符,否则投诉率也会上升。

跟卖具备一定的风险,那么如何才能安全跟卖?卖家可以注意以下要点。

(一)绝不跟卖品牌

亚马逊对于品牌的保护超出了卖家的想象,如果跟卖品牌商品,品牌商一旦投诉,卖家的账号就很可能被淘汰,所以不要挑选这些大品牌进行跟卖。在跟卖之前,卖家要认真检查列表上是否有品牌标识。如果有的话,那就不要跟卖了。同时,也要注意并不只有跟卖当天才要检查列表,有些品牌商会借助跟卖,炒作流量,然后再上新品牌。

(二)产品一致

产品必须与所跟卖的产品完全一致,包括产品本身、包装、品牌、赠品、功能、套装数量等。

(三)要看跟卖者数量

亚马逊跟卖要看跟卖者的数量,如果已经达到 10 个,则建议放弃,竞争太过激烈,往往意味着价格压得过低,没利润。同时,跟卖者数量太少也不可以。如果跟卖者的价格保持在差不多的水准,那么就需要考虑那些跟卖者是否为代销。

三、如何防跟卖

跟卖给卖家带来如此大的风险和危害,如何防止被跟卖呢?

(一)注册 R 标

防跟卖的意义及方法

为了防止运营中自己创建的 Listing 被跟卖,注册所售站点的本地商标是卖家必须做的第一步工作。一个产品如果没有商标,就意味着是通用的产品,得不到平台的保护,给跟卖者留下了跟卖的机会和空间。从长远的眼光来看,一个卖家要想让自己的运营更顺畅,减少后期运营中不必要的干扰和麻烦,非常有必要在运营起步时就注册属于自己的商标。

因为商标是具有地域属性的,在中国注册的商标在美国市场上并不受保护,因此为了更好地在亚马逊平台上销售,卖家非常有必要注册一个本地商标。如果在亚马逊美国站

上经营,那就注册美国商标,如果在亚马逊欧洲站上经营,那就选择注册欧盟商标。

(二)进行 GCID 商标备案

商标注册只是第一步,亚马逊卖家在拿到商标注册证书之后,还需要在平台上进行商标备案,才能够得到平台的认可和保护,起到防止被跟卖的作用。亚马逊商标备案是平台针对已持有注册商标(或拥有商标授权)的卖家在亚马逊系统内所进行的商标登记。当一个品牌在亚马逊成功备案后,亚马逊系统会自动分配独一无二的全球目录编码(Global Catalog Identifier,GCID)。GCID 是一串由字母和数字组成的十六位字符,进行了 GCID 商标备案的卖家,在随后发布产品时可以无须使用通用产品编码(UPC),直接使用 GCID 进行发布即可。当 Listing 被跟卖之后,可以用与 GCID 相应的商标资料向平台投诉。

(三)独特的产品才是防止被跟卖的根本

产品之所以被跟卖,首要的原因是别的卖家能够在市场上找到和你产品一模一样(或高度相似)的产品。所以,要避免自己的 Listing 被跟卖,核心在于产品是独一无二的。如果别的卖家在市场上压根找不到这个产品,他自然也不会跟卖了。

为了让自己的产品具有独特性,不被别的卖家跟卖,卖家可以从以下方面入手。

(1)为产品设计商标,并把商标(Logo)丝印在产品上(如果因为批量小,厂家无法丝印,那么卖家可以制作独立的 Logo,贴在产品合适的位置,尽量让产品和 Logo 融为一体)。

(2)制作独家的包装,在包装上印制自己的 Logo,并把产品包装图添加在 Listing 详情页上。

(四)亚马逊独家计划(Amazon Exclusives)

亚马逊独家计划(Amazon Exclusive)是亚马逊推出的一项旨在帮助有独特产品的卖家在亚马逊上发展品牌的项目,这个项目能够从技术层面上防止被跟卖。一旦获准加入该计划,亚马逊就可以帮卖家清除 Listing 上的跟卖。除此之外,卖家还可以享受专职团队支持,以及全面专业的品牌保护。独家计划费用是"亚马逊销售费用表(Selling on Amazon Fee Schedule)"中的 Referral Fees 部分费用将增加 5%。对于卖家的要求是:订单缺陷率在 1% 及以下;订单取消率在 2.5% 及以下;延迟送货率在 4% 及以下;只使用 FBA,并且完成了亚马逊品牌备案。

(五)透明计划(Transparency Program)

卖家参加了透明计划之后,可以从亚马逊得到一个标识符,即一个加密的 26 位字母数字代码,它能生成独一无二的二维码,这种二维码与卖家的 SKU 对应,跟卖或者仿冒产品的卖家无法伪造这种二维码,从而达到防跟卖的目的。另外,当产品进入亚马逊运营中心的时候,亚马逊会对产品进行 Transparency 扫描检查,通过 Transparency 扫描的产品才能入库,也就是从入库开始防止跟卖。申请透明计划的前提是必须进行品牌备案(在亚马逊上品牌备案成功的商标要求是 R 标)。

(六)零计划

商家可以向亚马逊提出申请,提交相关信息并审核通过之后就可以加入零计划。加入零计划的品牌商若在亚马逊上看到有疑似假冒伪劣产品的 Listing 就可以直接删除,不需要亚马逊的审核。这个计划旨在将山寨侵权产品进行全面清除归零,所以叫作"零计划"。

目前零计划采取的是邀请制度,只有完成了品牌备案的卖家,才有被邀请加入零计划的权限和资格。如果没有被邀请,但是已经完成了品牌备案的卖家怎么办呢?亚马逊零计划也有一个专门的申请链接,大家可以通过这个链接完成资料填写,进入零计划 wait-list 等待申请审核:https://brandservices.amazon.com/projectzero/waitlist。

四、被跟卖如何维权

(一)发邮件警告跟卖者

为了防止自己的 Listing 被跟卖,卖家注册了商标,在商标注册下来之后,又做了品牌备案。但就亚马逊的现状来说,要想防止被跟卖,仅靠上述这些是远远不够的。这些措施可以在一定程度上起作用,但并不能绝对避免被跟卖。

总有一些卖家或因为不熟悉平台规则,或有意抢掠,会在 Listing 打造初有成效时就来跟卖,卖家在发现自己被跟卖之后一定要第一时间对跟卖者采取行动。第一步就是发邮件进行警告。有一些胆小的跟卖者在收到邮件之后就会撤销跟卖。

可以参考以下的模板:

Hi,

We noticed that you are not authorized online retailer for XXXX brand products and you have listed the particular item(s) ASIN: XXXXXXXXX, which is sold exclusively by XXXX authorized retailers.

As you may be aware, the unauthorized selling of XXXX products is an illegal action that seriously infringes Trademark Law. As the Trademark owner we did not sell you, nor authorize you to sell, any XXXX branded products. Also you are against Amazon's policy.

We kindly request that you follow our instructions:

a) Remove your offers from all XXXX product pages on Amazon.com within 24 hours, and do not list items on XXXX's product pages in the future.

b) Send us confirmation after you have removed the previously stated products and listings. If you don't comply with these demands, we'll have no choice but to file an official claim with the Amazon.com Seller Performance Department, which will seriously impact your Amazon performance.

Here is a link of the product in question

https://www.amazon.com/dp/XXXXXXXXX

"We have received your U.S. Trademark Application and assigned serial number'美国商标注册号' to your submission." An official notification to you!

"XXXXXX" brand owner

如果对方是中文卖家,为了让警告信更有效果,建议卖家直接以中文发送邮件,义正严词地讲述利害,直击要害地驱赶。

(二)测试购买订单(Test Buy Order)

如果卖家已经注册了商标,已经完成了品牌备案,也反复向跟卖者发送了警告邮件,但跟卖者却置之不理或装疯卖傻,在这种情况下,卖家可以通过下测试购买订单并向亚马逊平台投诉的方式,请求平台协助赶走跟卖者。

具体的操作步骤如下:卖家用账号自带的买家账号(卖家账号同时也是亚马逊平台的买家账号)在跟卖者的店铺里下单购买。然后,等收到跟卖者的发货后,针对跟卖者产品和自己产品的差异向平台投诉,平台核实投诉内容后,删除跟卖者的 Listing,跟卖者被赶走。

任务 3 打造商品详情页

【创业知识】

一、上传前的准备

Listing 是指一个产品的详情页,一条 Listing 就是一个产品列表,包含商品名称、商品图片、商品特性、商品描述、Review 和 Q&A 等。以"男士短袖 T 恤"为例,我们将从这几方面详细介绍如何创建一个 Listing。

二、类目节点

在亚马逊平台上传新产品时,流程的第一步就是要求卖家选择产品的各级类目,按照 Browse Tree Guide(分类树指南)或 Product Classifier 的方式将产品放置到不同的类目中。

亚马逊之所以要将不同的产品放置到规划好的类目中,最重要的原因是为了方便消费者进行购物、提升平台的购物体验感。如果错放节点,亚马逊 A9 算法自动将您的产品进行屏蔽,直接导致产品不会出现在搜索结果的展示界面中。在上传 Listing 时,如果不确定类目,可以参考同类商品的 Best Sellers Rank,直接获取到类目的设置情况,如图 4-13 所示。

图 4-13 参照 Best Sellers Rank 类目设置

亚马逊的运营越来越趋向于精细化和品牌化,而只有精确把握住亚马逊赋予卖家的每一个流量入口,你的产品才会有更好的表现。类目节点是个很重要的入口,卖家千万不可因为放错类目节点而错失一部分流量。

三、搜索关键词

(一)什么是搜索关键词

1. 搜索关键词的概念

搜索关键词(Search Terms)是代表商品的单词、词组(短语)、长尾词和流量词等,用于将卖家的商品与买家查找商品时输入的搜索词进行匹配。买家通过输入关键词进行搜索,而这些关键词会与卖家为商品提供的信息(如商品名称、商品特性、商品描述等)进行匹配。文本匹配度、商品价格、供货情况、选择和销售历史记录等因素共同决定了商品在买家搜索结果中的排位。通过为商品提供具有相关性且完整的信息,可以提高商品的曝光度和销量。

搜索关键词位于商品刊登页面的"Keywords"页,主要填写与商品相关的关键词,亚马逊规定关键词不得多于 250 个字符,如图 4-14 所示。虽然搜索关键词不是必填项,也不在亚马逊平台前端公开显示,但由于可以影响商品搜索排名,其重要性是毋庸置疑的。

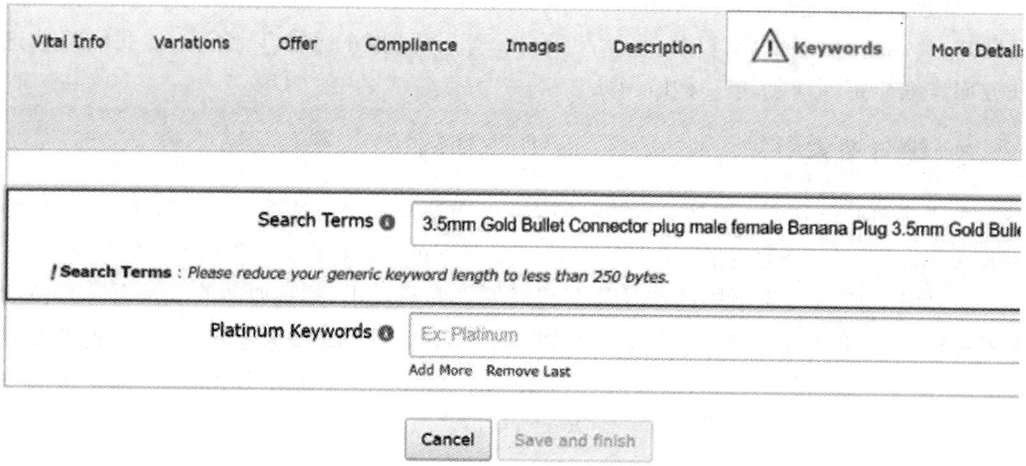

图 4-14　搜索关键词

(二)获取搜索关键词的途径

(1)Amazon 搜索框的 Buying Keywords,如图 4-15 所示,它能够按照买家的喜好、消费习惯等自动匹配。只有具备一定搜索热度的关键词,才会出现在搜索框中。卖家可以将这些关键词进行整理、筛选后,选出与产品有关的关键词放到 Listing 的搜索关键词里面。

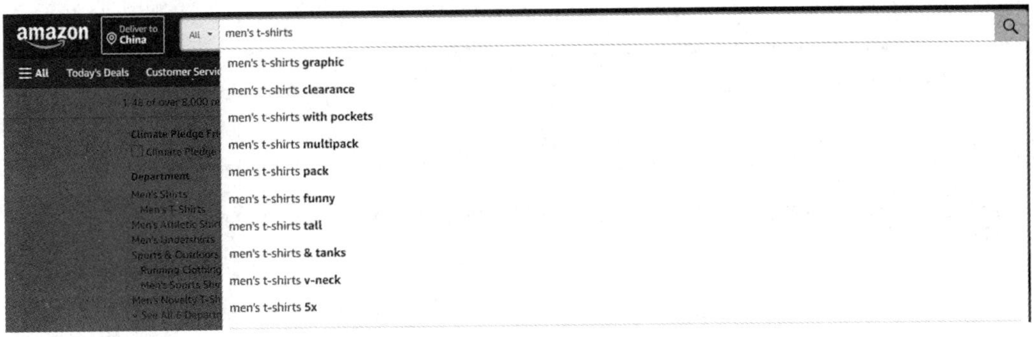

图 4-15　Buying Keywords

(2)在竞争对手的商品名称、Review 里面寻找有用的关键词。

(3)多个跨境电商平台搜集关键词。比如,在速卖通、eBay、Wish 等平台上搜集关键词,然后将搜索出来的结果进行整理,这样得出的汇总结果在亚马逊也具有一定的适用性。

(4)利用站外的各种关键词工具收集。比如,可以利用 Google Adwords Keyword Planner(谷歌关键词规划师,http://adwords.google.com)搜集关键词。

(三)亚马逊搜索关键词的注意事项

(1)关键词最好是词或者短语,不要用长句。

(2)五行关键词尽量填满,其中越前面比重越大,所以越重要的关键词越要填在前面,实在没有关键词的,相关性低的关键词也要写上。

(3)关键词推荐写法。每行关键词采用定语＋定语＋定语＋……＋中心词的写法。不要用逗号隔开,这样能最大限度地便于消费者检索到卖家的产品。

(4)不需要重复关键词,这样不会增加被检索到的概率。

(5)不要为了搜索排名靠前或者增加曝光,而故意添加与自己产品没有关系的单词或者品牌。

(6)英文的拼写一定要正确无误。

(7)商品名称的单词要按照一定的规则来排列。比如,应写成大号毛绒泰迪熊,而不是泰迪毛绒大号熊。

(8)尽量不要使用买家不明白的专业缩写。

(9)要不断地进行实验,不断地调整自己商品的关键词,这样才会让自己的关键词达到最优。

四、商品名称

商品名称的填写位于商品刊登页面的"重要信息"页,如图 4-16 所示。

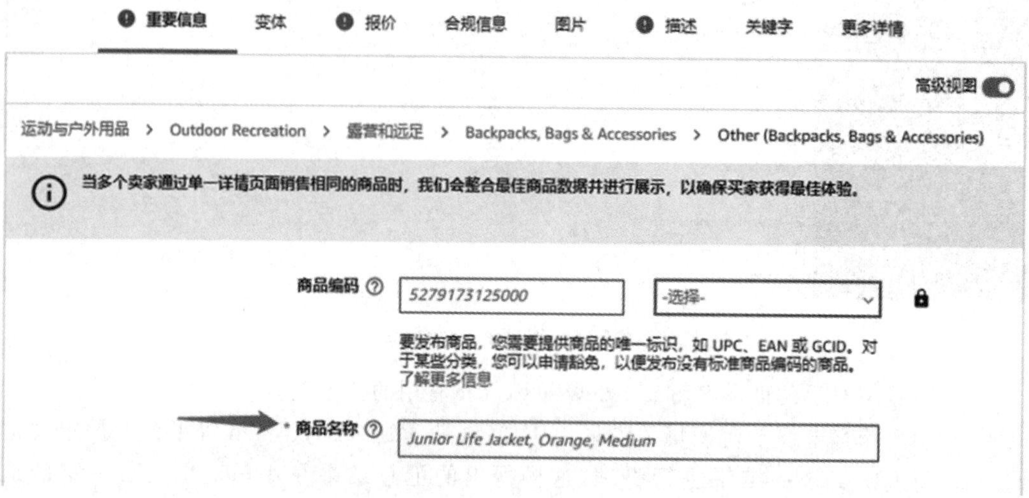

图 4-16　商品名称

商品名称(也被称为标题)包含的必要因素:①品牌;②商品描述;③商品系列或型号;④材料或主要成分;⑤颜色(有变体的话也要逐一列出);⑥尺寸(有变体的话也要逐一列出);⑦数量(六入装、一套八件等)。

商品名称填写时的参考公式:品牌＋核心关键词＋亮点＋材料＋次要特征＋属性(如尺寸、容量、颜色、数量等)。

按照这个顺序,把这些要素写得越详细越好,让商品名称中的每个词汇都可以独立被搜索,提高出现在搜索结果内的概率。在商品名称的设置中,关键词有着极高的权重,所以选择的关键词一定要精准。至于如何选择,会使用数据分析的卖家不妨借助数据分析工具让自己多一个参考维度;如果不懂数据分析,那么不妨借助多个竞争对手的标题来作为参考,逐层过滤筛选出关键词。除了精准定位关键词,为了提高搜索率,标题中不妨加入相关度较高的宽泛关键词和长尾关键词。

比如我们要做 Men's T-shirts 这个词,我们在标题里面出现一次这个词就可以了。如果是白色男士短袖 T 恤,那么只要写上"White Men's Short-Sleeved T-Shirts"(长尾词中包含词干)即可。标题不宜太长,亚马逊官方建议标题宜控制在 100 个字符之内。

注意事项:

(1)勿放不实的商品名称来提升搜索率,客户就算搜寻到了,这些点击也不会提高转化率。

(2)勿放他人的品牌,这样不止无用,还有侵权的危险。

(3)勿塞过多的字符,过于杂乱的标题会让买家产生不信任感,只要详细地把重点写出即可。尽量控制在 100 个字符以内。

(4)不要添加诸如 Free Shipping,New Arrival,Hot Sale,Promotion 等促销信息,亚马逊不提倡使用这类信息。亚马逊的产品上架规则和促销工具已足以体现卖家要表达的这些内容。所以,商品名称中不要添加这些词语。

（5）勿在标题内放进卖家名称、卖家邮箱地址或电话号码等信息。

（6）每个单词的字首大写（除了 and,or,the,with,a 等），但切勿每个字母都大写,这样只会增加客户的阅读难度。

（7）亚马逊的商品名称中不需要包含价格和运费等信息,因为贩卖此商品的所有卖家共享商品名称。

五、商品特性

（一）商品特性的概念

商品特性（Bullet Points）一般是五个要点,每行内容以"·"起始,主要用来罗列商品的主要卖点,也被称为五点描述、五行描述或短描述。

在亚马逊的 Listing 中,商品特性的重要性仅次于商品名称,它也是亚马逊识别 Listing 的关键词的重要部分,尽量不要把商品特性写成平铺直叙的说明书。它的作用是在顾客被卖家商品的名称、图片、价格三个因素吸引进来之后,可以根据这些描述对产品加深了解。商品特性若能够提供足够的信息给顾客,则有助于激发他们的购买欲望,大大提高转化率。有的类目可以编写超过五行的商品特性,如服饰配件、户外用品等（见图 4-17）。

- Solids: 100% Cotton; Sport Grey: 90% Cotton, 10% Polyester
- Imported
- Pull On closure
- Machine Wash
- Classic crew neck t-shirt
- Comfortable tag free neck
- Soft touch undershirt with a classic fit that lays flat
- Cool Spire Moisture wicking - keeps you cool and dry
- Shoulder to shoulder covered seam for durability
- Tubular rib collar for better stretch and recovery

图 4-17 服饰类商品描述

商品特性可以包括以下内容:①商品核心优势,比如外观的新颖设计、性能的优化提升等;②商品参数,包含尺寸、材质、安全认证等;③商品功能,可分点概括;④质保时间;⑤包装清单;⑥使用场景及特殊用途,比如可以作为某个节日的礼物等;⑦售后服务及物流优势。

（二）商品特性的基本格式

从展示位置上看,在商品详情页中,商品特性位于商品名称下方,向买家展示商品的主要性能和优点,属于黄金展示位。在亚马逊后台中,默认提供 5 个空白行供卖家填写内容,如图 4-18 所示。商品特性每行最多允许 100 个字符。

图 4-18　输入商品特性

(三)撰写商品特性的建议

1. 使用关键词

在商品特性中埋关键词是非常重要的,因为在 A9 算法下商品特性的权重仅次于商品名称,所以卖家在写的时候要记得使用选好的关键词,同时保证句子通顺连贯,不影响阅读。

2. 总结亮点

一个 Listing 包含了很多的内容,买家一般是一扫而过的,所以每个商品特性开头最好先用几个词总结亮点,再做简单的描述,让买家一眼就被亮点所吸引,产生购买兴趣。

3. 语言简洁易懂

撰写商品特性一定要简洁易懂,单行控制在 100 个字符以内,然后尽量写满五条。当然也不要太简单,而是要尽可能展示有用的信息给买家参考。

4. 展示出与竞品的区别

商品特性的卖点内容不仅可以从产品评论和 Q&A 里面找,也可以从竞品里找,选择那些其他卖家没有提到的点补充进去。面对产品同质化现象,如果卖家的产品有其独特之处,说清楚与其他产品的区别,这会更吸引客户购买。

5. 注意产品参数

在参考他人产品的时候,卖家需要看清楚产品的具体参数是否和自己的产品参数相一致，建议参照自己的产品说明书、规格书、包装图等撰写商品特性。

6. 标明消费目标人群

在某些情况下，卖家可以针对产品的特性将主要消费人群特别标注出来。例如，卖家的产品是登山杖，那就可以写 Exclusively Designed for Mountaineers（专为登山爱好者设计）。

六、商品描述

（一）什么是商品描述

商品描述（Product Description）也被称为"详情描述"或"长描述"，是亚马逊产品详情页（Listing）的一部分，需要将页面持续下拉，才能看到这一栏。商品描述位于商品刊登页面的"描述"页，如图 4-19 所示。商品描述是对产品更深入的文字说明。商品描述不仅仅是对商品功能更详细的介绍，更是对商品要点的补充。商品描述的目的在于为消费者提供更多的商品相关的细节信息，同时强调购买的意义，以促进消费者购买。

图 4-19 商品描述

（二）编写商品描述

首先，在版面上，需要注意段落、空行、加粗以及特殊标点符号的使用。亚马逊的前台页面文字有固定的格式，如果卖家在编写商品描述时将商品特性的相关信息罗列在一起，则会增加买家阅读的难度，亦会导致客户流失，如图 4-20 所示。而如果卖家恰到好处地使用加粗、空格等功能，则会使你的商品描述页面更加清晰，符合人的阅读习惯。而使用特殊标点符号，不仅可以增加页面的美观性，也可以吸引买家的兴趣，如图 4-21 所示。

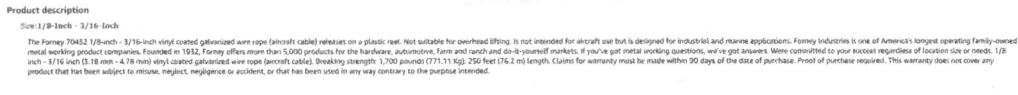

图 4-20 未使用特殊代码的商品描述

Product description

Length:**10 feet**

KabelDirekt SCART cable

Scart cables, which were extremely popular in the past, are still used today in home theater systems.

Resolutions up to full HD

All SCART compatible resolutions up to full HD 1080p are supported.

Important: The input as well as the output devices must support the corresponding resolutions of the SCART output/input.

Outstanding quality

The KabelDirekt SCART cable is equipped with metal connectors, gold-plated contacts, thick shielding and high-quality copper wire

Contents

KabelDirekt SCART cable

图 4-21　使用特殊代码的商品描述

其次,在内容上,优秀的商品描述文案一定是逻辑性强的、符合人的阅读习惯的。一般来说商品描述包括品牌故事、广告语、规格、特点、场景、使用步骤、注意事项、质量保证以及包装详情等。其中,广告语、规格、特点、质量保证以及包装详情是每一个商品描述中都要有的,其他四点可根据不同产品的特性或增或减。

最后,在参考来源上,如果卖家在编写商品描述时没有头绪或是陷入瓶颈,那不妨去看看别人是如何写的。在众多的参考来源中,重要且有帮助的商品描述是那些同类产品的商品描述。

(三)商品描述格式设置

如果卖家没有在商品描述中插入相应的 HTML 标签符号,在亚马逊平台上发布商品之后,平台呈现出的页面就会变成不区分段落的杂乱无序的文字,为了避免影响客户的阅读体验,卖家可以通过在商品描述中添加 HTML 标签,做到所用文字粗细体结合、整齐划一和分段有序,如图 4-22 所示。

Product description

NOT FOR WIDE CALF

Women's Mid Calf Rain Boots Short Collar Garden Shoes Ultra Lightweight Garden Boots

- Heel measures approximately 0.4"
- Platform measures approximately 0.4"
- Shaft measures approximately 9"or 12" from arch
- Boot opening measures approximately 12" around.

- **Super Soft & Portable**: Made of high quality rubber material, extremely flexible and soft, easy folded and packed in small bags
- **Ultra Lightweight Gardening Boots**: Light as a pair of slippers, you won't feel tired when wearing them, even for a long-time working.
- **Adjustable Collar**: Secure tie at the top prevents rain or water dropping into the boot
- **Anti-Skid**: These short rain boots have excellent traction and are great for any slippery ground.

Size Reference
- Women US 6 B(M) / EU 36 -- **Best Fits** -- 9.11" (Foot Length)
- Women US 7 B(M) / EU 37 -- **Best Fits** -- 9.36" (Foot Length)
- Women US 7.5-8 B(M) / EU 38 -- **Best Fits** -- 9.61" (Foot Length)
- Women US 8.5-9 B(M) / EU 39 -- **Best Fits** -- 9.87" (Foot Length)
- Women US 9.5-10 B(M) / EU 40 -- **Best Fits** -- 10.12" (Foot Length)
- Women US 10-10.5 B(M) / EU 41 -- **Best Fits** -- 10.41" (Foot Length)

图 4-22　添加 HTML 标签

此外,也可以使用工具来添加 HTML 标签符号。

登录网址 http://www.amz123.com/bianjiqi.html,在可视化编辑器页面,将写好的文案复制到可视化编辑器中,布局好之后,点击"查看 HTML 代码"(见图 4-23),将代码连同文案内容复制保存在文案表格中。

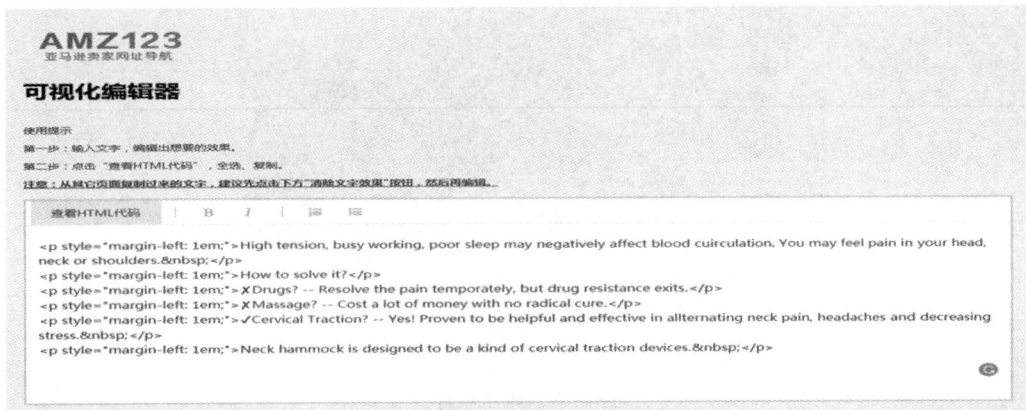

图 4-23　可视化编辑器

注意:亚马逊发布公告称,在 2021 年 7 月 30 日之后停止支持在产品详细信息页面的商品描述中使用 HTML 标签,因此卖家如果有带有 HTML 标签的产品,则需要在此之前通过卖家平台或常用的渠道来更新商品详情页面。

卖家如何应对新规则呢?虽然 HTML 禁用后理论上不会对关键词抓取造成影响,但还是可能会对页面格式和页面转化率带来影响,所以建议卖家们使用 A＋页面去解决这一问题。

七、图　片

商品图片是一个 Listing 的重要组成部分之一,当买家打开亚马逊的搜索页和产品详情页,商品图片是商品给客户的第一印象,图片的质量对吸引客户、提高转化率有非常重要的作用。因此,卖家应做到图片符合亚马逊的规定,尽量为买家打造更好的视觉体验。

亚马逊卖家可以为每个 Listing 上传至多 9 张图片,其中第一张图片称为"主图",第二张至第九张图片都称为"附图"。在亚马逊平台上的图片,亚马逊有自己的标准,如果图片质量不符合标准,产品可能会无法发布;而成功发布之后的 Listing,如果商品图片质量不符合标准也可能导致浏览量或流量下降,甚至被下架或删除。以下就是关于亚马逊商品图片的具体要求。

(1)图片必须准确展示商品,且仅显示用于销售的商品,一张图里也不要出现产品的多个角度。

解读:图片中要展示单一商品,商品要明显,图片需有真实性,不宜过度使用 PS 软件等。保持产品真实、保证标准像素的图片才能吸引买家下单。有些类目允许有模特(如服装、内衣、袜子等),而且只能使用真人模特,不能使用服装店里的那种模型模特。模特必须是正面站立,不能是侧面、背面、多角度组合图、坐姿等。不能出现裸露的模特,而有些类目主图则不允许使用模特(如箱包、首饰、鞋等),如图 4-24 所示,鞋子主图必须是纯白底,不能出现模特,展示单只左脚鞋,鞋尖朝左下角。

图 4-24　纯白色背景

(2)主图图片必须具有纯白色背景(纯白色可以与亚马逊搜索页和产品详情页相融合,RGB 值都为 255、255、255)。

解读:RGB 值为 255、255、255(RGB 是色光的三原色,在 PS 软件中可以设置 RGB 值)。此外,主图要求无边框,图片内容需是彩色的。另外,附图虽然没有强制要求,但建议与主图的背景色一致,也使用纯白色背景。

(3)主图片必须展示实际商品(不能是图片或插图),且不得显示无关配件、可能令买家产生困惑的支撑物、不属于商品部分的文字或徽标/水印/嵌入图片,如图 4-25 所示。

图 4-25　嵌入图片

(4)主图最好是实物实拍图,图片来源不能是盗来的图片或者插图,强调展示商品的真实性。

(5)主图除了展示出售的商品以外,不能有其他的装修物出现,不然很容易让买家误以为是赠品或附属品。如图 4-26 所示，一件衣服要放在网上出售，按照国内购物网站卖家的做法，为了更好地吸引买家购买商品，在拍摄商品图时加入项链或者拎包等小物品作为装饰，这样会很容易让买家误以为是附属品或是赠品，所以亚马逊是不允许这样操作的。

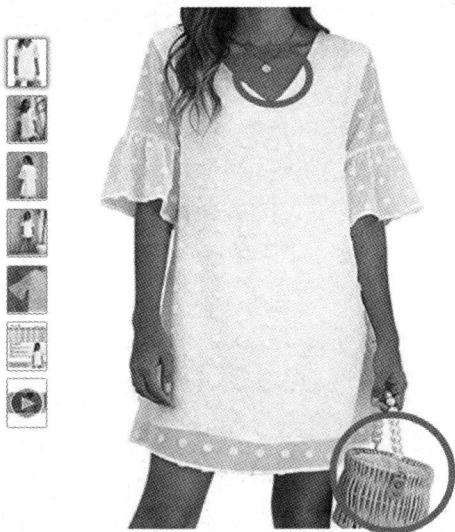

图 4-26　带有附属品的图片

（6）主图不能带 Logo 和水印图案，除非商品本身自带 Logo（卖家的商品也不能侵权）。按照国内电商的图片使用习惯，为了防止别家盗图，往往会在图片背景打上"版权"的烙印，但在亚马逊是恰恰相反的，是不能出现 Logo、水印的。

（7）商品必须占据图片区域中 85％及以上的面积。在纯白色的背景之下，商品要占据图片 85％～100％面积，重点突出商品。关于 85％的比例，可以使用 25 宫格的办法来判断，把图片拉进来后，完全空白的格子数应小于等于三个，方才满足要求，如图 4-27 所示。

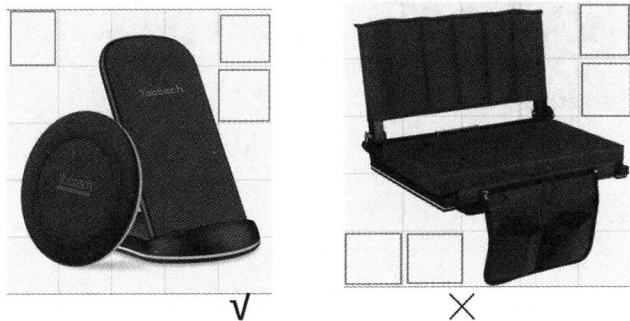

图 4-27　商品必须占据图片区及中 85％及以上的比例

（8）图片的高度或宽度应至少为 1600 像素。最小尺寸要求可在网站上实现缩放功能效果，如图 4-28 所示。

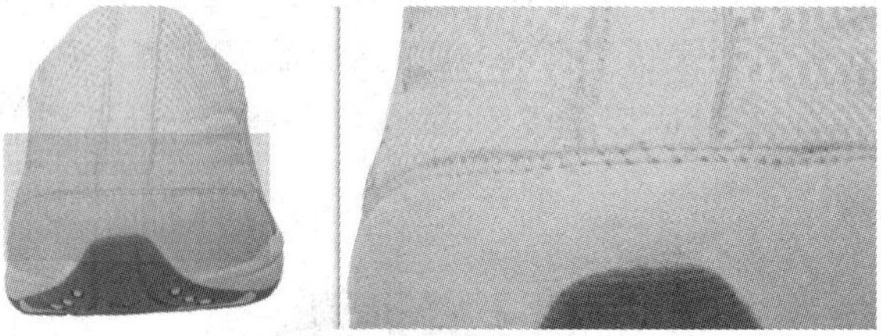

图 4-28　图片像素

（9）图片可以使用 JPEG、TIFF、GIF 等格式，这几种格式在亚马逊上都是可以上传的。建议使用 JPEG 格式，这种格式的图片在上传时的速度比较快。

（10）虽然发布商品时我们一共可以上传 1 张主图和 8 张附图，但从亚马逊前台浏览时，一个产品详情页只能显示出 1 张主图和最多 6 张附图。所以，在拍摄和上传图片时，卖家只需要 1＋6 张即可。

八、父子变体

（一）父子变体的概念

父子变体是指根据尺寸、颜色、口味等彼此关联的一组商品。良好的变体关系商品信息可让买家根据不同的属性（包括尺寸、颜色或其他特性），通过商品详情页面上提供的选项比较和选择商品。例如，想要搜索短袖 T 恤的买家可能会在商品详情页面中点击查看具有三种尺寸（小号、中号、大号）和多种颜色（蓝色、红色、黑色等）的 T 恤。买家无须浏览各个颜色和尺寸的单独页面，而是可以直接选择想要的尺寸，然后从同一页面上所提供的多种颜色变体中选择颜色。图 4-29 展示了不同尺寸（小号、中号、大号）的服装商品和不同颜色（蓝色、红色、黑色等）的服装商品。

图 4-29　父子变体

（二）父子变体关系的要素

（1）父商品。父商品信息是用于关联子商品的不可购买的实体。该商品信息仅显示在卖家平台的搜索结果中。亚马逊目录使用父商品信息建立子商品之间的关系。例如，如果两件衬衫的父商品相同，它们就相互关联，且均为子商品。

（2）子商品。子商品是与每个父商品相关联的商品，是父商品的一个实例。一个父商品可以关联多个子商品。每个子商品都会在某个方面有所不同，例如尺寸或颜色等。

（3）变体主题。变体主题通过定义关联商品之间的不同之处，设置父商品与子商品之间的关系。根据卖家为发布商品选择的分类，变体主题也会有所不同。例如，在"服装与配饰"、"鞋靴"和"箱包"分类中,子商品因尺寸或颜色不同而相互区别;"宠物用品"分类中的子商品可能在口味、气味、数量等方面有所不同。

(三)父子变体操作

(1)如果商品是变体销售,则在页面中的"变体"主题中选择相应的变体形式,如图 4-30所示。

图 4-30　父子变体操作 1

(2)点击"添加变体"之后,进入商品的报价信息页面填写,如图 4-31 所示。

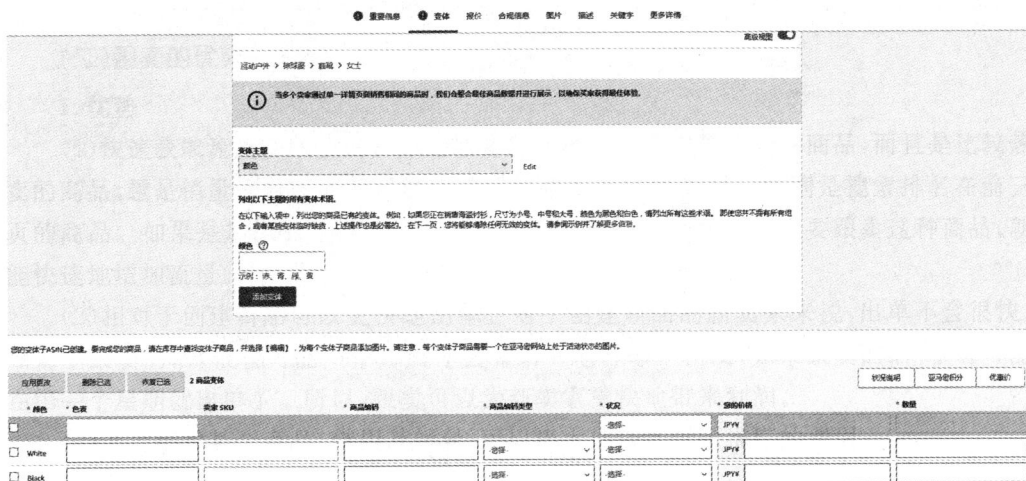

图 4-31　父子变体操作 2

(3)填好之后变体就创建成功,点击其他版块继续完善商品信息,上传即可。

(四)父子变体的注意事项

(1)建议不要将所有的变体都做成同一个价格。比如不同颜色的产品,虽然采购成本是一样的,但是在出售的时候要将热销的颜色设置成中等价格,用比较热销的颜色来拉动相对滞销的颜色,分出不同的价格阶梯。

(2)卖家若想让某款颜色的产品成为主界面上的图片,可把该颜色设置为价格最低的,因为价格最低的产品图片会自动展示在主界面,如果所有颜色的价格都一样,那么主界面图片就会随机抓取。

(3)不是每个类别都支持父子变体,如果产品存在适当的变体主题,则必须将产品包含在父子关系中。

(4)创建一个重复的 ASIN(即为目录中已存在的产品创建一个新的 ASIN)是被禁止的,并可能导致卖家的 ASIN 销售权限被临时取消或永久删除。

(5)禁止错误的变体滥用现象,否则将造成负面的客户体验,并可能导致临时或永久删除 ASIN 创建或销售权限。错误的变体包括:①添加不正确的子变体,即不是父商品的真正变体形式;②添加与父商品 ASIN 不同的产品;③更改父产品的详细信息页面,使其与子变体不匹配。

九、Q&A

(一)什么是 Q&A

Q&A(Customer Questions & Answers,即客户的问题和答案)是亚马逊产品详情页里的一个板块,这个板块的主要目的是为用户提供一个卖家与买家、买家与买家之间交流产品特性、功能、质量品质等问题的区域,主要以问答的模式进行。

Q&A 的展示位置在产品详情页的下拉页面(见图 4-32)。在商品名称下方也能找到

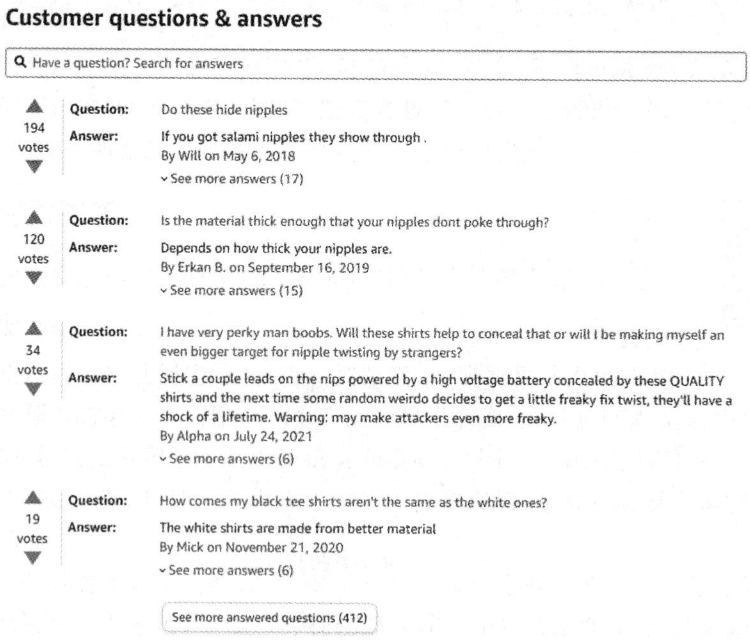

图 4-32　Q&A 的展示位置

"＊＊＊answered questions"的字样(见图4-33),点击后,页面也能跳转至 Listing 的下拉页面的 Q&A 一栏。

Visit the Gildan Store

Gildan Men's Crew T-Shirts, Multipack

★★★★⯪ ∨　　151,666 ratings ｜ 418 answered questions

#1 Best Seller in Men's Undershirts

图 4-33 Q&A

在 Q&A 一栏里,一个问题可以有很多答案,卖家可以回答,买家也可以回答。无论是 PC 端,还是移动端,Q&A 在亚马逊产品详情页里都占有很重要的位置,也是买家不会忽略的版块,对产品转化率的影响很大。一般情况下,如果有 3 个及以上的 Q&A,就会被亚马逊自动置于商品名称下方,如果 Q&A 数量少于 3 个,就不会显示。

(二)如何设置 Q&A 里的问题

1. 客户需求和痛点

Q&A 是关注买家最关心的问题,卖家可以调查竞争对手所有的 Q&A,然后进行分析归纳,即可整理出客户的需求以及客户最想了解到的问题。

2. 关键词

除了在商品名称、商品特性、商品描述、搜索关键词中增加产品关键词外,Q&A 中若能够出现核心关键词,可以增加产品与关键词的相关性,当消费者搜索的时候就能立刻看到产品。

3. 产品细节信息

Q&A 从买家角度发问,可以提供一些在商品描述中不方便表达的内容,并且能给顾客提供更加完整的产品信息,同时这一信息也能被亚马逊的搜索引擎所捕捉。

(三)亚马逊 Q&A 注意事项

(1)不可以自问自答。也就是说,卖家是不能自己提问、自己回答的,需要买家的账号来进行提问,卖家只拥有回答的权限。当然如果卖家用自己的买家号来进行提问,就需要注意电脑使用时的 IP 问题。

(2)12 个月内购物未满50美元的买家不能进行提问。在亚马逊调整了 Q&A 的提问要求后,现在能够在 Q&A 里提问的买家需要在过去 12 个月内购物超过 50 美元(并不包含折扣金额)。商品评论(Review)算法已发生改变,相应的整个 Listing 页面权重分配算法也在发生改变,卖家不仅要注意刷单的风险,也要注意 Q&A。

(3)不要堆积关键词。卖家可以适当地插入关键词,但是不能刻意堆砌。

(4)不要刷 Q&A。

(5)可以引导买家账号来进行回复,更具说服力。

(6)如果出现负面的答案,需要赶紧补充回答,或将其他的问题顶到前面,避免这个问题带来的负面影响。

(7)不要发广告内容。

(8)不要在亚马逊 Q&A 中推销产品。

十、亚马逊评价

(一)亚马逊评价体系

在亚马逊的卖家管理系统中,包含着两个分别独立却又相互影响的评价体系:买家反馈(Feedback)和商品评论(Review)。Feedback 和 Review 是让买家对卖家的服务和产品做出评价,这也将直接影响到别的买家的购买欲望,所以,对于卖家来说,无论是Feedback 还是 Review,对卖家都具有重要意义。实际上,Feedback 和 Review 在亚马逊平台上有着不同的意义。

1.什么是 Feedback

Feedback 是亚马逊客户针对购买的订单做出的评价,其评价内容包含产品品质、服务水平、发货时效和物品与描述的一致性等内容,Feedback 只会发生在有真实购买记录的情况下。如图 4-34 所示,Feedback 在卖家的店铺首页和店铺评价详情中会清晰罗列出来,Feedback 对卖家的影响更多地体现在卖家账号层面,Feedback 的好坏会直接影响着订单缺陷率(ODR)指标的变化。

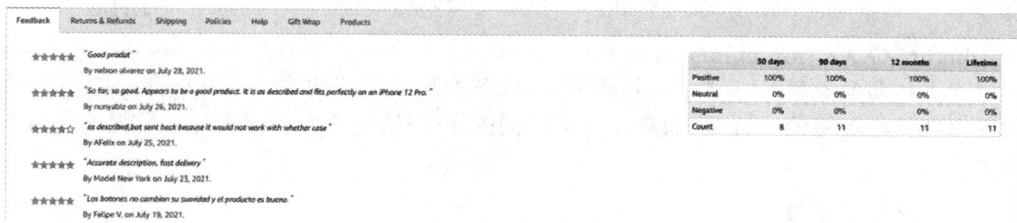

图 4-34 Feedback

2.什么是 Review

Review 即"商品评论",就是客户对商品本身的评价,展示位置在 Listing 的下拉页面(见图 4-35)。在商品名称下方也能找到产品的星级打分及"＊＊ ratings"的字样(见图 4-36),点击"＊＊ ratings",页面也能跳转至 Listing 的下拉页面的 Review 一栏。

Review 是亚马逊用户对产品做出的评价,Review 只针对产品本身,与服务水平和发货时效等方面无关。根据亚马逊的政策,Review 的体系里面又分不带 VP❶ 标志的Review 和带 VP 标志的 Review。任何亚马逊的用户(曾经在亚马逊平台上至少有过一次购买经历的用户)都可以对自己感兴趣的 Listing 发表 Review,无论是否购买了这个产品本身,这种评价也被称为直评。产生购买行为留下的 Review 会带有 VP 标志。没有购买或者以高折扣购买留下的 Review 不会带有 VP 标志。Review 的好坏,并不会直接反映到卖家店铺中,但可以直接影响到该条 Listing 的曝光和排名。

---

❶ Verified Purchase,已验证购买。

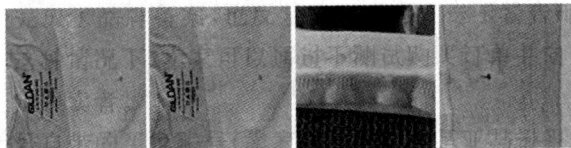

图 4-35　Review

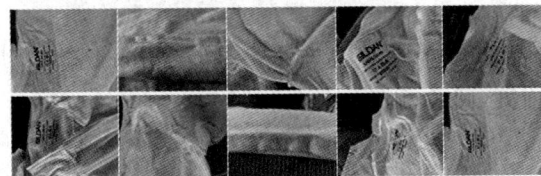

图 4-36　Review

(二)如何获取评价

亚马逊 Feedback 和 Review 直接关系到产品转化率,通常在没有人为干预的情况下,一个 Listing 正常出单 100~200 件(参考数据),买家才有可能留下 1 个 Review。而带 VP 标志的 Review 的可信度更高,当然在亚马逊的排名权重中也比较高,基本上带 VP 标志的 Review 都会在最前面,充分说明亚马逊非常重视带 VP 标志的 Review。如果新品前期获得的好评 Review 里,有带上 2~3 张产品实拍图,或者是视频就更好了,能够有效增加产品订单量。在日常运营中,有以下方式可以获取客户的评价。

(1)做好亚马逊客服工作。给购买过商品的客户发售后邮件,如果订单量较多,可以通过亚马逊的 API(应用程序接口),接入第三方工具,使用一些 Feedback 类的工具,自动发售后邮件。卖家发给买家的售后邮件一般会包括以下几种：

①产品发货之后，给用户发邮件提醒。

②产品正在派送，给用户发邮件提醒。

③当用户收到货之后，询问用户的使用感觉和体验，然后可以询问用户是否要进行Feedback或者Review，把销售同时转化为Review。这样可以增加评论，同时减少被差评的风险。这里要注意的是，亚马逊规定邀评价的时候不可出现五星、好评、积极的评价等字眼，同时不能以金钱或者其他方式贿赂客户留下好评。

（2）使用亚马逊官方"邀评"按钮。

（3）Vine测评。Vine测评是一种官方Review服务，邀请亚马逊上最值得信赖的评论者针对新商品发布他们的看法，以帮助其他买家做出明智的购买决定。普通的亚马逊卖家可以使用Vine测评服务，但是会有数量上的限制。

（三）如何删除差评

1. 收到差评（Negative Feedback）该怎么办

买家反馈（Feedback）对卖家账户表现评级影响较大。如果客户给一个订单留了差评，就会被算入ODR（订单缺陷率）。当出现差评的时候，卖家可以先尝试通过亚马逊后台移除差评，如果不能移除，再联系客户进行沟通。

根据亚马逊的规定，具有以下特点的买家反馈是可以移除的。

（1）语言：买家留言包含污秽语言。

（2）个人信息：买家留言泄露了卖家的个人信息，如邮箱、电话等。

（3）商品反馈：买家的留言是对商品的评论，与卖家表现无关。

（4）亚马逊物流（FBA）：买家反馈是由亚马逊配送或客服引起的。

（5）其他：其他可能说服亚马逊移除反馈的理由。

2. 收到产品差评（Negative Review）怎么办

（1）先查看差评的具体内容，冷静地判断差评的原因所在，到底是自身出的问题还是客户恶意差评。

（2）亚马逊比较倾向于卖家和买家协商处理差评，因此，收到差评后，卖家首先需及时找到对应订单，与买家沟通，了解实际情况，了解买家给差评的具体原因，然后再对症下药，跟买家友好沟通，看看买家是否可以移除差评。

操作思路可以参考以下：①委婉地道歉并询问原因；②得到客户的反馈结果；③给客户提供解决方案（退款或者重发）；④客户同意退款或重发；⑤退货或者重发后，请求修改评价或者移除差评。

（3）除了常规的发邮件和买家沟通之外，最好能够友好地跟买家电话沟通，以此提升处理差评的效率；但目前只有自发货卖家可以获得买家的电话号码，FBA卖家切勿使用第三方服务商进行删评，这样做存在触发封店的风险。

精细化打造产品详情

（4）如果责任在于买家的无理差评或者恶意差评，双方沟通无果，买家不愿意删除差评，此时卖家可以尝试向亚马逊申请移除。

【创业示范】

创业任务:商品刊登的基本流程。

当选品完成,图片制作完毕后,就可以着手准备进行商品详情页的刊登。进行商品详情页的刊登,还需要注意两个前提条件:一是类目是否需要审核;二是需要准备 UPC 码。

1. 网页刊登

[Step 1]　进入卖家后台,选择根目录"库存"→"添加新商品",如图 4-37 所示。

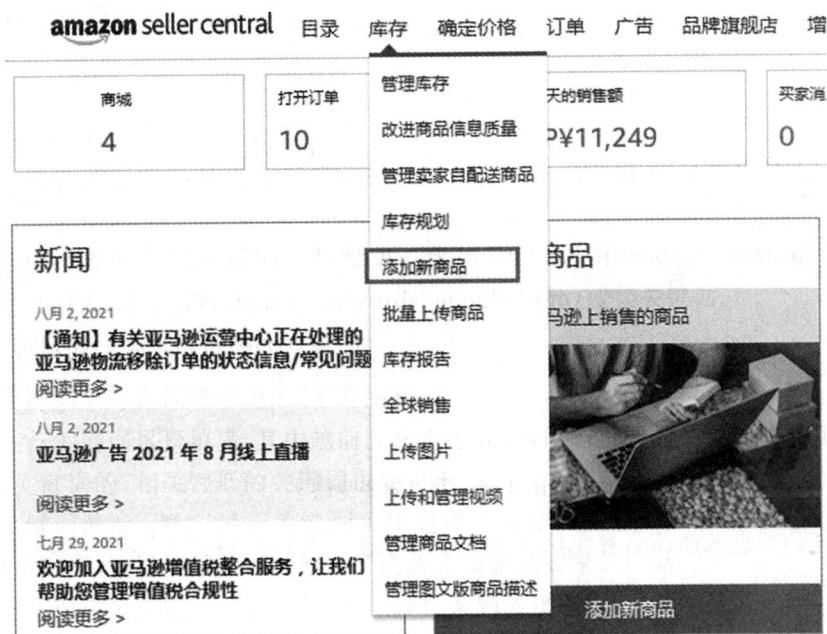

图 4-37　网页刊登步骤 1

[Step 2]　选择"我要添加未在亚马逊上销售的新商品",如图 4-38 所示。

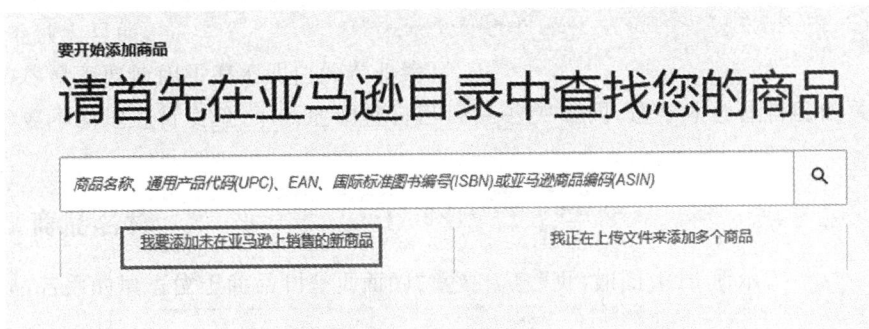

图 4-38　网页刊登步骤 2

[Step 3]　在"选择商品类别"页面中,根据类目树,层层分级地选择合适的类目,并点击"选择"按钮,如图 4-39 所示。

图 4-39　网页刊登步骤 3

［Step 4］　进入产品信息编辑页面后，即可进行内容填写，"＊"表示必填选项，将鼠标移到ⓘ符号上，会出现相关填写提示，如图 4-40 所示。

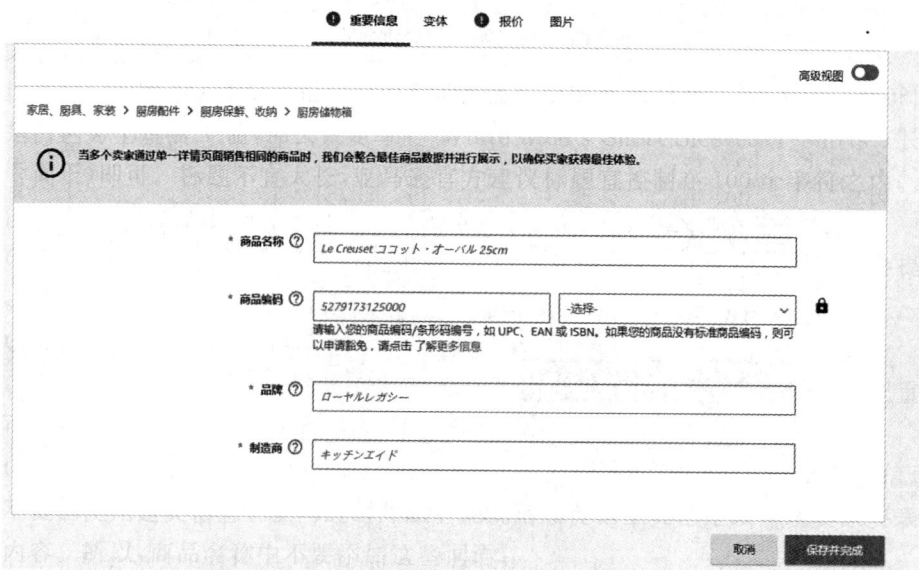

图 4-40　网页刊登步骤 4

所有信息填写完毕之后，点击"保存并完成"，保存后大约 30 分钟，商品信息会展示到亚马逊前台和卖家后台的"管理库存"页面上，可以在"管理库存"页面管理该商品。

亚马逊上不同类目的商品，所需要填写的信息会有细微的不同。首次创建商品的过程中图片不会马上上传，要等商品信息都输入完毕，单击"保存并完成"按钮时图片才会上传。

2."批量上传商品"方式刊登商品

［Step 5］ 进入卖家后台，选择根目录"库存"→"批量上传商品"，如图 4-41 所示。

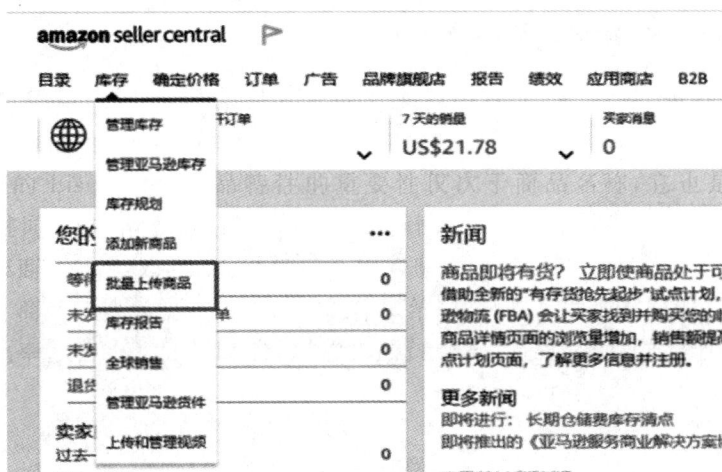

图 4-41 批量上传商品步骤 1

［Step 6］ 在批量上传商品页面，点击"下载库存文件"，选择商品所在类目，如图 4-42 所示。

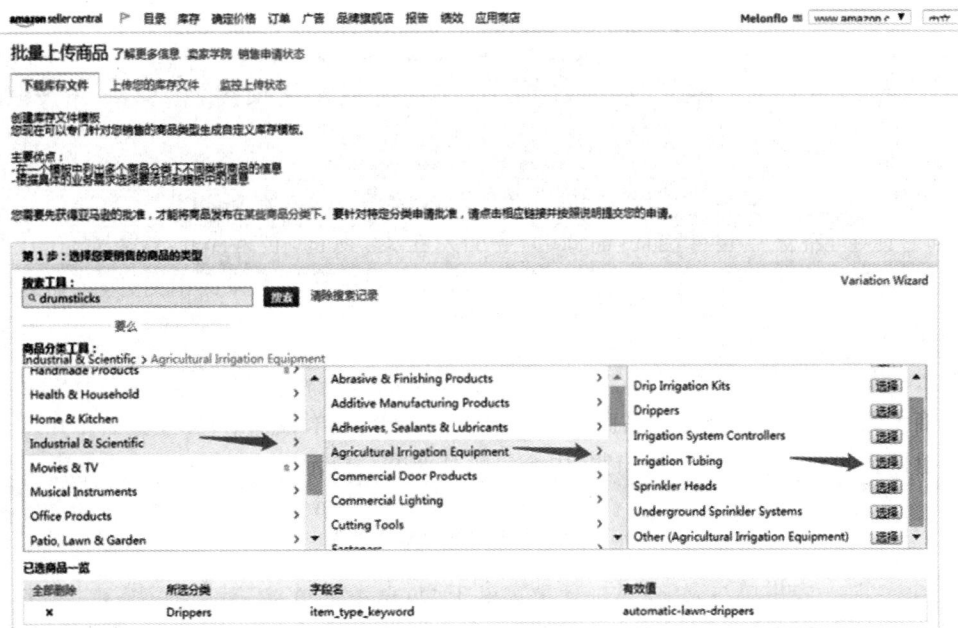

图 4-42 批量上传商品步骤 2

［Step 7］ 选择好相应类目后，点击"高级"模板类型；点击"生成模板"进行下载，如图 4-43 所示。

图 4-43　批量上传商品步骤 3

［Step 8］ 打开库存文件模板表格，根据自己的商品信息填写上单表格，如图 4-44 所示。

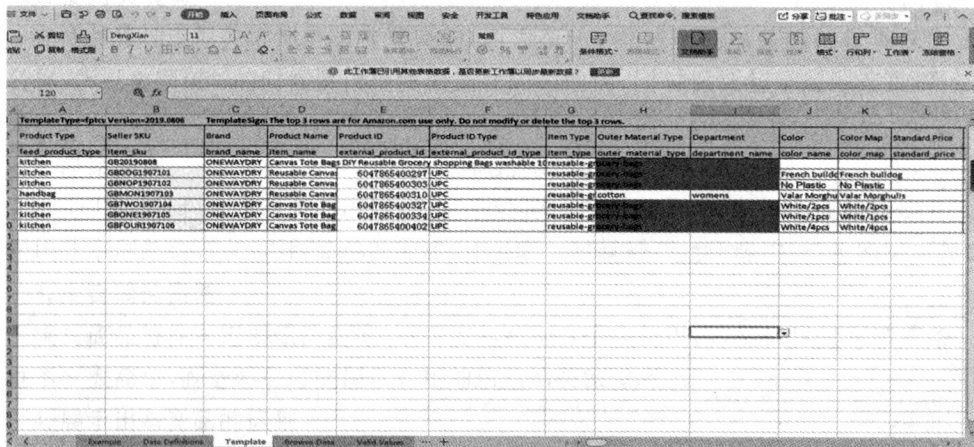

图 4-44　批量上传商品步骤 4

［Step 9］ 表格填写完毕之后，登录卖家中心，点击根目录"库存→"批量上传商品"→"上传您的库存文件"，第一步点击"选择文件"，第二步点击"检查库存文件"，将库存文件上传并进行检查，如图 4-45 所示。

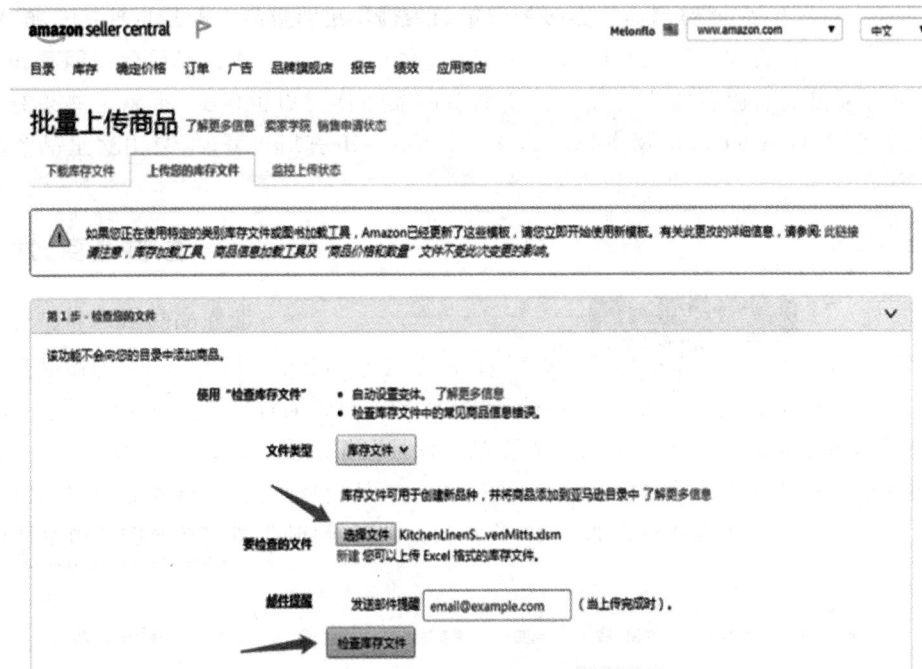

图 4-45　批量上传商品步骤 5

　　点击"监控上传状态",看填写的上单表格是否有错误,如果有错误,检查后会有报错的提醒,则需要下载处理报告,如图 4-46 所示。

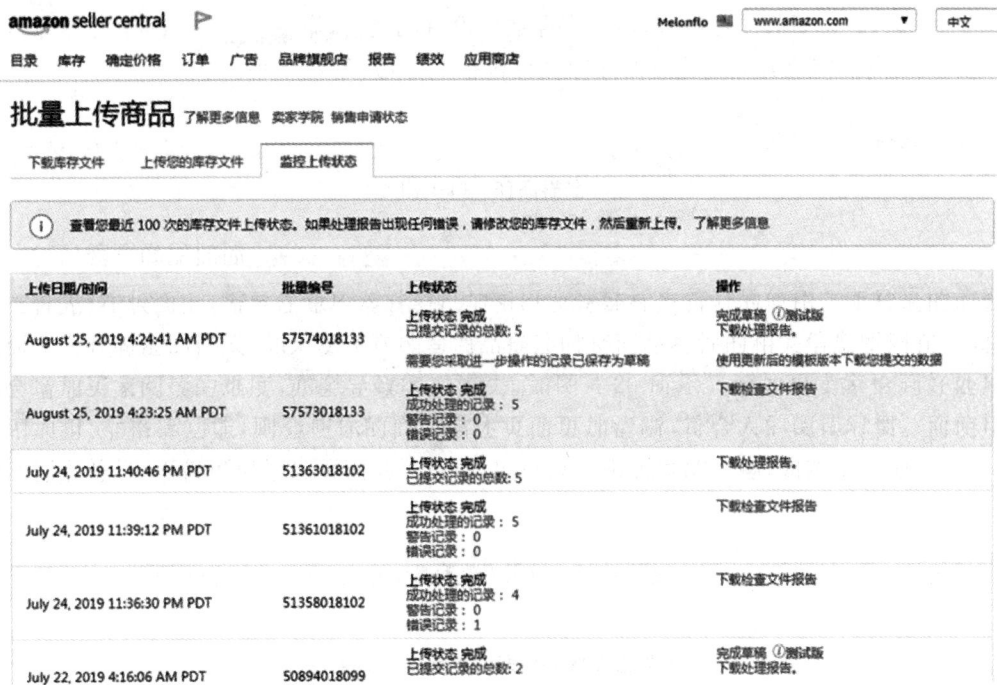

图 4-46　批量上传商品步骤 5

［Step 10］　下载处理报告，根据报告中给出的提示进行修改，修改后再上传，检查是否还存在错误。报告中对错误有提示，如图 4-47 所示。

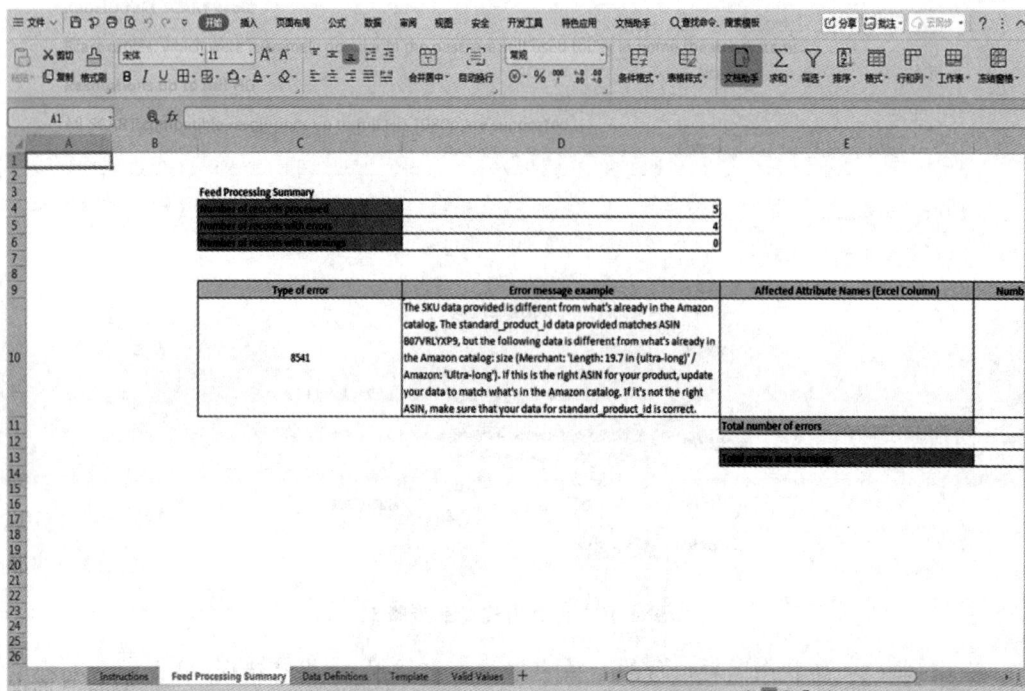

图 4-47　批量上传商品步骤 6

［Step 11］　下载处理报告、检查库存文件没有问题后，第一步点击"选择文件"，第二步点击"上传"，将已经通过检查的库存文件进行上传，如图 4-48 所示。

图 4-48　批量上传商品步骤 7

【拓展知识】

一、品牌侵权

品牌侵权又称商标侵权（Trademark Infringement），是亚马逊知识产权（版权、商标、专利等）违规行为中的一种。

亚马逊是一个非常重视知识产权的平台，致力于确保商品不会违反或侵犯版权所有者的知识产权（IP）。在亚马逊，侵权属于非常严重的违规行为，一旦被投诉，轻则下架产品，重则强制关店。而其中最常见的情况就是品牌（商标）侵权投诉。

（一）什么是商标

商标是指公司用来识别其商品或服务并将之与其他公司的商品和服务区分开来的文字、符号或设计（如风格化的品牌名称或徽标）。一般来说，商标法旨在防止买家对商品或服务的来源产生混淆。商标所有者通常会在特定国家（地区）的商标局（如美国专利商标局）进行注册，以此来保护商标。在某些情况下，即使某标志从未在特定国家（地区）的商标局注册，个人或公司也可能仅凭在商业应用中使用该标志的行为获得其商标权。这些权利称为"普通法"商标权利，可能受到更多限制。

（二）如何投诉他人的侵权行为

ASIN 级别：如果亚马逊上的商品或商品包装贴有您的商标，但您并未生产该商品，那么您可以举报整个 ASIN 或整个商品详情页面存在商标侵权行为。

卖家级别：如果您认为某个卖家发布的特定商品侵犯了您的商标权，那么您可以举报该商品存在侵权。但是，如果您只是举报某件商品，则与其对应的商品详情页面和 ASIN 仍保持有效。当您举报商品而非整个 ASIN 时，您只是提及商品存在侵权行为，而不是整个 ASIN 或商品详情页面存在侵权。提供带有效订单编号的测试购买，有助于支持您的举报。

商品详情页面：如果您的商标在商品详情页面上被使用，但所售商品并非您的商品，那么您可以举报此商品详情页面上商标的使用存在侵权行为。

（1）选择要举报的内容后，请告诉亚马逊您认为存在侵权的具体原因（例如，商品详情页面使用的是您的商标）。

（2）确定您认为受到侵权的具体商标。如果您认为自己的商标受普通法保护，因此没有注册商标号，请在举报中提供以下信息：①该商标首次在商业中使用的日期；②在商业中使用时该商标的标识，例如指向您网站上示例的链接；③使用该商标的商品/服务的标识。

（3）（推荐）完成测试购买并提供有效的订单编号，有助于支持您的举报。

（4）提供准确有效的联系信息。

（5）在亚马逊后台的"举报违规行为"页面提交您的举报。

（三）如何预防自己侵权

（1）保证供货渠道的正规性，进行选品时，就要从货源供应链上防止产品可能存在的侵权问题。

了解生产商/供货商的生产能力、生产资质,杜绝仿品、假货。如果发现某个产品上面印有别家的商标,最好先在商标网站上进行查询,一旦发现商标有效,而同时商标主体并不是您的供应商,供应商也无法给您提供授权书,此时,建议您不要销售该产品。

(2)卖家作为代理商,在亚马逊上销售某个品牌的产品,在刊登 Listing 之前就需要先取得品牌商标的正规授权。

需要注意的是,只有商标持有人才有资格进行品牌授权,一些代理商是没有资质给其他在亚马逊开店的卖家授权的。只有取得了商标持有者的正规授权,卖家才能合法使用商标权。

(3)刊登 Listing 时,建议使用原创类图片、文字描述。Listing 的标题,还有搜索关键词(Search Terms)里面的关键词,都不能带有他人的品牌名称。

(4)设置店铺名时,需要注意店铺名中是否涉及他人注册的商标。不能复制其他知名品牌的名称,也不能打擦边球使用容易误导买家的品牌名称。

二、商品违反《亚马逊商品名称指南》,将会被禁止搜索

自 2019 年 9 月 6 日起,如果非媒介类商品 ASIN 违反以下任何标准,该商品可能会被禁止搜索:

(1)商品名称超过 200 个字符(含空格)。

(2)商品名称包含促销短语,如"free shipping""100% quality guaranteed"等。

(3)商品名称包含装饰字符,如"～""!"" * "" $ ""?""_""#"等。

(4)商品名称不包含能识别商品的信息,如"hiking boots"或"umbrella"等。

当某个 ASIN 因上述原因被禁止搜索时:

您将在卖家平台的管理库存页面的"禁止显示"选项卡下收到通知,同时还能看到该 ASIN 被禁止的具体原因。

您可以通过单击"编辑"按钮修复商品名称。商品名称修复后,亚马逊将解除禁止,该 ASIN 将再次显示在亚马逊搜索中。

【技能训练】

一、温故知新

1.在亚马逊平台上,可以通过(　　　)来调研产品的竞争情况。

A.前端搜索　　　　B.后台数据　　　　C.排名情况　　　　D.官方统计

2.下列关于跟卖说法不正确的是(　　　)。

A.共用其他卖家页面信息　　　　　　B.价格和库存可以自己设定

C.共同争抢黄金购物车(Buy Box)　　D.产品标题和图片需自己设定

3.亚马逊通过(　　　)的形式对商品进行归类,方便消费者进行购买搜索。

A.Buy Box　　　　　　　　　　　　B.Browse Tree

C.Product Description　　　　　　　D.Search Terms

4.在设置商品特性时,商品特性最多可以填写五行,每行最多允许写入（   ）个字符。

A. 250   B. 100   C. 150   D. 200

5.下列关于 Feedback 和 Review 说法不正确的是（   ）。

A.Feedback 就是好评、中评、差评,直接决定账号表现

B.Review 只是针对产品的评论,会展示在 Listing 上

C.无论客户有无下单,都可以给 Review

D.Feedback 会保留永久,不会被移除

二、创业实践

请结合所学知识,在亚马逊平台上创建一个关于"藤编储物篮"的 Listing,写出商品名称、搜索关键词、商品特性、商品描述等信息。

营销推广

【学习目标】

❋ 知识目标

- 了解商标注册和品牌备案流程;
- 熟悉亚马逊站内 CPC 推广、平台活动推广以及站外引流方法。

❋ 能力目标

- 能掌握亚马逊站内广告的创建步骤;

- 能掌握 Facebook 主页的创建和 Post 的发布步骤;
- 能掌握亚马逊品牌备案的步骤。

❋ 创业目标

- 学会站内推广,提升类目排名;
- 掌握站外引流,拓展流量渠道;
- 熟悉商标注册,打造国货品牌。

【学习导航】

```
YouTube推广
Facebook推广 ─── 站外引流 ─┐                         ┌─ 商品广告
折扣网推广                  │              ┌─ 广告推广 ─┼─ 品牌广告
                          ├─ 营销推广 ─ 站内推广 ─┤         └─ 展示型广告
商标注册                   │              │
品牌备案 ───── 打造品牌 ─┘              └─ 活动推广 ─┬─ 促销活动
                                                    └─ 秒杀活动
```

【引导案例】

Bestbomg 通过商品推广和品牌推广的组合策略"以小搏大"

1. 营销背景

总部位于中国的 Bestbomg 是专注于生产理发剪、理发剪刀片、电推剪刀片等美妆工具的工厂。Bestbomg 与众多外贸企业一样,在发展前期都以传统的 OEM❶ 模式为主,为

---

❶ Original Equipment Manufacturing,定牌生产,俗称代工。

第三方品牌进行生产制造。2018年5月，Bestbomg 开启了与跨境电商服务商 Rayu（瑞钰）的合作，希望借助其在亚马逊上的运营经验和一站式服务，在亚马逊的美国站点开拓首个线上销售渠道并打造自己的品牌。

Bestbomg 的主要产品线为男士电动理发剪及相关配件，为了深挖垂直类目中的发展机遇，同时也在商品目录中增加了针对儿童和女士的副产品线。在前期的市场调研中，Bestbomg 发现在亚马逊上此类目的竞争十分激烈，而当地市场的消费者对此类产品的设计有偏好。因此，在品牌定位上，Bestbomg 选择了差异化策略，以外观设计为主要卖点，并希望通过长期的广告策略实现"品牌化"。

2. 目标及挑战

在起步期时，初入 C 端市场的 Bestbomg 以使用商品推广为主提升商品曝光度和点击量，并不断完善 Listing。2019年1月，在商品销量和排名趋于稳定后，Bestbomg 与服务商 Rayu 决定开始结合使用品牌推广以树立品牌形象、打造品牌知名度。在两种广告产品的共同作用下，Bestbomg 在商品评论和品牌知名度上都有了一定的积累。

2020年初，新冠病毒疫情改变了人们的生活方式，激活了"宅家"这个新场景，因此也增加了对此品类的需求。Bestbomg 希望 Rayu 帮助其抓住新消费形态带来的机遇，扩大其在品类中的影响力，在与大品牌的竞争中脱颖而出，促进所有商品系列共同增长，并进一步降低 ACOS（广告投入产出比）和广告支出在总销售额中的占比。Bestbomg 面临的难题是，针对不同类型的 ASIN 和不同产品线的受众需求，如何使广告策略有的放矢，强化品牌的差异化优势并做到真正有针对性地推广？

3. 营销策略

根据业务目标规划广告架构，布局亚马逊广告组合营销策略

Rayu 帮助 Bestbomg 根据产品线、ASIN 生命周期和销售状况及整体业务目标，将 ASIN 分为五个类型，如图 5-1 所示。通过亚马逊广告的广告组合（Portfolio）和广告组

ASIN类型	投放目标	广告产品	广告策略
主推款 主商品线的热卖款	·占领品类、带动整体销量增长	·商品推广 ·品牌推广 ·品牌推广视频	·商品推广：持续引流并提升转化 ·品牌推广和品牌旗舰店：借助热卖款的流量提升品牌认知度，促进复销和交叉销售来带动其他ASIN类型的增长 ·品牌推广视频：在搜索结果中脱颖而出，打造爆款，提升转化率和ROAS（广告支出回报率）
次推款 主商品线的其他系列或副产品线的商品	·提升曝光量、挖掘增长潜力	·商品推广 ·品牌推广	·商品推广：提升曝光量和销量 ·品牌推广和品牌旗舰店：借势主推款的流量提升曝光量及销量
新品 新款商品	·最大化曝光量	·商品推广 ·品牌推广	·商品推广：提升曝光量和点击量 ·品牌推广和品牌旗舰店：借势主推款和次推款的流量，提升曝光量
配件 替换刀片等配件	·提升销量	·商品推广	·商品推广：借势类似商品和补充商品的流量，提升交叉销售和转化，降低ACOS
积压库存 销量和转化不理想的ASIN	·清理库存	·商品推广 ·品牌推广	·商品推广：提升转化，降低ACOS ·品牌推广和品牌旗舰店：借势主推款和次推款的流量提高转化

图 5-1　亚马逊广告产品"各司其职"，共同助力 Bestbomg 实现业务和品牌目标

(Ad group)功能，为其设置不同的目标，并配合相应的广告产品及广告活动进行推广。

自2019年开始使用品牌推广，Rayu帮助Bestbomg在不断地测试和优化的过程中，为品牌推广广告活动逐步增加预算；并在2020年初同时开启了品牌推广视频的投放，希望通过亚马逊广告产品的组合策略激活更大的增长潜力。根据整体业务目标，以及每个广告产品和广告活动对应的目标和预测能够带来的增长机会进行预算分配，如图5-2所示，Bestbomg将总预算的45%分配给了品牌推广(包括品牌推广视频)。

广告产品	商品推广	品牌推广	品牌旗舰店	品牌推广视频
主要目标	•为新品引流、助力前期积累，及提升所有推广商品的转化、降低ACOS	•强化品牌、提升在品类中的认知度和影响力	•树立品牌形象、提升整个商品目录的认知度	•为热推款高效引流并提升转化率及ROAS

图5-2　广告活动对应的目标

(1)商品推广

商品推广在Bestbomg的整体广告策略中的角色为起步和提供销售动力，即为新品发布引流、助力前期积累及提升所有商品的转化率。

(2)品牌推广

对于Bestbomg来说，品牌推广的主要作用是强化品牌，提升其在品类中的认知度和影响力。在推广主推款的同时，帮助其他所需ASIN引流，实现不同的业务目标。

(3)品牌旗舰店

Bestbomg将品牌旗舰店设置为品牌推广的落地页，并将其视为塑造品牌形象、提升整个商品目录认知度的有力工具。

(4)品牌推广视频

2020年3月，Bestbomg开启了多个品牌推广视频广告活动，帮助热卖商品在搜索结果中脱颖而出，提升转化率及ROAS(广告支出回报率)。

4.使用亚马逊商品推广和品牌推广组合策略成果亮点

截至2020年7月，在同时结合品牌推广视频4个月后，由广告产生的月度销售额较上一年同比增长742%。截至2020年12月，Bestbomg的品牌新客总订单量达2019年的2倍以上。由广告带来的销售额已达上一年的约3倍，而广告支出在整体销售额中的占比(6.5%)较上一年(14.1%)降幅超过一半，并且将整体ACOS降低了9%。

【引例分析】

2020年初,新冠病素疫情改变了人们的生活方式,激活了"宅家"的新场景,并带动了多个品类的需求增长。为了抓住新消费形态带来的机遇、提升在品类中的认知度和影响力,并强化在与大品牌竞争时的差异化优势,美妆工具品牌 Bestbomg 与跨境电商服务商 Rayu(瑞钰)合作,根据 Bestbomg 的业务发展状况和目标,有针对性地构建商品推广、品牌推广和品牌推广视频的组合策略。"多管齐下",扩大受众覆盖率,提升投放绩效,最终收获了约3倍的由广告产生的销售额、超过2倍的品牌新客总订单量,并将 ACOS 降低了9%。

任务1 站内推广

【创业知识】

一、CPC 广告推广

亚马逊 CPC 广告

CPC 是 Cost per Click 的缩写,意为点击付费,是一种按点击量收费的推广方式。CPC 广告推广是卖家在亚马逊平台上获得买家流量的重要方式。卖家使用 CPC 广告推广可以向目标买家投放广告,使商品获得更多的曝光量,以提升店铺的销量。为了使卖家能够更好地了解和使用亚马逊平台上的 CPC 广告推广,本节将从 CPC 广告推广的机制、准备、创建和分析四个方面进行详细讲解。

(一)CPC 广告推广的机制

卖家进行 CPC 广告推广的前提是必须清晰地了解这一付费推广方式,所以在开展推广工作前,卖家需要先了解 CPC 广告推广的相关机制,以保证相关推广工作的正常开展。下面将从 CPC 广告推广的要求、类型、原理、排名和费用五个方面对 CPC 广告推广的机制进行讲解。

1.CPC 广告推广的要求

在进行 CPC 广告推广前,卖家首先要了解亚马逊对于卖家的一些基本要求。亚马逊对卖家的要求主要包括账户要求和商品要求两个方面。

(1)账户要求。卖家想要进行 CPC 广告推广的投放,那么其账户就必须是一个处于激活状态的专业销售账户,并且卖家能够将商品运送至所售商品国境内的任何地址。

(2)商品要求。亚马逊要求卖家的商品必须拥有黄金购物车(Buy Box)才能进行相应的 CPC 广告推广。

2.CPC 广告推广的类型

CPC 广告推广的广告类型主要包括品牌广告和商品广告两种。

（1）品牌广告

品牌广告是指推广整个店铺的广告，其推广形式为品牌商标加商品。品牌广告主要在搜索商品列表页的第一屏的顶部位置进行展示。PEARL iZUMi 骑行品牌广告如图 5-3 所示。

图 5-3　PEARL iZUMi 骑行品牌广告

在图 5-3 中，PEARL iZUMi 骑行品牌广告的左侧展示了品牌的 Logo 和介绍，然后在右侧展示了商品，买家单击商品即可查看商品的 Listing 页面中的 Sponsored by Pearl iZUMi 即表明该品牌广告来自 PEARL iZUMi 这个品牌。在亚马逊平台上，卖家的推广广告都会有 Sponsored 标志。

需要注意的是，卖家如果想要进行品牌广告的推广，那么必须已经在亚马逊上进行过 Brand Registry。只有这样，卖家才可以进行品牌广告的投放工作。

（2）商品广告

商品广告是指推广单个商品的广告，其推广形式是进行单个商品的广告展示。买家搜索某个关键词时，商品广告会与其他商品一样展现在搜索商品列表页中。搜索商品列表页的商品广告如图 5-4 所示。

图 5-4　搜索商品列表页的商品广告

在图 5-4 中,左侧带有 Sponsored 标志的商品就是某卖家投放的广告。从图中可以看出,该商品广告是与其他正常的商品放在一起进行展示的。

此外,商品广告还会在商品的 Listing 页面中进行展示。Listing 页面的商品广告如图 5-5 所示。

图 5-5　Listing 页面中的商品广告

在图 5-5 中,该 Listing 页面是 Cycling Gloves 关键词下的某一个商品。买家进入该商品的 Listing 页面中,可以在商品详情页的上方或下方看到与这款商品相类似的其他商品广告。

3. CPC 广告推广的原理

CPC 广告推广是一种展现免费、点击付费,根据商品设置的关键词将商品展现给潜在买家的推广方式,是亚马逊为卖家量身打造的精准营销工具。

所以,CPC 广告推广的原理是卖家在亚马逊后台推广板块上预先设置一些推广关键词,当买家搜索该关键词时,卖家的商品就有机会出现在买家面前,从而提升商品的曝光量、点击率和转化率。

简单来讲,买家在亚马逊平台上搜索某一关键词后,与该关键词相关联的商品就会通过 A9 算法进行排名并展示在买家面前。然后买家可以根据自己的喜好来选择自己想要购买的商品,进而产生点击、浏览和购买的行为。针对这一情况,卖家可以通过设置一些与商品关联度较高的、买家经常搜索的关键词,使商品通过广告展示尽可能地吸引买家点击商品和浏览商品以提高商品的销量。

为了让卖家更好地理解亚马逊 CPC 广告推广的原理,下面展示一个 CPC 广告推广的原理图,如图 5-6 所示。

在图 5-6 中,买家搜索商品关键词时,亚马逊会以两种方式为买家呈现商品。第一种就是 A9 算法的判定,即卖家通过亚马逊平台的 SEO 推广来使买家购买商品,也称为自然排名获得流量。第二种就是卖家通过设置推广关键词来匹配买家的搜索词,进而在买家搜索商品的结果中展示卖家的投放广告,通过投放广告来吸买家点击商品进行购买,也就是付费推广获得流量。

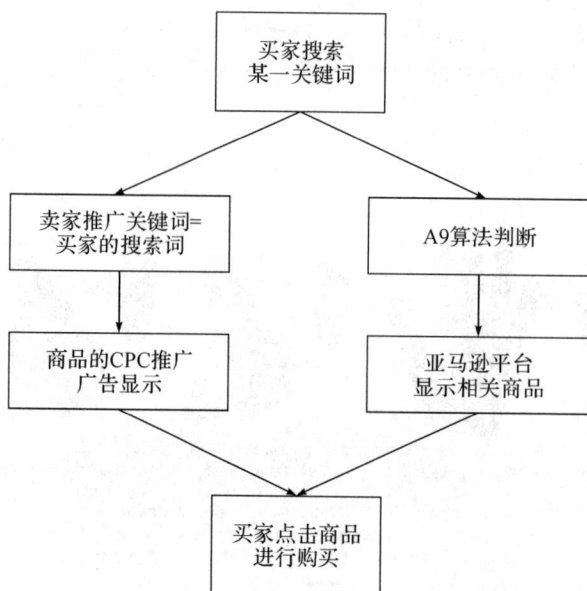

图 5-6　CPC 广告推广的原理

4. CPC 广告推广的排名

　　亚马逊平台上的很多卖家都在进行 CPC 广告推广,所以亚马逊会根据一定的逻辑规则来为买家展示相关 CPC 广告。CPC 广告推广的排名逻辑属于一种很重要的逻辑规则,卖家通过了解此排名逻辑可以更好地设置推广的相关内容,从而保证展示广告有一个较好的排名。CPC 广告推广的排名逻辑主要依托于店铺权重和关键词出价两方面。

　　(1)店铺权重

　　店铺权重即店铺中各项数据指标的综合体,例如转化率、好评率、点击率等数据指标。店铺权重越高,则卖家 CPC 广告的排名越靠前。对于卖家如何提高店铺的各项数据指标,前面的章节已经进行过详细讲解,此处不再赘述。

　　(2)关键词出价

　　另一个影响卖家付费广告排名的因素就是关键词出价。在进行 CPC 广告推广时,卖家需要对选定的推广关键词进行出价。在店铺权重相同的情况下,卖家的关键词出价越高,CPC 广告的排名越靠前。

　　值得一提的是,在店铺权重和关键词出价这两个影响 CPC 广告推广排名的主要因素中,店铺权重相比于关键词出价更重要一些。因为对于亚马逊平台而言,为卖家提供 CPC 广告推广的方式也是为了给平台带来更高的转化率和销售额。所以,亚马逊不可能为了赚取卖家的推广费,而不顾卖家商品的质量。总体而言,卖家的店铺权重越高,CPC 广告排名就会越靠前。

5. CPC 广告推广的费用

　　CPC 广告推广的费用主要通过 CPC 广告扣费公式来进行计算,具体如下。

　　　　CPC 广告扣费=下一名的出价×下一名的权重/自己店铺的权重+0.01

从 CPC 广告扣费公式可以看出,卖家店铺的权重将影响广告的扣费。下面通过一个小例子来为卖家讲解 CPC 广告推广的扣费标准。

例如有 A、B、C 三位卖家同时在投放了一个关键词"cycling golves"。

• 其中 A 卖家的店铺权重为 1000,B 卖家的店铺权重为 1200,C 卖家的店铺权重为 1100。

• 这三位卖家对关键词进行出价时,A 卖家的出价为 0.5 美元,B 卖家的出价为 0.35 美元,C 卖家的出价为 0.65 美元。

• 从以上两个数值,亚马逊平台就可以得出 A 卖家的权重与出价的乘积为 500,B 卖家的权重与出价的乘积为 420,C 卖家的权重与出价的乘积为 715。

• 从上述数值可以得出 CPC 广告推广的排名:C 卖家排名第一,A 卖家排名第二,B 卖家排名第三。

• 最后,根据 CPC 广告推广的扣费公式即可得出:

C 卖家的广告点击扣费 $=0.5\times1000/1100+0.01\approx0.46$
A 卖家的广告点击扣费 $=0.35\times1200/1000+0.01\approx0.43$
B 卖家的广告点击扣费 $=0.65\times1100/1200+0.01\approx0.61$

卖家需要注意的是,如果店铺权重很低的话,建议不要做 CPC 广告推广。一方面,这会大量消耗资金;另一方面,由于店铺权重低,转化率和销量都很难提升。卖家最重要的工作还是将店铺的各个方面优化好,这样在进行付费推广时才会取得好的效果。

(二)CPC 广告推广的准备

了解了 CPC 广告推广的机制之后,卖家就要为开展 CPC 广告推广做好基础的准备工作。CPC 广告推广的准备工作主要包括明确投放目标和确定推广商品,具体介绍如下。

1. 明确投放目标

在进行 CPC 广告推广时,卖家要明确自己的投放目标,根据投放目标来选取相应的推广关键词。在亚马逊平台上,卖家的投放目标一般分为提高销量和宣传品牌两种。

(1)提高销量

卖家如果以提高销量为投放目标,那么就需要在投放广告时选择一些能够精准引流的关键词,例如长尾关键词(长尾关键词是指包含三个或三个以上单词的搜索词组)。卖家不能使用一些范围较大的关键词,例如商品词(商品词是指卖家商品的大类目和细分类目,例如冰箱)、核心词(核心词是指能精准表达商品且字数比较少的词,例如海尔冰箱)。因为这些范围较大的关键词会包含较多的商品,它会导致卖家投放广告面对的不是自己的精准目标买家。

例如,baby toys 就属于商品词,在这个关键词中包含了很多不同种类的玩具。因为只要是玩具,都可以称为儿童玩具。如果搜索了这个关键词,则说明买家的购物意图还不是很明显。若卖家正好使用了这一关键词,由于竞争者较多,很可能出现的情况就是买家看不到商品广告,即使看到了也不会去购买。因为这一关键词的竞争过于激烈,所以会对卖家的店铺权重和关键词出价有特别高的要求。

所以,在以提高销量为目标时,卖家优先考虑的就是商品的长尾词。因为相对于商品词和品牌词等范围较大的关键词来说,长尾关键词的竞争小,买家指向明确,流量精准,转化率高。例如 baby bath toys 6 to 12 months 这一关键词就是长尾词,卖家利用该关键词进行推广时,可将推广广告投放给搜索该关键词的买家,从而使得流量更加精准,更好地提高销量。

卖家想要查找属于自己的商品词、品牌词等关键词时,可利用卖家精灵 2.0、Tool4seller、Jungle Scout、Sonar 等关键词查找工具,此处不再过多赘述。

（2）宣传品牌

如果卖家是以在亚马逊平台上宣传品牌为主要目标,那么就要选择一些曝光率较高的商品词和核心词,以便于自身的品牌和商品尽可能多地展示在买家面前。

需要注意的是,卖家在选择商品词和核心词时要选择与自己的商品有所关联的关键词。例如卖家的品牌是厨具商品,但为了最大限度地提高品牌知名度,在投放广告时,卖家选择了图书、女装等商品词。一旦被亚马逊发现这种情况,那么亚马逊就会对卖家进行十分严厉的处罚。

2. 确定推广商品

卖家除了确定自己的投放目标外,还需要确定自己用来实现这一目标的商品。推广的商品除了要求拥有 Buy Box 之外,卖家还必须查看商品是否具有价格优势、页面是否优化、库存是否充足和质量是否有保证。

（1）价格优势

卖家选择的商品的价格与其他竞品相比要有一定的优势,以保证在推广过程中买家能够点击商品,进入商品购买页面。

（2）页面优化

卖家要选择优化后的商品,包括标题、五点描述、图片、商品详情等,这样才能更好地吸引买家购买,提高转化率。

（3）库存充足

卖家选择的商品一定要保证库存充足,以避免在商品推广的过程中因库存不足而导致商品下架,无法销售。

（4）质量保证

卖家还要保证商品的质量,避免出现销售商品越多、售后问题越多的情况,最终导致店铺的售后问题增加,权重下降。

（三）CPC 广告推广的创建

卖家做好 CPC 广告推广的准备工作后,就可以开始进行创建工作。为了保证卖家能够准确无误地进行 CPC 广告推广的创建,下面将对广告活动管理以及商品广告和品牌广告的创建进行讲解。

1. 广告活动管理概述

卖家可以在亚马逊后台的"广告活动管理"子标签下进行创建工作。进入广告活动管理页面后,卖家可以看到店铺广告的整体界面。在该界面中,卖家可以查看广告活动,创建广告活动,查看广告数据和推广图表等。在进行广告创建时,卖家首先需要在店铺广告整体界面中找到广告创建按钮,如图 5-7 所示。

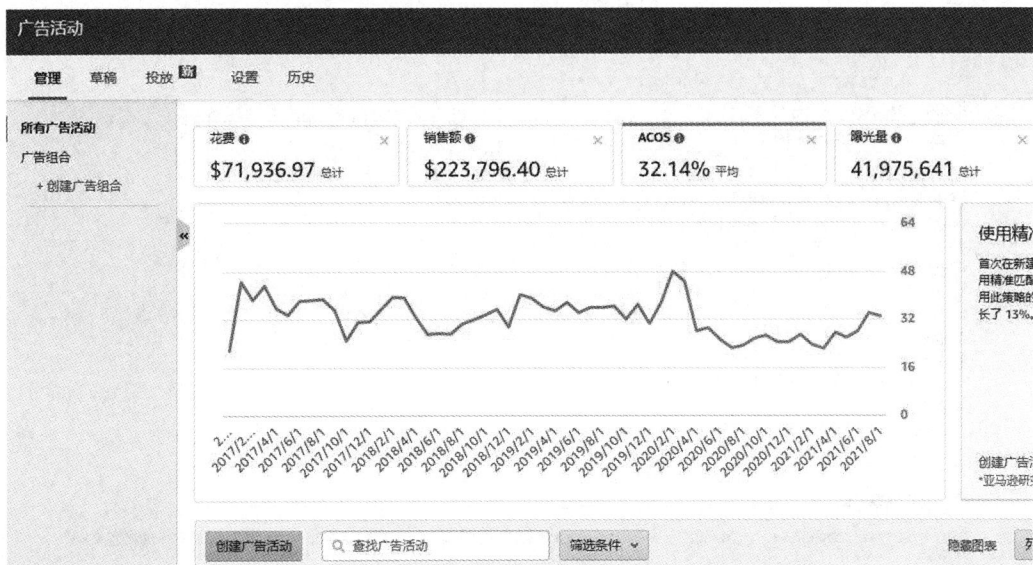

图 5-7　广告活动管理

通过"创建广告活动"按钮,卖家就可以进入广告活动类型选择界面,如图 5-8 所示。

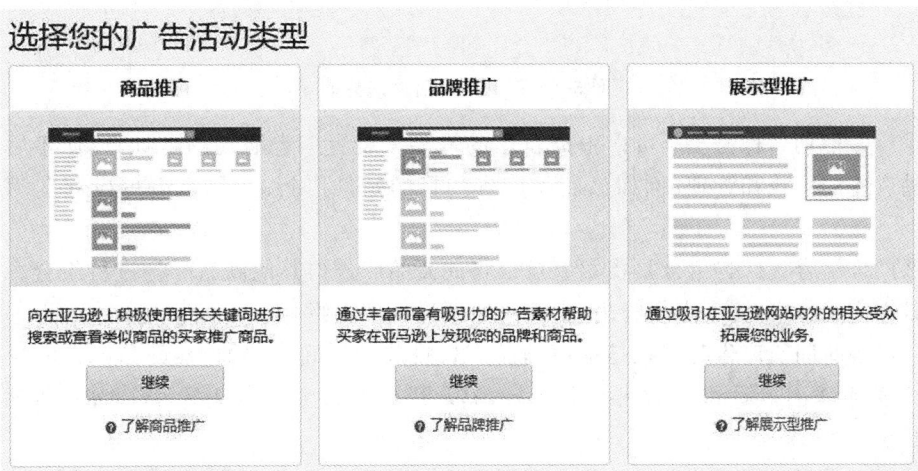

图 5-8　广告活动类型

2. 商品广告的创建

商品广告的创建主要包括创建商品广告活动、创建商品广告组、设置关键词竞价、添加商品关键词等。

（1）创建商品广告活动

卖家选择商品推广后,即可进入商品广告活动内容的创建界面。卖家可以在其中填写广告活动名称、广告组合、广告时间、每日预算以及定位等内容。创建广告活动的界面如图 5-9 所示。

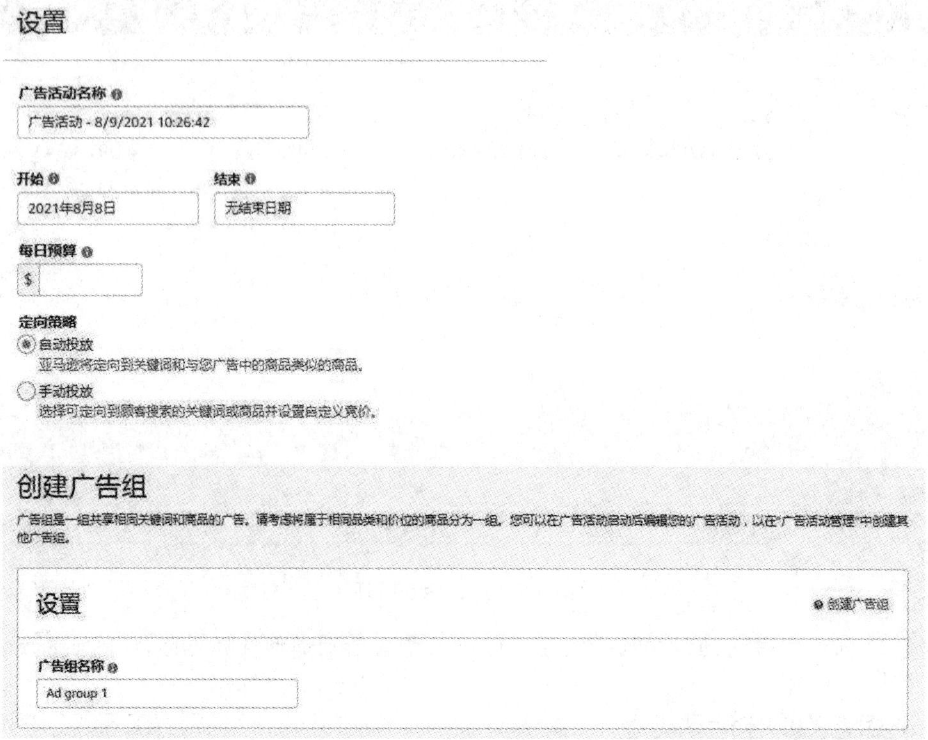

图 5-9　创建广告活动的界面

①广告活动名称。卖家可以根据自己的需要来设置广告活动的名称,以便于后期进行商品广告的查找和管理,例如该商品广告的目的是推广新品,那么就可以起名为新品推广。

②广告组合。广告组合是指卖家可以将此商品广告与其他商品广告进行组合。但是在日常推广工作中,为了方便管理,卖家一般不进行广告组合。

③广告时间。广告时间就是指该商品广告投放的时间。例如,某商品广告的投放时间为 2021 年 8 月 8 日到 2022 年 8 月 8 日,那么到了 2022 年 8 月 9 日,该商品广告就会自动停止投放。

④每日预算。每日预算指的是卖家创建的该商品广告每天预估花费的金额。卖家设置每日预算后,可以有效地防止商品广告投放金额过多的情况。

⑤定向策略。定向策略指的是卖家可以选择自动投放和手动投放两种投放方式。自动投放是指亚马逊平台将对卖家选择的商品进行智能投放,自行匹配关键词;而手动投放则需要卖家自行设置,自行投放。这里主要讲解的是手动投放的商品广告。

（2）设置关键词竞价

卖家接下来要做的就是进行关键词竞价设置,设置竞价的界面如图 5-10 所示。

卖家选择相应的竞价策略,包括动态竞价—只降低、动态竞价—提高和降低和固定竞价。卖家可以根据需要自行进行选择。

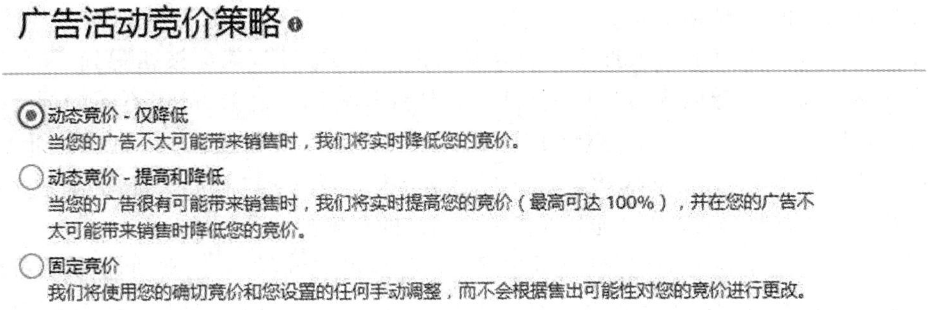

广告活动竞价策略 ⓘ

◉ **动态竞价 - 仅降低**
当您的广告不太可能带来销售时，我们将实时降低您的竞价。

○ **动态竞价 - 提高和降低**
当您的广告很有可能带来销售时，我们将实时提高您的竞价（最高可达100%），并在您的广告不太可能带来销售时降低您的竞价。

○ **固定竞价**
我们将使用您的确切竞价和您设置的任何手动调整，而不会根据售出可能性对您的竞价进行更改。

图 5-10　设置竞价的界面

①动态竞价—只降低。动态竞价—只降低指的是卖家设置了一个默认竞价后，如果投放效果并不是很好，没有带来很多销量，那么亚马逊会自动帮卖家在默认竞价的基础上降低出价，以避免造成不必要的损失。

②动态竞价—提高和降低。动态竞价—提高和降低指的是亚马逊不仅会在没有销量时帮卖家降低出价，还会在卖家的商品广告转化率较高的情况下帮卖家提高出价，以带来更多的销量。亚马逊平台帮助卖家提高出价时，溢价比例最高100%，例如卖家出价10美元，那么最高溢价为20美元。

③固定竞价。固定竞价就是无论商品广告的转化率如何，亚马逊后台都会按照这一价格对卖家的广告进行推广。

（3）添加商品关键词

最后卖家要添加一些商品关键词。添加关键词的界面如图 5-11 所示。

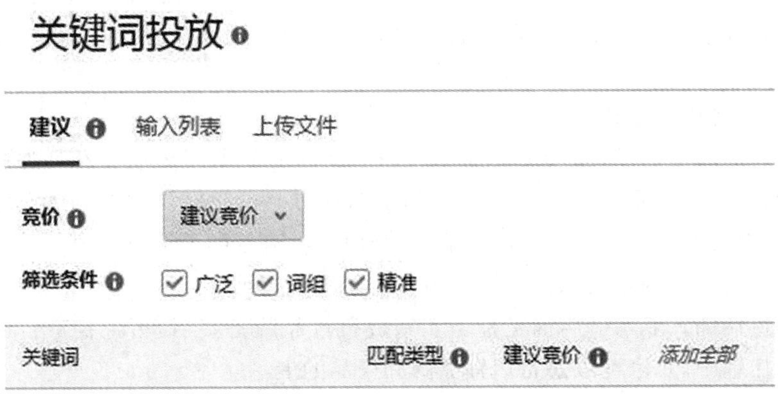

关键词投放 ⓘ

建议 ⓘ　　输入列表　　上传文件

竞价 ⓘ　　[建议竞价 ∨]

筛选条件 ⓘ　☑ 广泛　☑ 词组　☑ 精准

关键词	匹配类型 ⓘ	建议竞价 ⓘ	*添加全部*

图 5-11　添加关键词的界面

值得一提的是，卖家不仅可以添加推广关键词，还可以添加一些否定关键词。填写否定关键词的意义在于避免一些与商品联系不大的关键词被买家搜索到，因为这些关键词并不能为商品带来很高的转化率。

从匹配方式来看,关键词可以分为广泛匹配、词组匹配和精确匹配。这三种匹配方式覆盖不同的买家的搜索购买路径。

①广泛匹配是指只要买家搜索词包含所有的广告关键词,就会被匹配到,从而获得曝光展示的机会。广泛匹配可以匹配拼写错误的词、名词单复数、顺序不同的词等。举例来说,如果为 Women's Dress 进行广泛匹配,那么相关匹配搜索词可以为 Dress for Women、Women Dress、Dresses 等。广泛匹配适合投放高流量的核心关键词,通过多维度的曝光展示可以获得更多流量,也可以找到更精准的买家搜索长尾词。

②短语匹配是指在关键词前后添加一些单词也可以被匹配和识别到,但买家搜索词必须与短语匹配关键词的词序保持一致。比如,为 Women's Dress 进行短语匹配,相关搜索词可以为 Women's Dresses Plus Size、Women's Dress for Party 等,而 Dress for Women 就不会被匹配到。短语匹配适合投放 2～4 个单词的常用关键词,通过匹配商品核心卖点,进一步缩小买家的搜索范围。

③精准匹配是指买家搜索词必须与广告关键词完全匹配,或者与广告关键词十分接近的词匹配,只有这样才能显示广告。还是以 Women's Dress 为例,精准匹配只能匹配 Women Dress、Women's Dresses 这类单复数词性变化的关键词。精准匹配适合高转化率的类目词或长尾词,在买家有精准的购买意向时,卖家可以直接通过广告将产品曝光在最前面的位置,从而提升转化率。

不难看出,这些匹配方式实际上是对买家的购物需求做了一定程度的区分,可以帮助卖家更有效地推测市场当前的情况。

完成关键词的设置后,卖家就可以提交给亚马逊平台进行审核。等亚马逊平台审核通过后,卖家即可开始进行 CPC 广告推广的商品广告投放工作。

3. 品牌广告的创建

如果想要进行品牌广告推广,那么就要求卖家已经在亚马逊平台上进行了品牌备案。品牌广告的创建包括创建品牌广告活动、添加品牌创意、设置关键词和竞价、添加否定关键词。

(1)创建品牌广告活动

卖家选择品牌推广后,即可进入品牌广告活动内容的填写界面。在品牌广告活动内容的填写界面中,卖家同样需要填写广告活动名称、广告组合、广告时间和预算等。不同的是,卖家需要选择吸引广告流量的着陆页,吸引广告流量的着陆页主要分为亚马逊店铺和新商品列表页面。创建品牌广告活动的界面如图 5-12 所示。

①亚马逊店铺。亚马逊店铺是指当卖家进行过品牌备案后,可以拥有自己的品牌店铺。在品牌店铺中,卖家可以进行店铺品牌和商品的展示。

②新商品列表页面。新商品列表页面是指卖家选择该方式后,即可在该页面中进行一个商品列表的创建。

返回广告活动　保存为

广告活动名称 ⓘ

广告活动 - 8/9/2021 10:47:37

开始 ⓘ　　　　　　　**结束** ⓘ

2021年8月8日　　　　无结束日期

选择无结束日期意味着您的广告活动将运行更长时间，更长的时间范围可以让您更好地了解搜索词和关键词效果，从而进一步优化您的广告活动。

预算 ⓘ

$ 　　　　每天 ⌄

预算超过 $30.00 的大多数广告活动将全天开展。ⓘ

品牌 ⓘ

MOTELAN

广告格式 ⓘ

商品集

使用图片将流量引导至商品详情页面，以推广多件商品。

品牌旗舰店焦点

将流量引导到品牌旗舰店，包括子页面。

视频

使用自动播放的视频展现单件商品。

着陆页 ⓘ

◉ 亚马逊品牌旗舰店（包括子页面）

选择一个店铺　　　　　　　选择一个页面

〔　　　　　　　⌄〕　　　〔主页　　　　　⌄〕　　　查看页面 ↗

◯ 新着陆页

选择要在广告着陆页上显示的商品。着陆页上必须始终有至少 2 种商品可供购买，否则广告活动将被暂停。

图 5-12　创建品牌广告活动的界面

（2）添加品牌创意

创建品牌广告活动的内容后，卖家需要添加品牌创意的相关内容。添加品牌创意的界面如图 5-13 所示。

卖家在品牌创意界面中需要添加的主要创意信息包括品牌名称和徽标、标题以及商品，卖家根据自己的需要进行添加即可。卖家添加完成后还可以在"创意"栏右侧查看品牌广告预览。

创意

品牌名称和徽标

MOTELAN
剩余字符数：23
编辑徽标

商品
更改或重新排列以下商品。

您的广告中没有商品
添加商品

标题
此处为标题
剩余字符数：50

自定义图片
☐ 在支持的广告位中包含自定义图片

图 5-13　添加品牌创意的界面

（3）设置关键词和竞价

在设置关键词和竞价时，卖家首先要填写一个默认关键词竞价，然后选择推广的关键词。设置关键词和竞价的界面如图 5-14 所示。

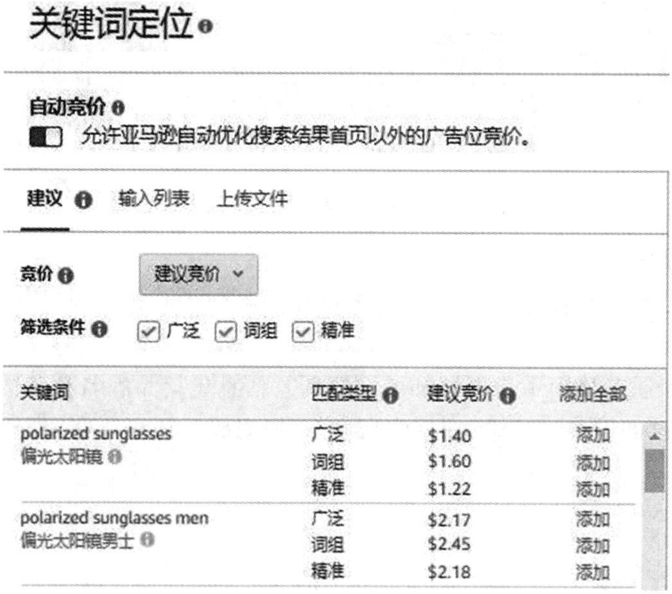

图 5-14　设置关键词和竞价的界面

130

卖家在设置关键词时,可以选择亚马逊建议的推广关键词,也可以自行输入关键词。卖家在进行品牌广告创建时,也可以选择添加一些否定关键词。卖家在进行完品牌推广的相关设置之后,就可以提交审核。等亚马逊平台审核通过后,卖家即可进行品牌广告的推广。

4. 展示型广告的创建

展示型推广活动使用自动生成的展示广告素材,可以激发顾客的购买欲望,并且在外观和风格上与亚马逊一致。根据选择的定向选项,亚马逊广告可以在亚马逊桌面和移动设备上定向投放,展示在商品详情页和其他亚马逊页面上。卖家可以对广告进行配置,以便跨第三方出版商吸引亚马逊网站外的受众。亚马逊使用品牌安全性工具,以帮助卖家将广告投放到合适的相关内容旁边的可靠广告位。顾客点击卖家的广告后,他们会转到商品详情页。

目前,展示型广告还处在测试版中,本书不多赘述。

(四)CPC广告推广的分析

在CPC广告推广的过程中,卖家还需要监测每天的推广数据,以便于对投放的广告进行分析,保证广告能够持续地为店铺带来收益。卖家在进行CPC广告推广分析时主要从整体分析和单个广告分析两方面开展相应的分析工作,具体介绍如下。

1. 整体分析

卖家进入亚马逊后台的广告活动管理界面后,可以看到店铺整体广告活动的所有推广数据,主要包括花费、销售额、广告投入产出比(ACOS)、曝光量、点击次数等。通过这些数据,卖家不仅可以了解到店铺推广的整体效果,还可以看到某一时间段内的数据变化趋势。某店铺数据变化的部分截图如图5-15所示。

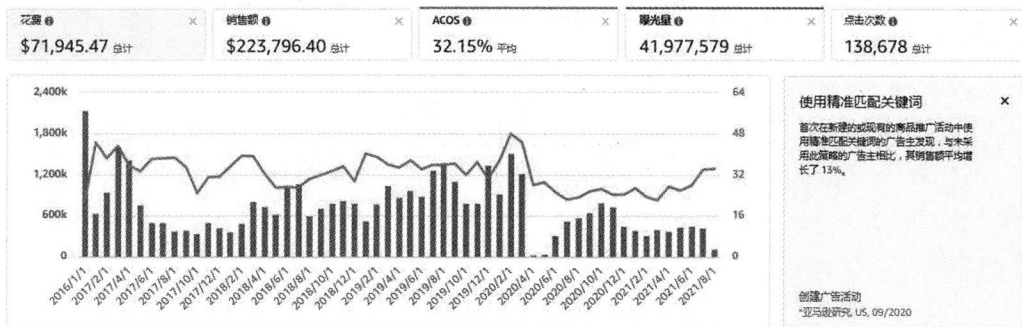

图5-15 某店铺数据变化的部分截图

如图5-15所示,曲线代表了广告投入产出比在某一时间段内的变化,柱状图则代表了曝光量在某一时间段内的变化。卖家在查看数据的过程中如果看到某一个数据的数值波动极大,那么就需要注意这一情况,及时分析问题所在。例如,某一天的广告曝光量增长较大,卖家通过分析发现当天是周末,买家因为空余时间较多会上网购买一些商品,所以才导致广告曝光量增长。那么卖家就可以在之后的推广过程中,在周末的时间段内增加广告的竞价,从而获取更高的订单转化率。

2. 单个广告分析

除了查看整体推广效果来进行分析外,卖家还可以查看单个广告的推广效果,进而进行优化。卖家进行单个广告的分析时,可以从广告活动和广告组两方面开展相应的工作。

卖家可以在广告活动管理界面中找到各个广告活动并且进行查看,如图 5-16 所示。

有效	广告活动	状态	类型	开始日期	结束日期	预算	花费	订单	销售额
	总计: 10						$71,946.61	11,486	$223,796.40
	FU8177	已暂停 详情▾	商品推广 自动投放	2019年10月14日	无结束日期	$ 1.00 每天	$339.01	27	$531.73
	Wood Sunglasses	正在投放 详情▾	商品推广 手动投放	2017年2月9日	无结束日期	$ 3.00 每天	$1,115.56	54	$1,829.43
	F88177	正在投放 详情▾	商品推广 自动投放	2019年7月6日	无结束日期	$ 5.00 每天	$2,602.71	434	$9,459.26
	Winning Keyword-Phr...	正在投放 详情▾	商品推广 手动投放	2017年4月22日	无结束日期	$ 8.00 每天	$7,599.79	1,749	$34,168.83
	Sport Sunglasses	正在投放 详情▾	商品推广 手动投放	2016年1月29日	无结束日期	$ 10.00 每天	$7,652.31	1,474	$28,232.78

图 5-16 查看各个广告活动

卖家点击进入某一个广告活动后,同样可以查看单个广告活动中的所有广告组的花费、销售额、广告投入产出比、曝光量和点击次数等数据。同时,卖家还可以对单个广告活动进行优化设置,主要包括广告位、否定关键词、广告活动设置和广告报告。

卖家通过对 CPC 广告推广的整体分析和单个广告分析,可以很好地找到在推广过程中出现的问题,及时进行优化,最终保证 CPC 推广的有效性,以达到提高店铺销售的目的。

二、平台活动推广

(一)促销活动

促销常用的工具大多数在广告页面下,如图 5-17 所示,包括秒杀、优惠券、Prime 专享折扣和管理促销,不同的搭配可以在产品的不同生命周期中提供不同的助力。

亚马逊促销

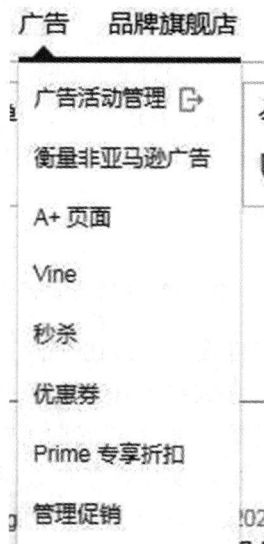

图 5-17 亚马逊广告页面

1. 新品期促销设置

在新品推广时,卖家为了让买家得知该产品当前正在打折,一般会将产品设置为展示低价,如图 5-18 所示。

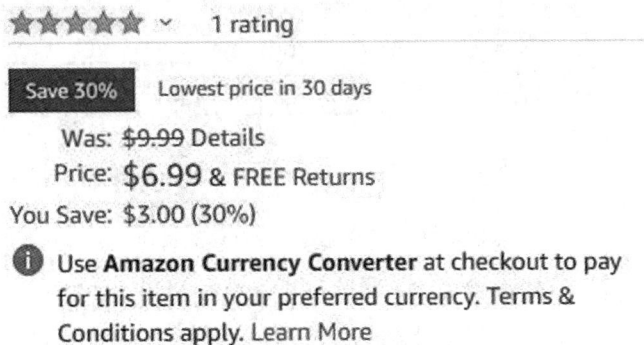

图 5-18　亚马逊前台折扣展示效果

具体的设置方式也比较简单,我们来看一下亚马逊后台促销设置页面(见图 5-19),除了上架时直接在上架表格中填写,卖家还可以直接在管理库存页面,点击"报价",会出现两个价格。在设置价格时,卖家需要注意,设置的"优惠价"才是最终的成交价格。前台展示的"Was"为被划掉的价格,是过去 90 天销售的实际平均价格。在设置优惠价的起止时间时,卖家需要进行记录并实时追踪,避免产品在优惠期结束以后突然提价。

图 5-19　亚马逊后台促销设置页面

与此同时,卖家还可以搭配促销的五点描述、A＋文案,标明具体的促销时间,并且将自发货数量调整到 10 个以下,制造一种促销的紧迫感,从而促使买家下单。

除了页面优化,商品链接还可以设置优惠券,同步提升流量和转化率。添加了优惠券的链接将在首页 Today's Deals(今日促销)页面曝光,对于一些随意浏览但有购买意愿的买家来说,优惠券可以有效地提升转化率(见图 5-20)。

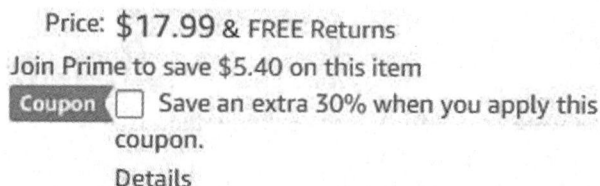

图 5-20　亚马逊后台促销设置页面

除了新增的流量入口,优惠券还可以在站内关键词搜索页曝光。当新品的 Review 数量不足时,橙色的优惠券字样将格外显眼。使用优惠券比调整优惠价更方便,在优惠期结束以后价格将自然而然地回归正常,不会产生严重的波动。优惠券的成本是以买家的有效转化来计费的,买家每使用优惠券完成一次下单,亚马逊就会相应收取 0.6 美元的费用。因此,在前期低利润推广的情况下,卖家需要对这笔费用加以考虑。

卖家通过在购买折扣中创建优惠码,可以利用满减折扣将新产品与流量较高且款式相似或互补的老款进行捆绑销售(见图 5-21)。对于一些非标品类目,如服装等,产品搭配方式的不同将会影响新产品的转化效果。这种捆绑促销如果操作得当,就能帮助新产品快速成长。

图 5-21　亚马逊前台优惠券展示效果

除此之外,卖家还可以使用站外 Deals 促销进行新品推广。价格是一把双刃剑,在新款的打造过程中,卖家如果过分依赖价格进行推广,而不从产品和运营方向进行优化,就很可能使商品链接在同质化的竞争中难以长期占领市场,最终无法盈利。

2. 清仓促销设置

对于长期没有流量或 FBA 冗余的库存款,卖家可以通过折扣的方式激活流量,完成清库存的任务。对于完全进入衰退期、销量不温不火且客单价较低的链接,卖家可以通过社交媒体促销代码的方式进行促销,如图 5-22 所示。如果卖家注册了品牌,那么在管理促销页面就会有该选项。

促销 了解更多信息

创建促销　管理您的促销　管理商品列表

创建促销

社交媒体促销代码
创建自定义促销代码，获得一个独特的营销页
面，通过社交媒体、电子邮件或名人营销将此而
∨ 查看更多

[创建]

购买折扣
使用高级选项，以设置促销的折扣分段，来鼓励
买家购买更多，因为他们可以获得更高的折扣
∨ 查看更多

[创建]

买一赠一
如果您在整个商品目录或子目录中的购物符合既
定的条件，即可享受一个或多个免费商品。

[创建]

图 5-22　亚马逊社交媒体促销代码

　　亚马逊社交媒体促销代码的主要作用是借助亚马逊影响者和联盟的推广，实现精准引流，快速出单。设置成功之后至少 4 小时才能生效，最长促销时间只有 30 天，折扣比例可设置为 5%~80%。此时，促销的目的是清除库存，不必考虑链接后期销量。在具体的操作层面，需要注意细节。

　　对于亚马逊社交媒体促销代码类型设置，如图 5-23 所示，卖家在"每位买家兑换多次"的选项中，选择"无限次结算中的无限件商品"；在普通的促销中为了避免部分买家超量购买，保证 FBA 库存的稳定，卖家常常会选择"一次结算中的一件商品"；而在清库存时卖家可以放宽限制，鼓励买家进行购买。

优惠码类型	无限制	ⓘ 无限制促销代码没有数量限制。了解更多信息 ∨
此促销代码的分享对象	☑ 亚马逊影响者和联盟	ⓘ 影响者和联盟可能会发布您的促销消
每位买家兑换多次	○ 一次结算中的一件商品 ○ 一次结算中的无限件商品 ◉ 无限次结算中的无限件商品	ⓘ 您可以选择允许买家兑换折扣的次数
优惠码	15DLIR4J	ⓘ 您可以自定义兑换码；它必须是8-1

∨ 查看消息

图 5-23　亚马逊社交媒体促销代码类型设置

3. 优惠券与优惠码
　　优惠券（Coupon）和优惠码（Promo Code）是亚马逊后台最常用的促销功能。优惠券可以在页面进行展示，买家下单前直接勾选即可使用；而优惠码则分为社交媒体优惠码、

135

购买折扣、买一赠一。亚马逊会按照去除折扣价格以后的实际成交价来收取佣金。因此，无论是站内转化还是站外引流，无论是推新品还是清库存，使用优惠券和优惠码都是成本可控且容易见效的操作方法。

（1）优惠券

亚马逊优惠券最初是亚马逊自营产品才可以使用的站内营销工具，其使用的条件相对较低，即使 0 评价的新款链接也可以进行设置，我们来看一下具体步骤。

第一，进入卖家中心，点击"广告"并在菜单中选择"Coupons"。

第二，输入想要设置优惠券的 ASIN 并选择展示产品。在这一步，卖家只需要添加子 SKU 的 ASIN，就可以使整个链接成为促销对象。

第三，设置百分比折扣或优惠金额，百分比折扣必须在 5%～80%。由于客单价相对较低，服装类目的卖家一般可以将优惠券设置为 10% off 或 2 美元。对于 15～25 美元的产品，直接显示优惠金额的展示效果更佳（见图 5-24）。

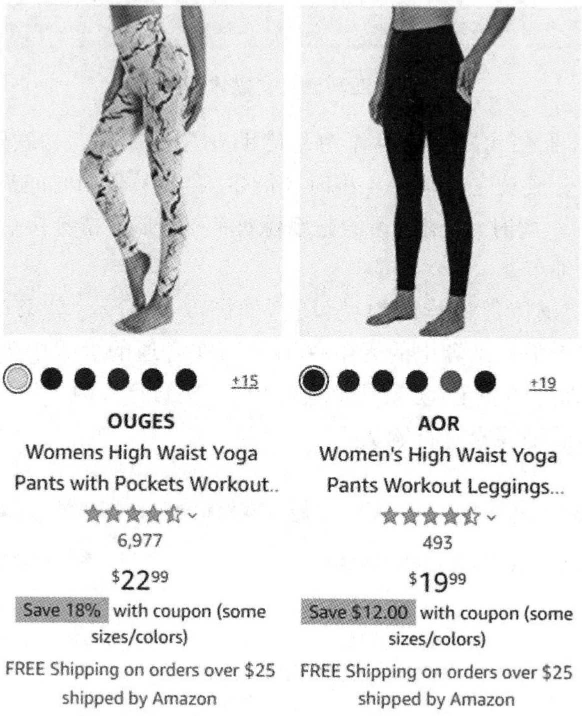

图 5-24 亚马逊优惠券前台展示区别

第四，设定优惠券的最大预算，其计算公式如下：

$$优惠券预算＝（折扣金额×兑换次数）＋（兑换费×兑换次数）$$

举例来说，如果为一款 20 美元的上衣提供 10% 的折扣，那么折扣金额就是 2 美元，而兑换费是每单 0.6 美元。如果卖家希望本次促销出单量不超过 100 件，那么优惠券预算就可以设置为 260 美元。此外，亚马逊还会在预算达到 80% 时自动将优惠券下线。

第五，设置标题和促销日期。每出售一件商品，这个最高预算将从优惠券金额和 0.6 美元的优惠券推荐费中扣除。如果最大预算达到 0，那么优惠券将自动失效，默认的最小值为100美元,预算有限的卖家可以保持不变。优惠券的标题更加简短,因此卖家需要将产品名称进行缩减,只写出核心的关键词即可,不建议将品牌名进行曝光。

第六,设置优惠券持续时间,时间为1天～3个月。在实际操作过程中,卖家一般会设置为2～4周,新款的优惠时间可以稍微延长,因为流量较低,需要更久的曝光才能产生订单,而老款可以缩减优惠时间,设置多频次、短周期及不同程度的折扣,卖家通过分析后期的转化数据可以掌握合适的折扣价格,提高转换率和收益。

完成上述步骤以后,卖家需要对优惠券内容进行修改,必须在优惠开始前2天完成。优惠券生效以后,卖家只能修改投放的有效期和预算,无法对展示的文字和图片等进行修改。

亚马逊优惠券

(2)优惠码

优惠码是指卖家在后台创建促销折扣中所生成的一串编码,它的使用方式更灵活,除了设置促销折扣,卖家还可以选择促销条件、折扣商品的种类,以及结算页面的显示内容。优惠码是买家能够享受订单折扣的关键,买家必须在结账时输入优惠码才能享受到促销优惠。

创建促销时,您需要指定是否要求买家输入优惠码。如果您要求买家输入优惠码,则可以将促销限制为每位买家只能兑现一项优惠。您还可以允许买家输入多个优惠码以便节省更多费用。

在一般情况下:

①如果促销不要求输入优惠码,则该促销将组合所有不要求优惠码的促销。

②如果促销要求输入优惠码,则该促销将组合所有不要求优惠码的促销和一些或全部要求优惠码的促销。

对于混合多个优惠码的情况,根据创建优惠码规则的方式,买家可以混合使用可用的优惠码来获得更高的折扣,如表5-1所示。当允许对同一商品使用多个优惠码时要小心,因为可能发生意外的金额扣减。

表5-1 混合促销

混合促销类型	混合促销逻辑	示例
特惠	• 混合所有无限制优惠码 • 混合所有不要求优惠码的促销 • 如果有多个"特惠"优惠码,则将应用优惠度最大的促销	开展一个"特惠"促销(如鞋子10%折扣)和一个"无限制"促销(如帽子20%折扣) 一位买家购买了一顶帽子和一双鞋子。总折扣金额应为鞋子价格的10%+帽子价格的20% 或者开展两个"特惠"促销: • 鞋子10%折扣 • 帽子20%折扣 一位买家购买了一顶帽子和一双鞋,得到两个折扣中较高的折扣(20%)

续表

混合促销类型	混合促销逻辑	示例
无限制	• 混合所有无限制优惠码 • 混合一个特惠优惠码 • 混合所有不要求优惠码的促销	您开展三个"无限制"促销： • 金额满 20 美元的订单免费配送 • 冬装 10% 折扣 • 买一顶帽子，送一条围巾 一位买家购买了一顶帽子和一件大衣，总共 100 美元，大衣获得 10% 的折扣优惠，此外还获得一条免费的围巾且享受免费配送

　　无论是使用优惠券还是优惠码都可以在短期内提升 Listing 的流量和转化率，卖家可以在其他运营手段起效较慢时使用它们，可这并不能从根本上解决问题。当产品或运营出现严重问题需要及时止损时，促销反而会掩盖问题。因此，在日常运营过程中，卖家不能过分依赖促销手段。

(二)秒杀活动

　　秒杀是一种限时促销方式，参与秒杀的商品会在亚马逊的 Today's Deals 页面进行特别展示。对品牌卖家而言，秒杀还可以提升品牌认知度，抢占竞品市场。站内促销可以提高转化率，提升销量和排名，不同的促销是有区别的。如果我们把优惠券等促销手段比作自行车，那么各类秒杀活动就是高铁(见图 5-25)。除了带来海量的曝光和流量外，秒杀在旺季来临前还可以帮助卖家抢占坑位，带来更高的销量和利润。

图 5-25　秒杀与亚马逊前台促销对比

　　在前台的关键词搜索页，红底白字的秒杀展示效果也比绿底黑字的优惠券展示效果要好。卖家在秒杀过程中配合广告，可以进一步抢占流量坑位，提升后期的销量。

在前台,亚马逊对 Deals 的分类有页面上方的七类和左侧的四类,先来看一下上方的七类,如图 5-26 所示。

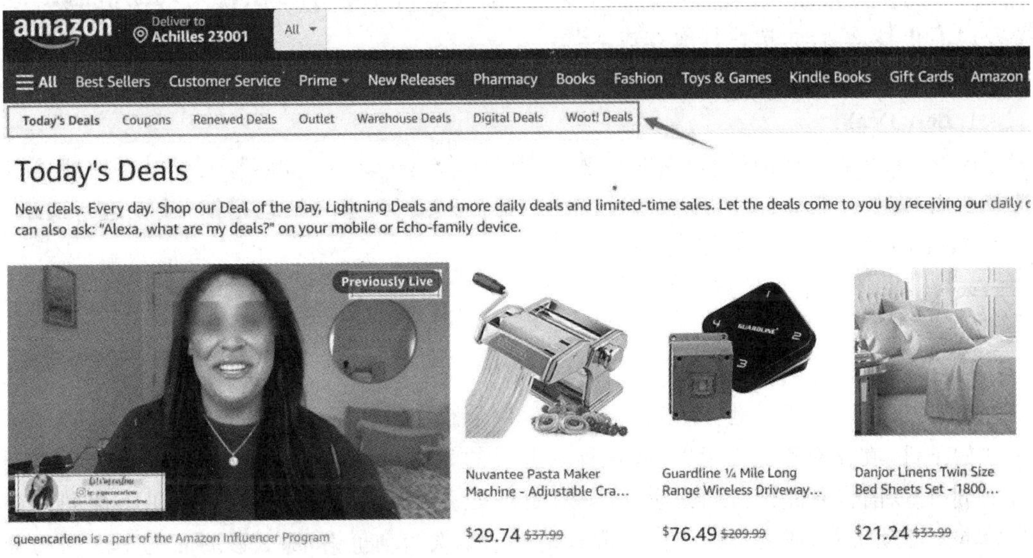

图 5-26　Deals 的分类 1

(1)Today's Deals(今日促销),主要展示每日精选的特价商品;

(2)Coupons(优惠券),主要展示有优惠券的商品;

(3)Renewed Deals(官方翻新折扣),主要销售经过专业检查和测试的二手电子商品;

(4)Outlet(奥特莱斯折扣),主要销售亚马逊库存中积压的冗余产品;

(5)Warehouse Deals(仓库折扣),主要销售买家退货的被开箱产品;

(6)Digital Deals(数码产品折扣),主要销售亚马逊自营的视频、音乐、电子书等;

(7)Woot! Deals 是亚马逊旗下的 Deals 网站,主要展示来自该网站的商品。

再看一下页面左侧的三类,如图 5-27 所示。

图 5-27　Deals 的分类 2

卖家可以参加报名的亚马逊秒杀活动主要有四类:Best Deal、Lightning Deal、Deal of the Day 和 Outlet Deals。需要秒杀的产品不同,采取的策略也会不同。对于新品,秒杀是为了冲排名和销量并累积 Review 的数量;对于热销款,秒杀可以抢占关键词排名位置;而对于滞销款,秒杀则可以快速清理库存。需要注意的是,并不是所有产品都适合秒杀。首先,产品本身必须优化到位,图片、五点描述、A＋页面、Q&A 和 Review 等都要补齐,保证链接没有短板；其次，看市场竞争情况，如果卖家发现出售类似款式的大卖家也在做秒杀活动，就需要考虑避开对方投放的时间段；最后，一定要提前设置目标，如果卖家发现在秒杀之后无法达到预期目标，就要及时停止秒杀活动，选择其他方式运营。

亚马逊促秒杀

下面分别介绍下卖家可以申报的四种站内 Deals。

1. Best Deal

Best Deal（亚马逊周秒杀）在亚马逊界面显示"Savings & Sales"，上线以后一般可以持续 2 周，需要向招商经理申请，通过"中国初审→美国初审→活动排期"才能进行展示。参加 Best Deal 的卖家，需要满足以下条件：

第一，Review 评价至少在 3 星以上；

第二，需要≥75%的子变体参与活动；

第三，产品售价是过去 30 天内最低售价的 85%或更低。

卖家申请以后，亚马逊会对卖家的产品和店铺进行审查，确定其是否符合参加 Best Deal 的条件，在完成审查以后，会确定秒杀上线的时间。卖家至少要在 Best Deal 活动开始 24 小时以前将商品价格调为活动价格，如果卖家到了活动开始的时间还未将商品价格调为本次活动价格，或者将商品价格调整得低于本次活动价格，那么该商品的本次活动资格将被系统自动取消。

2. Lightning Deal

Lightning Deal 一般展示时间为 4～6 小时，按父商品 ASIN 收费每个 150 美元，在"黑色星期五"和 Prime Day 之前的 Lightning Deal 收费更高。因为 Lightning Deal 的时间窗口较短，所以卖家最好在店铺及产品热销时间段内进行投放，否则效果会"打折扣"。

卖家可以在店铺后台中选择需推荐的商品报名参加秒杀活动，也可以通过招商经理的渠道进行申请。Lightning Deal 与 Best Deal 的报名条件相似，但要求稍高，主要表现为以下两点：

第一，Feedback 评价至少在 3.5 星以上；

第二，产品售价是过去 30 天内最低售价的 80%或更低。

Lightning Deal 在后台就可以操作，因此也属于站内 Deals 中最容易设置的一种。

Lightning Deal 可以像优惠券一样选择展示主图，也可以调整每个子商品 ASIN 参加活动的数量。在活动开始以后，亚马逊会自动调价，不需要卖家手动调整。

3. Deal of the Day

Deal of the Day 每天只有 2～4 个广告位，遇到假期位置可能会增加，展示时间为 24 小时。Deal of the Day 展示位置在 Today's Deals 的最前排，移动端的展示位置也非常明显。由于位置稀缺，申请难度也相对较大，一般通过招商经理的渠道进行申请。

Deal of the Day 的报名条件也比 Best Deal 与 Lightning Deal 要高，只有同时符合以下四点才有机会被选中。

第一，Review 数量至少有 20 个，并且评分要在 4 星以上；

第二，产品售价是过去 60 天内最低售价的 80%或更低；

第三，打完折扣后的价格等于或低于过去 365 天的最低价格；

第四，打完折扣后的总价值（折扣价×数量）为 100000～200000 美元。

针对 Deal of the Day 的折扣要求,卖家需要提前准备 FBA 库存。除了对资金的占用,链接或账号出现了问题,产生的风险也是极大的,因此不适合小卖家进行操作。

4. Outlet Deals

Outlet Deals 最长将在 Outlet 页面上展示 3 周,一般来说卖家只有在收到亚马逊的邀请邮件之后,才能提交表格进行申请。目前 Outlet Deals 只适用于滞销的 FBA 产品。

Outlet Deals 要求的折扣也比上述的 Deals 多,需要比过去 30 天内最低购买价格低 30%,特别的是它属于清仓促销,也就是对一些即将下架的商品进行清仓,主要针对库存分数不够的卖家。在收到邮件确认申报成功以后,卖家要按照邮件要求的时间及时调整价格,否则将予以展示。

虽然"降价折扣+优惠券+秒杀"可以保证大部分商品成功卖出,但对亚马逊卖家而言,最终追求的依然是爆款和利润,促销只是为长期目标服务的工具之一。因此,卖家无论采取哪种促销手段,都要提前做好规划,做到心中有数。对于店铺的不同产品,卖家也应该有不同的处理方式,并且准备好后续的解决方案。如果促销效果不好,卖家就应该及时止损,以免清仓效果不佳,损害店铺的整体销售。

【创业示范】

创业任务:商品推广广告的创建。

[Step 1]　通过点击"创建广告活动"按钮,进入广告活动类型选择界面,点击"商品推广"。

[Step 2]　选择商品推广后,即可进入商品广告活动内容的创建界面。根据运营需要可以在其中填写广告活动名称、广告组合、广告时间、每日预算以及定位等内容。

[Step 3]　根据运营需要选择合适的广告活动竞价策略。

[Step 4]　添加推广关键词,设置关键词的匹配类型,还可以添加一些否定关键词。

[Step 5]　点击"启动广告活动",完成创建。

任务 2　站外引流

【创业知识】

一、YouTube 推广

YouTube 每个月有超过 30 亿次的搜索量,几乎 1/3 的欧美互联网用户每天都会访问 YouTube,这占了世界总人口的 14%。从亚马逊社交流量的数据占比来看,通过 YouTube 引流到亚马逊的流量占了社交总流量的 57.72%(见图 5-28)。可见,如果能有效利用 YouTube 视频网站,将产生很好的引流效果。

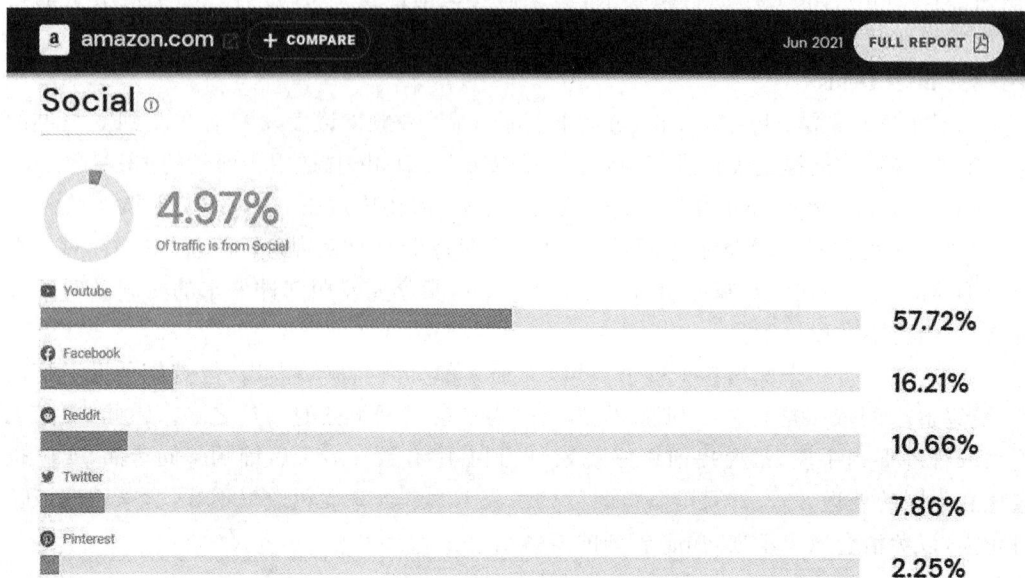

图 5-28　YouTube 流量在社交流量中的占比

（一）YouTube 平台的特点

1. YouTube 平台权重高且推广效果持久

YouTube 视频在 Google 中的权重很高，用户在利用 Google 进行相关问题的检索时，高权重的 YouTube 视频经常会排在搜索结果的第一位。对于想做品牌的卖家来说，通过发布大量的、不间断的 YouTube 产品视频，可以给自己带来稳定持久的流量。

2. YouTube 具备社交和搜索属性

在信息缺乏的时候，用户需要用搜索工具去寻找信息；在信息过载的时候，用户需要用社交工具去筛选信息。这个是互联网用户行为的普遍特点。一些决策成本比较高的产品，一些用户在购买之前会喜欢去 YouTube 上先看下测评，这就是 YouTube 的搜索属性；一些用户在逛 YouTube 的时候，发现好玩或者有价值的视频，就会通过社交工具分享给好友。

3. YouTube 具备可视化和口碑化

很多做 3C 产品尤其是智能硬件的卖家，都喜欢做 YouTube 测评，因为可视化强。科技类产品单纯通过图片表现是比较干巴巴的，通过 YouTube 视频可以非常直观地展示各种性能，所以 YouTube 视频基本上是展示各大 3C 产品的标配渠道。另外，通过 YouTube 视频也可以慢慢积累自身品牌的粉丝，形成良好的口碑。

（二）创建 YouTube 频道的方法

YouTube 可以用谷歌账号直接登录，即有 Gmail 邮箱账号就可以登录，登录 YouTube 首页，点击"sign in"。接着会跳转到登录页面，输入谷歌账号即可，图 5-29 就是登录以后的页面。

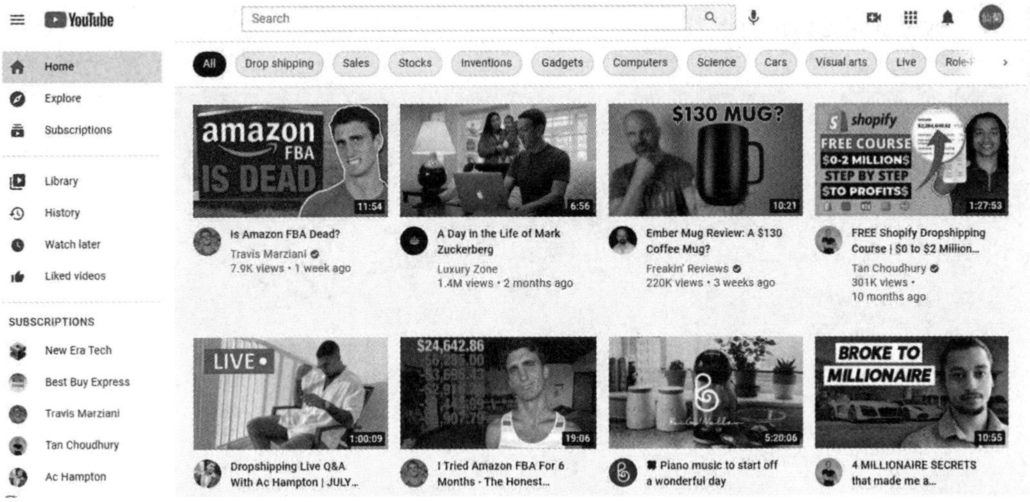

图 5-29 登录 YouTube 页面

登录完成之后,点击自己的头像,接下来点击"Create a Channel"来创建 YouTube 频道,如图 5-30 所示。

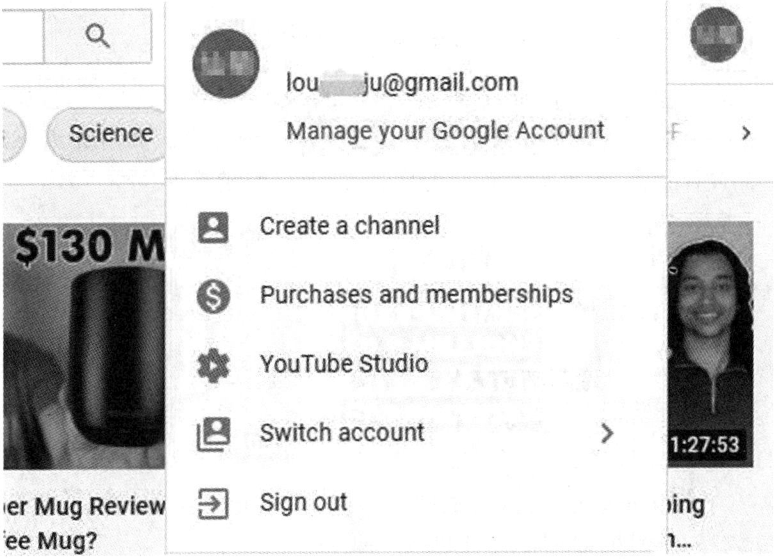

图 5-30 创建 YouTube 频道

首先需要设置频道名称,命名最好以产品品牌名为主。设置好名称后需要上传头像 Logo,头像最好是品牌 Logo。设置好之后点击"Create Channel",频道就创建好了,如图 5-31 所示。

How you'll appear

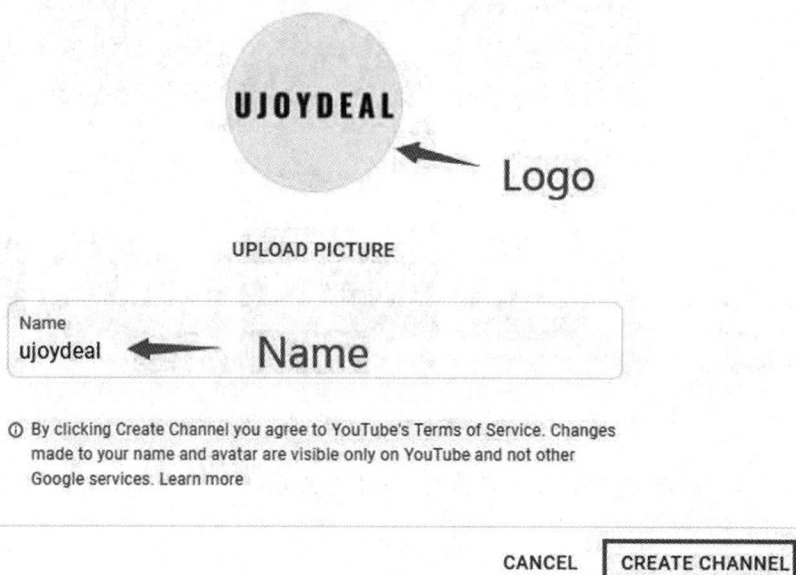

图 5-31　设置 Channel 名称和 Logo

接下来点击"Customize Channel"对频道 Banner 和频道介绍进行设置，如图 5-32～图 5-34 所示。频道 Banner 可以展示最近活动或者展示品牌理念。频道介绍可以填写公司品牌故事、产品设计背景、频道会发布的内容、产品取得的成就等。

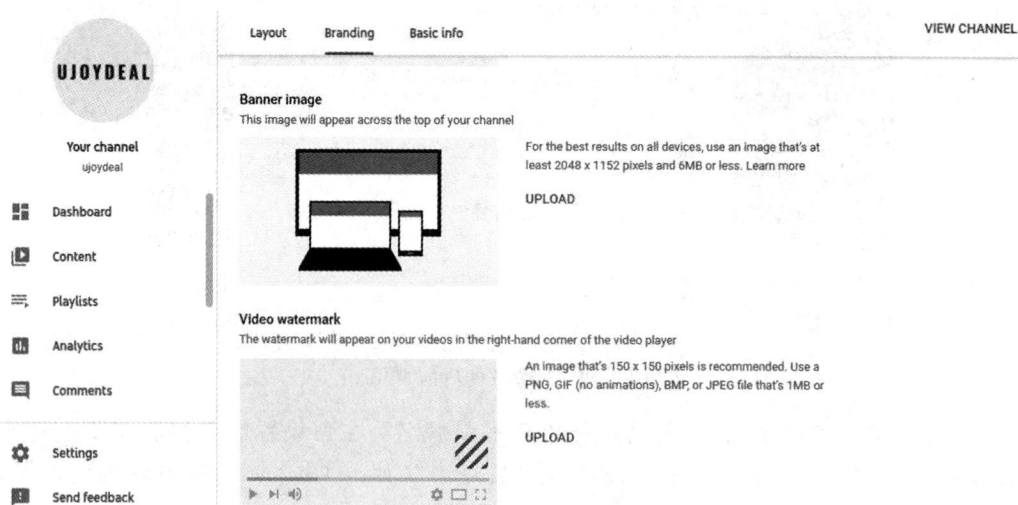

图 5-32　频道 Banner 设置

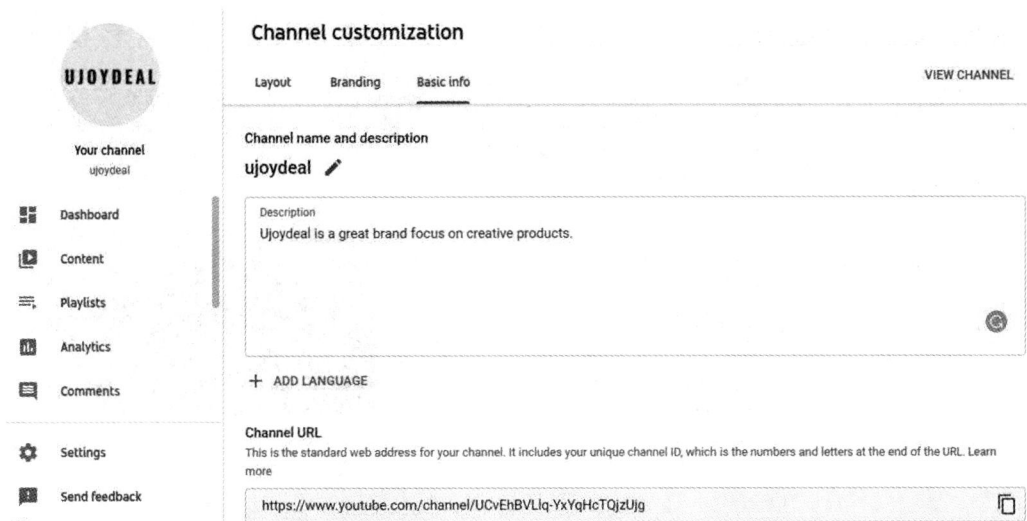

图 5-33 频道介绍设置

(三)上传视频及 SEO 获取流量

频道设置完成以后,就可以点击"Upload Video"来上传视频了,如图 5-34 所示。

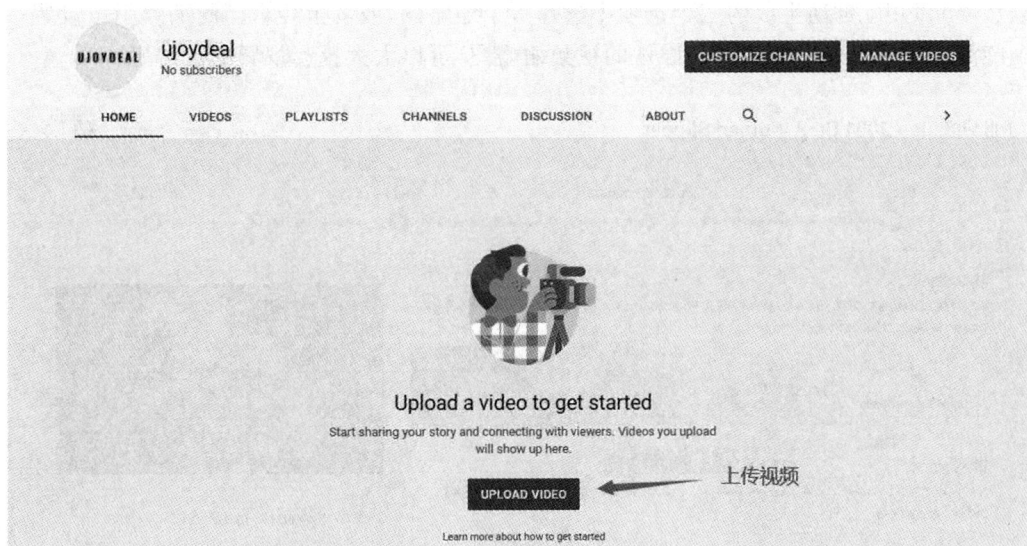

图 5-34 YouTube 视频上传

YouTube 视频上传过程中最重要的要设置好标题、描述和视频缩略图,如图 5-35 和图 5-36 所示。一个吸引人的标题可以帮助卖家更好地吸引观看。创建视频标题时,最好包含观看者在寻找类似视频时可能使用的关键字。同时,使用关键字编写描述可以帮助观看者更轻松地通过搜索找到发布的视频。在视频描述的开头尽量放些视频相关的关键词,描述的内容里也应尽可能地多添加一些相关的关键词,这样可以提高视频的关键词搜索排名。

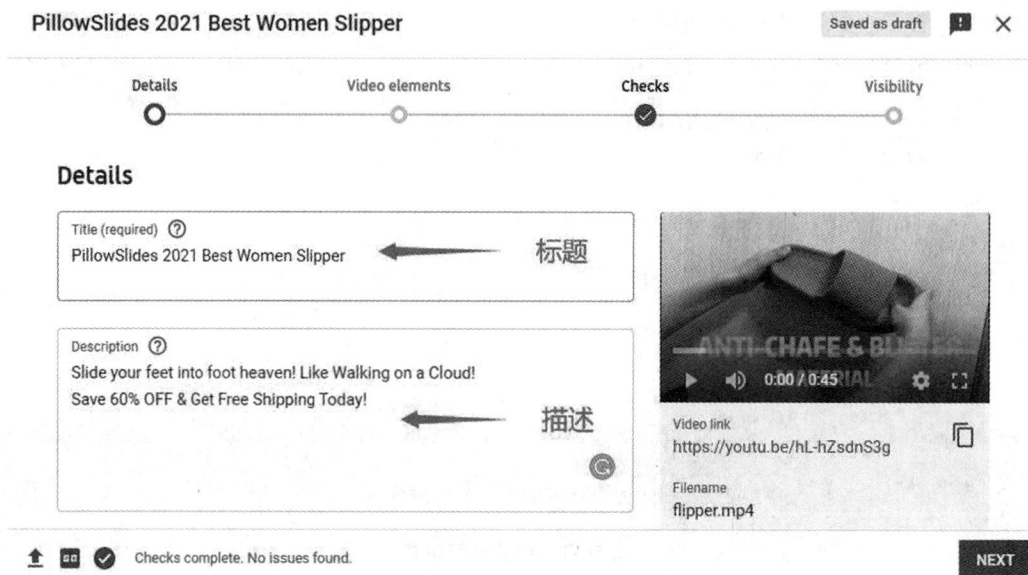

图 5-35　设置 YouTube 视频的标题和描述

　　视频缩略图可让观看者在浏览 YouTube 时快速查看您的视频。视频上传完成后，可以从 YouTube 自动生成的三个选项中选择一个缩略图，或者上传自己的缩略图。设置一个能激发观看者好奇心并吸引眼球的视频缩略图，可以大大提高视频的点击率。

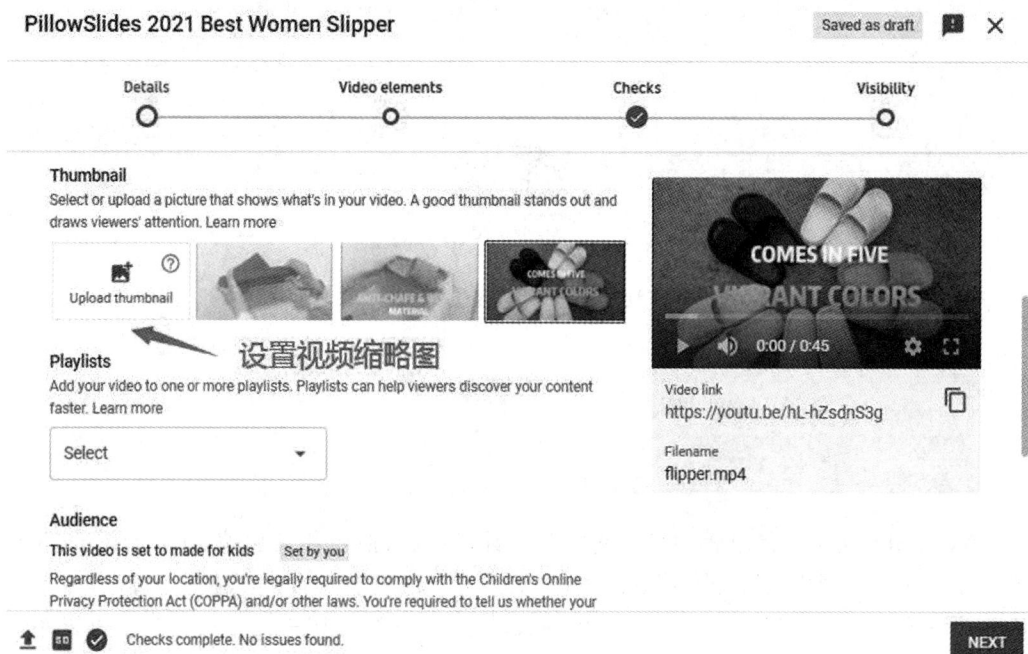

图 5-36　设置 YouTube 视频缩略图

这些设置好以后,点击"Publish"就完成发布了,如图 5-37 所示。视频发布可以选择立即公开发布,也可以设置定时发布。

图 5-37　YouTube 视频发布

二、Facebook 推广

Facebook 作为全球最大社交网络,拥有着几十亿的用户量。Facebook 平台上有着无数的潜在客户,Facebook 已经成为亚马逊卖家们获取流量不可或缺的营销工具。从图 5-28 中也可以看出通过 Facebook 引流到亚马逊的流量占了社交总流量的 16.21%,是排名第二的社交流量来源。

(一)注册 Facebook 个人账户

首先卖家需要有 Facebook 个人账户。Facebook 的个人账户都要进行实名认证,所以要使用真实的身份进行注册。在注册好 Facebook 的个人账户之后,不要马上进行广告推广。你需要"养号",千万不要小看"养号",很多新卖家因为不重视"养号",所以还没有到推广阶段,个人账户就被封了。对于第一次使用 Facebook 个人账户的卖家来说,建议按以下方法"养号"。

(1)在注册 Facebook 账户后,尽快完善个人基本信息、头像、简介等,头像必须能看清五官,便于照片验证。

(2)在注册第一天,不要创建公共主页、添加好友,更不要急于投放广告。

(3)从注册账户之后的第二天开始,可以添加少量好友。第一批好友最好来自手机通讯录或者系统推荐的可能认识的卖家,尽量避免每天都添加好友。

(4)对于新账户来说,不要在添加陌生人后与其无任何互动,也不要频繁地添加陌生人(按照系统规定,每周不要超过 5 个)为好友。

(5)保持每天登录 1～3 次,搜索、阅读、参与互动,每次 10～30 分钟,可以玩平台上的小游戏。

(6)在个人账户创建后,需要每天固定用同一部手机或同一台电脑、同一个稳定的 IP 地址登录,在登录 2 周后如果没有出现问题,那么可以创建 Facebook 公共主页。

(二)创建 Facebook 主页

个人账户注册成功之后,页面会以登录状态自动跳到 Facebook 的首页,此时选择左侧的"Pages"下面的"Create Page"创建主页。根据自己的实际情况选择适合自己的主页类型,并选择好类别,填写好名称。

一个账户可以创建多个主页,在主页中可以展现企业或个人的个性,让用户可以分享自己的信息并参与互动。最重要的是,可以展示自己的产品和服务,传递企业和产品信息、传播企业文化和品牌,从而与用户和顾客建立更密切的联系。

为了更有效地传达信息,吸引粉丝,在创建主页的时候,需要认真地对主页进行设置,尤其是受众的选择。Facebook 提供了通过地区、年龄、性别、兴趣等属性来判断受众的方法,卖家可以利用它尽可能地将自己的主页向更多目标受众进行展示。

(三)Facebook 主页的推广方法

所谓"巧妇难为无米之炊",没有粉丝就没有宣传对象,因此,主页管理最重要的就是提供优质的内容,同时需要更活跃的互动。这样才能吸引粉丝,也才有推广的基础。所谓优质的内容,并不一定是指分享的内容要是"干货",只要能让目标客户觉得有用就可以,哪怕是很好玩的东西或话题,如有趣的视频甚至是漂亮的图片都可以。

总之,主页不要没完没了地发产品的广告。但是也不能完全不提产品,否则就违背了初衷。最好的办法是将产品和服务巧妙地嵌入到优质的内容里面去,让客户不仅不厌烦,还会开心地购买。

Facebook 主页的推广主要可以利用 Facebook 群组功能和 Facebook 广告。

1. 利用 Facebook 群组功能

截至 2020 年,Facebook 的月访问用户达到了 25 亿,官方表示每个月已有超过 18 亿人使用 Facebook 群组。卖家可以通过分享优质的帖子到群组中,即用户引流到自己的店铺。

至于 Facebook 群组,有两种可以选择:①建立属于自己的群组,慢慢地构建自己的用户池;②加入一个相关度和参与度较高的群组,参与群组讨论和活动。

2. 使用 Facebook 广告

Facebook 广告是 Facebook 上最强大的推广形式之一,依靠 Facebook 广告可获得成千上万的流量。通过每天花费一定的美元预算来投放 Facebook 广告,并且持续不断地优化广告,那么 Facebook 主页可能每个月都会有几十万的人群覆盖,能够获得良好的推广效果。当然,要达到这一点需要花费时间和练习。

三、折扣网站推广

亚马逊卖家做站外引流推广的渠道很多,除了 Facebook、Twitter、YouTube、Google 等,专业的折扣网站也是不错的选择。折扣网站发布的信息,基本都是关于产品促销的,很多国外的购物者会定期登录浏览这些折扣网站,看看有没有自己喜欢的产品在打折。

(一)做折扣网站需要考虑的几个方面

(1)产品评估。并不是每个类别的产品都适合做促销、都适合用折扣网站来做引流,所以卖家必须对产品有充分的把握和认识,再判断能不能做促销、要不要做促销。

(2)做哪些网站的促销。折扣网站的类型和方向是不一样的,受众群体和常用人群也是有差异的,有的科技类居多,有的服装类是主流,有的只做母婴产品等。虽然每个折扣网站在短期内都会给产品带来比较多的流量,但是否选择了合适的渠道,决定了转化率和销售额。

(3)深入了解网站规则。每个国家(地区)都有很多本土的促销折扣网,即便是同一个国家(地区)的促销折扣网在政策和流程上也是有差异的。所以中国卖家一定要在了解其规则的基础上进行营销,不要进行违规操作,否则被封了账户和 IP 地址就得不偿失了。

(4)要耐得住寂寞。做好折扣网站绝不是一朝一夕的事,需要的是耐心和细心,想获得稳定的收益可能历时较长,工作内容也较烦琐。开发出一批优质的"红人"或网站资源,至少需要几个月的时间,不要想着一个月的时间就能在多个折扣网站上做得风生水起,或是拥有大量磨合程度非常好的"红人"资源,这是不切实际的。这些资源都需要积累。

(二)折扣网站举例:Slickdeals

1. Slickdeals 概述

目前为止,美国流量最大、忠实用户最多的折扣网站是 Slickdeals(https://www.slickdeals.net),它的特点是允许社区成员发布自己所找到的好的促销信息,再通过其他成员的投票结果判定这条信息的好坏,优质的促销信息将有机会得到更多的曝光。比如图 5-38 中的这条促销信息,就得到了 110 个大拇指、258 条评论。

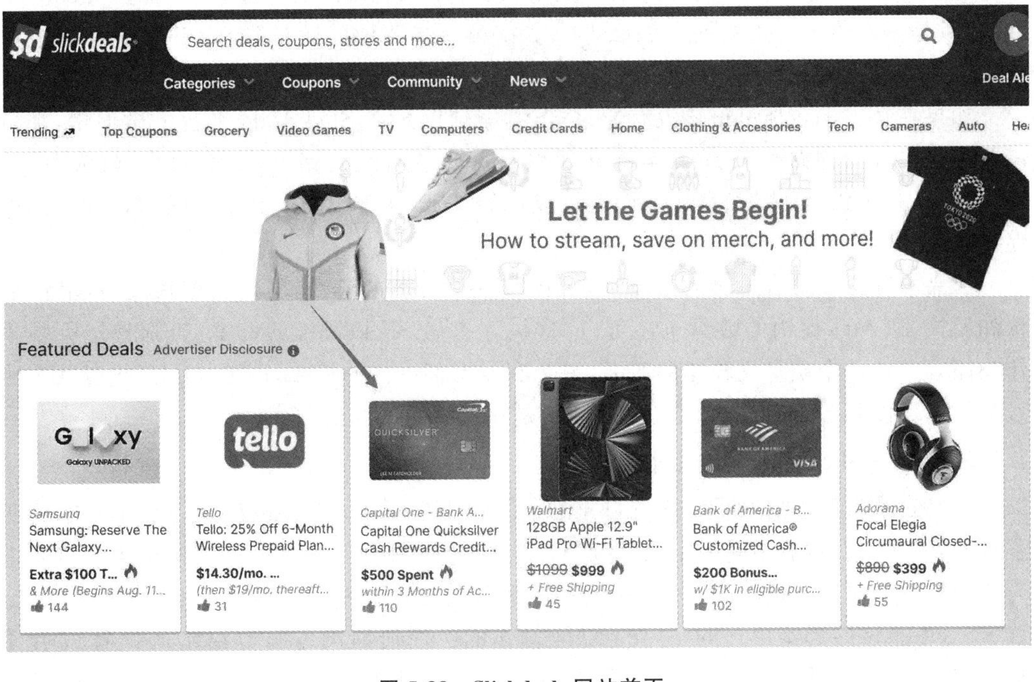

图 5-38　Slickdeals 网站首页

Slickdeals 具有较为强大的技术实力,后台算法也相当严密,对于想在上面发布亚马逊产品的用户还出台了两条硬性规定:一个是亚马逊店铺必须拥有超过 1000 条 Feedback,另一个则是所推广或发布的产品必须拥有超过 50 条 Review。Slickdeals 对促销信息的发布管控严格,禁止卖家自注册账号或者联系其他论坛"红人"发布促销信息。商家想要发布商品的促销信息,必须联系官方的工作人员,资质审核通过后,Slickdeals 会交给自己的编辑团队进行发布。

即便是商品促销信息发布了,商家也不能自行评论和点赞,官方认为这不是真实的用户行为,是商家的自我营销,这样做的后果是立刻被封账户和 IP,甚至被封品牌。而针对一些经常给商家发布促销内容的"红人",Slickdeals 也加大了审核力度,因为有些"红人"是拿了报酬去做广告的,促销的产品性价比并不高。

2. Slickdeals 平台的官方逻辑

既不能自吹自擂地发帖,官方的审核又严格,找"红人"营销同样有风险,那么亚马逊上的卖家究竟该怎么办呢?其实在回答这个问题之前,我们需要知道 Slickdeals 平台的官方逻辑是怎样的。

Slickdeals 平台的逻辑是允许用户无私分享产品链接。假设卖家有一款好的产品,比如移动电源,这款移动电源已经被很多购买者深深喜爱上了,并且在同等质量的移动电源里,它是最具性价比的,即拥有绝对的质量优势和价格优势。购买者在众多同类产品中将卖家的这款产品"揪"了出来,出于无私分享的心态,将它发到论坛上与其他用户共享。而卖家给自己发帖,或者"红人"拿了卖家的报酬发帖,都不属于无私分享,所以才会被禁止。

那么问题又来了,如果卖家的产品确实好,促销力度也非常大,但是在这些购买者中没有无私的用户,或者没被无私的用户发现,或者无私的用户发现了但不知道 Slickdeals 网站,只是推荐给了身边的朋友怎么办?卖家第一步要做的就是联系 Slickdeals 官方的工作人员,看看能否与官方平台进行合作,通过官方平台发布促销信息。

如果在官方平台那里审核没有通过,但卖家依旧想在 Slickdeals 平台上做促销,那就需要通过另外三种方法了:要么自己注册账号并且认真运营账号;要么购买"红人"的账号;要么还是去跟"红人"谈合作。而能否成功的基础,在于卖家产品本身的质量和产品的促销力度。

产品本身必须要有足够的市场需求,比较受消费者的喜爱,促销力度很大,产品的评价和反馈都较好,促销的数量也还可以,这样才有做 Slickdeals 的资本,否则肯定会被当作"有私心"。一个质量比较差的产品,一个有没有都一样的折扣,还被"红人"或者某个账号当成宝贝发到 Slickdeals 平台上去,说不是在营销,都没有人会信。

3. 卖家在 Slickdeals 平台上如何营销

其实卖家自己注册账号去推荐自家的产品也未尝不可,但不要操之过急,不要刚注册了账号就去发帖,然后用同一个账号频繁评论和点赞,任何平台都会立刻将这个账号判定为营销号。卖家需要把自己当成 Slickdeals 平台的真实用户,融入其生态圈中去。

Slickdeals 的真实用户的正常行为是怎样的?注册后浏览官方给出的推荐或者搜索特定关键词,看看有没有自己需要的产品,再看看其他人的评论,自己也留下评论,或者给别人的评论点下"赞"或点下"踩",接着有可能就将产品买下,或者继续浏览其他的产品。

(三)其他主要折扣网站一览

下面我们盘点几个国家的主要折扣网站。

1. 美国:Woot(https://www.woot.com)

Woot 是亚马逊旗下的知名团购网站,在被亚马逊收购后仍保持着独立运营,口碑和流量都还不错。在 Woot 上,一般商品比较便宜,而且经常有低折扣的好产品出现,有兴趣的卖家可以尝试一下。

2. 英国:Hotukdeals(https://www.hotukdeals.com)

这是一个带有论坛性质的折扣网站,拥有 30 多万的用户,这些用户也会将自己发现的产品折扣信息发布出来与其他用户分享,因此也是亚马逊卖家一个不错的选择。

3. 法国:Dealabs(https://www.dealabs.com)

这是一个即时更新法国特价产品信息的网站,中国的网站"什么值得买"与其有些类似。

4. 德国:Mydealz(https://www.mydealz.de)

德国人比较喜欢这个网站,它每天都会发布大量的折扣信息,基本上从日常的衣食住行到娱乐活动都有,而且时常会有一些惊人的折扣商品出现,甚至是免费的产品。

5. 加拿大:Redflagdeals(https://www.redflagdeals.com)

该网站除了提供优惠券和一些免费赠品外,还有省钱建议和购物小贴士,深受加拿大一些"购物族"的喜爱。

6. 西班牙:Groupalia(https://es.groupalia.com)

Groupalia 目前的主营市场在西班牙国内,在该网站上,与衣食住行有关的各种折扣产品应有尽有,是西班牙本土的在线折扣网站。

【创业示范】

创业任务:Facebook 主页的创建与 Post 的发布。

1. 创建 Facebook 公共主页

[Step 1] 登录 Facebook 账户,单击右上角的"Menu"按钮,打开 Menu 栏目,如图 5-39 所示。点击"Page"按钮,打开创建 Page 主页。

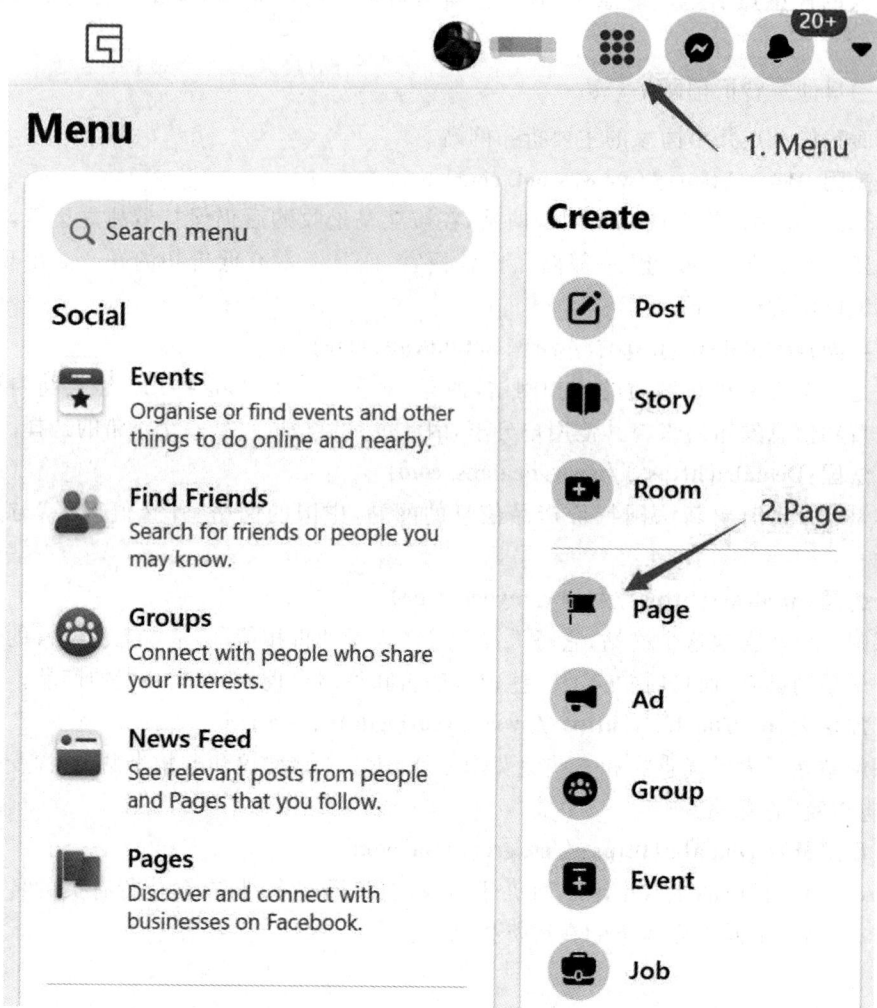

图 5-39 打开 Menu 栏目

〔Step 2〕 下面需要对这个公共主页进行配置,如图 5-40 所示。主页名称和类别这两项是必填的,建议在"主页名称"文本框中填写产品的品牌名称,在"类别"文本框中填写店铺的品类方向,然后单击"Create Page"按钮。这样,就创建了公共主页的页面。

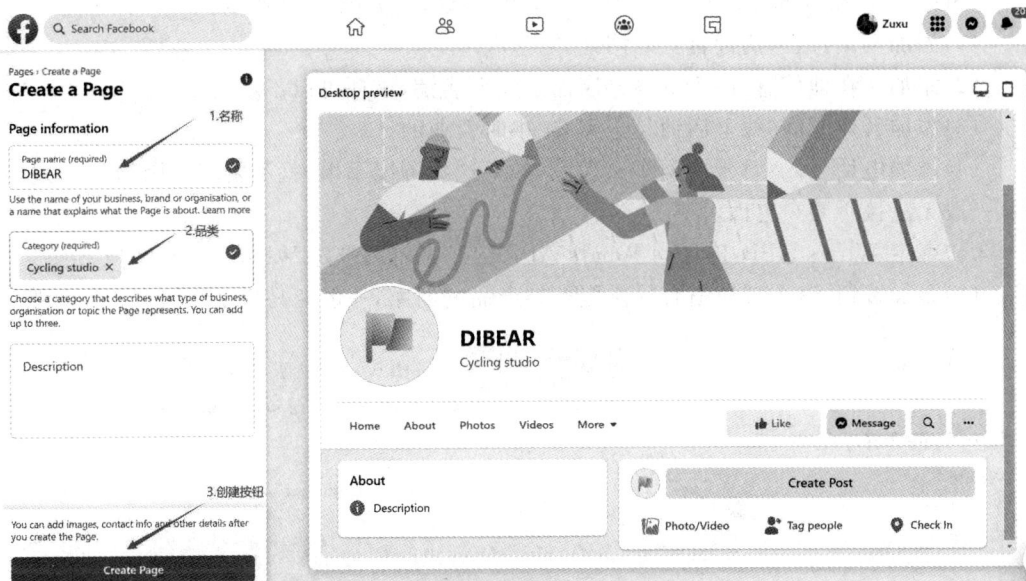

图 5-40　创建 Page 页面

[Step 3]　接下来,需要对 Page 主页的基本形象进行设置,按照要求分别上传对应的图片,如图 5-41 所示。需要提醒的是,头像可以和品牌的 Logo 尽量保持一致,封面照片一般都是主推的产品图片或者和销售的品类强相关的产品图片,在上传后要调整照片显示的效果。Page 的描述内容可以来自店铺中的介绍页面。注意头像的分辨率为 180px×180px,需要使用正方形的图片。

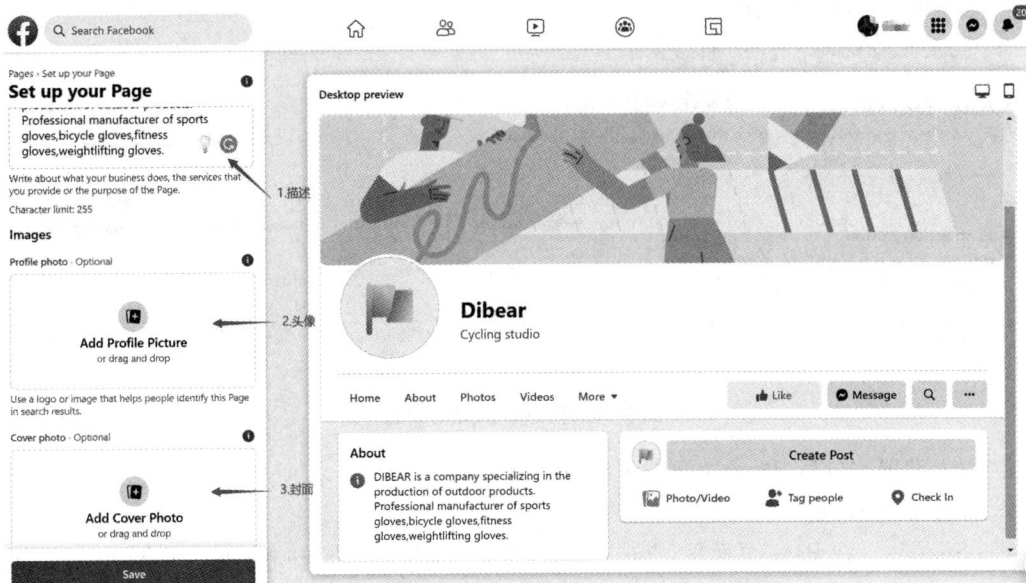

图 5-41　Page 页面设置

[Step 4]　在这部分设置好后,要完善信息和偏好,如图 5-42 所示。

(1)添加网站:放入店铺首页的网址。

(2)添加所在地信息:由于亚马逊店铺是线上店铺,该项可以不填。

(3)添加营业时间:线上店铺是全天 24 小时营业的。

(4)添加电话号码:对于中国卖家来说,如果这项可以不填,就不要填。因为有时差问题,一般无法接听客户电话。

(5)绑定 Whats APP:建议用 Whats APP 的卖家可以绑定 Whats APP 账户。

(6)添加按钮:这个按钮适合提供服务类产品的商家,一般亚马逊卖家可以不用设置。

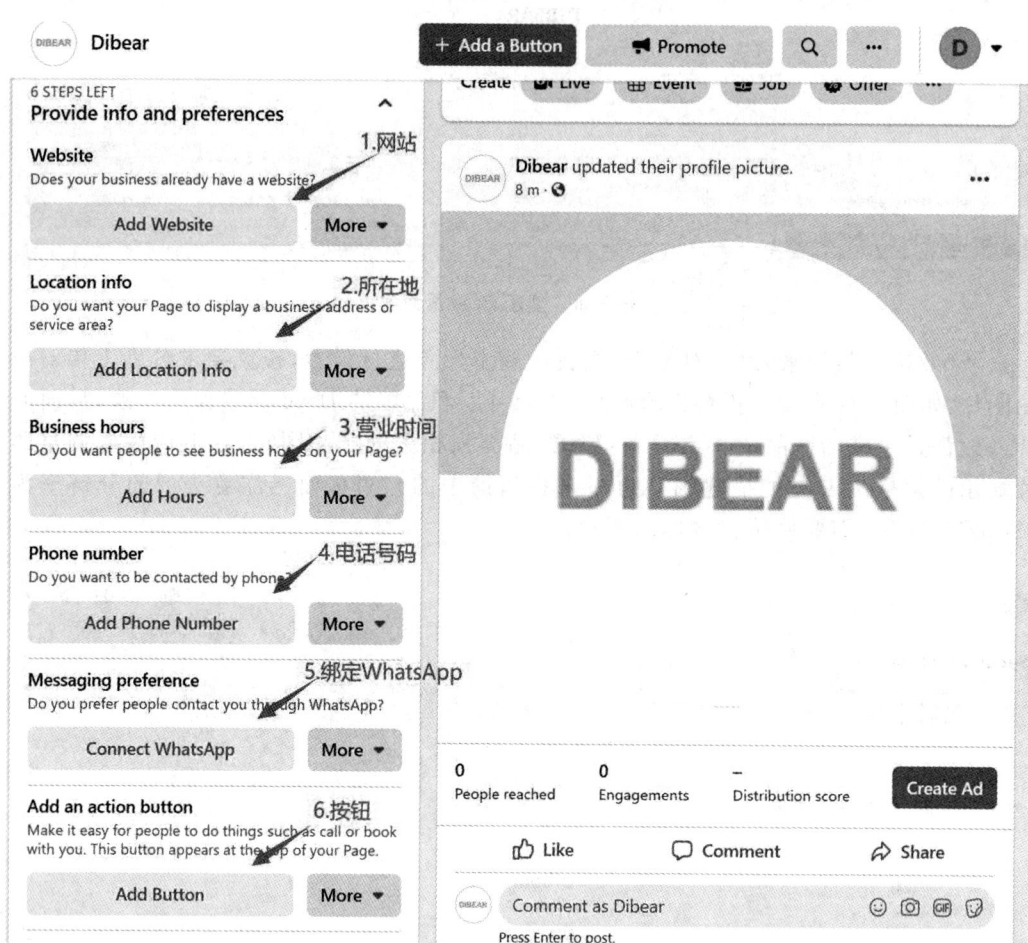

图 5-42　信息和偏好的设置

以上设置完成后,Page 主页的基础设置就完成了。

2. 发布 Post 贴

[Step 5]　在 Page 页面里,点击"Create Post"按钮,如图 5-43 所示。打开 Post 发布页面。Post 发布可以发布图片,也可以发布视频。Post 内容设置完成以后,点击"Post"按钮就完成了 Post 的发布,如图 5-44 所示。

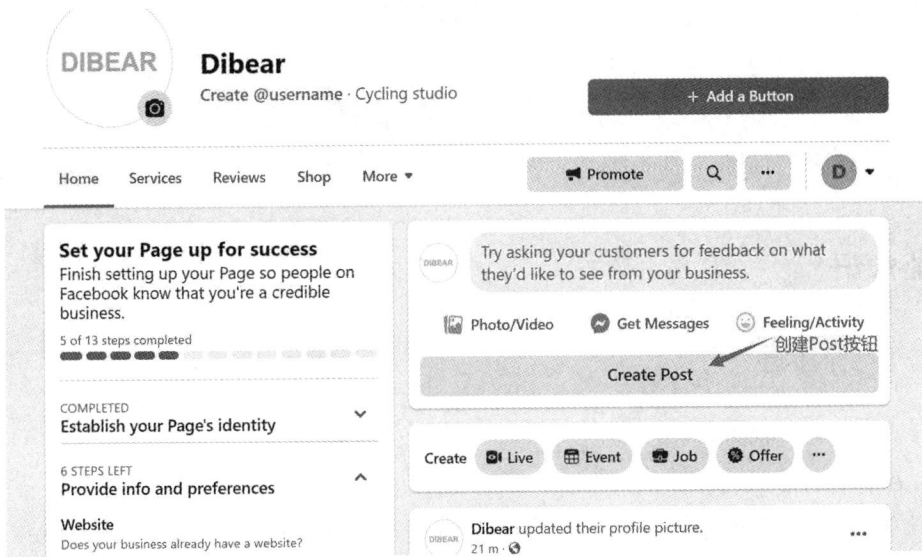

图 5-43 Create Post 按钮

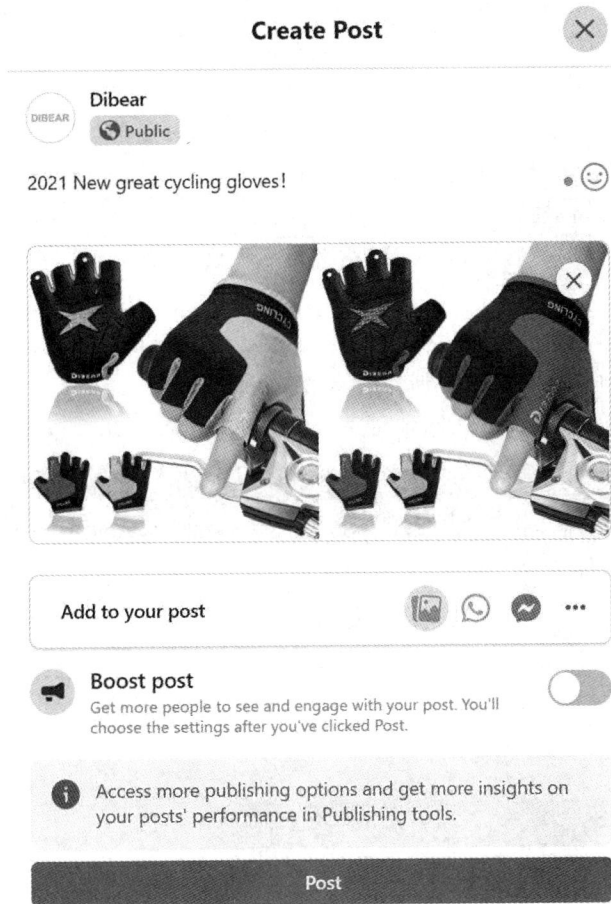

图 5-44 Post 内容发布

任务3 打造品牌

【创业知识】

一、商标注册

(一)商标定名及核名

1. 品牌的特点

(1)地域性。比如,卖家要做美国站,就需要注册美国的品牌;如果要做欧洲站,则需要注册欧洲的品牌,中国的品牌只能在中国使用。

(2)品类性。比如,iPhone 的品牌只涵括电脑、手机等电子产品,没有生产口红、裙子等产品,所以卖家注册品牌时需要提前规划布局,要清晰明白注册品牌的品类,比如说是单个品类还是多个品类。

2. 商标取名

商标取名需要想一个自己喜欢、中意、看得顺眼的商标名称。注意事项有以下三点:

(1)尽量不要和已知、已有的任何商标类似。

(2)简单、易记、易传播。

(3)后期要给自己的品牌赋予一定的意义及品牌故事,此时可以提前做下酝酿。

3. 核名

核名就是核实自己的商标是否可以顺利通过,最基本的就是在美国商标局网站查找是否有相同或类似的商标已经被注册。检索的步骤如下。

(1)官网搜索,美国商标局官网地址为 https://www.uspto.gov/,如图 5-45 所示。

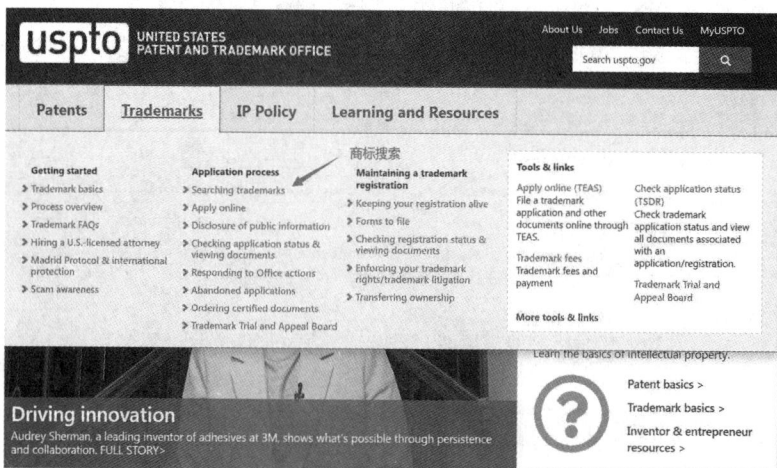

图 5-45 商标搜索

把鼠标放到"Trademarks"上,弹出下拉菜单,点击"Searching Trademarks"。

(2)进入商标查询引导页,点击"Search our trademark database(TESS)",如图 5-46 所示,进入商标电子搜索系统查询页,如图 5-47 所示。

图 5-46　商标查询引导页

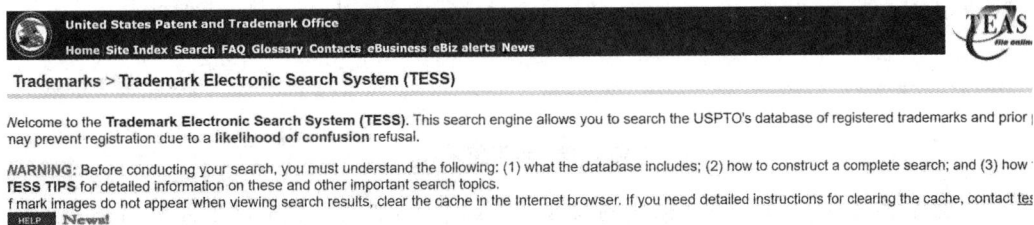

图 5-47　商标电子搜索系统查询页

(3)若只是初步核名,选择第一项"Basic Word Mark Search(New User)"即可。该项是利用文字进行商标检索,比较简单,后两项相对功能强大,可以搜索设计类的商标或者进行多个字段搜索。一般利用第一项进行检索就足够了。点击进去以后,就是具体的查询界面,如图 5-48 所示,在文本框内输入要查询的商标:比如 DDTTYY,点击"Submit Query"即可提交。

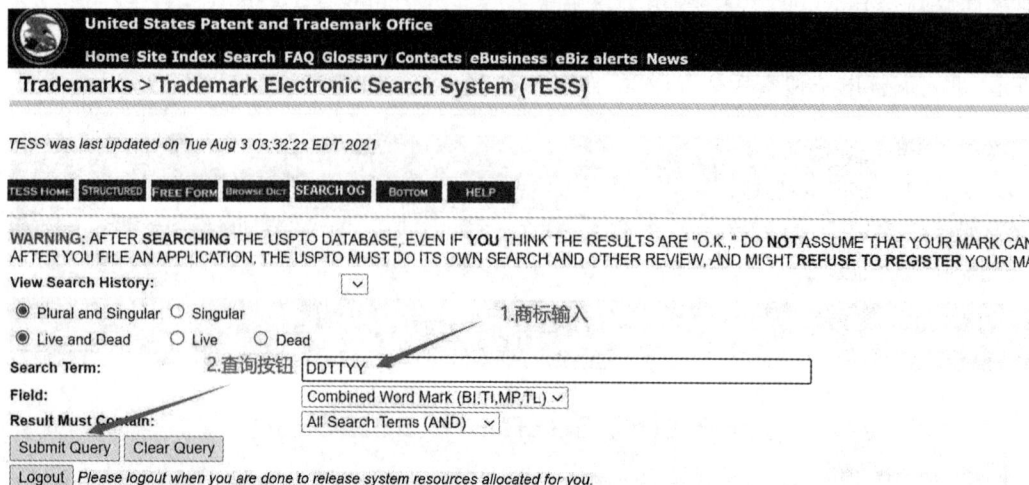

图 5-48　商标查询页

（4）下一步会进入查询结果页面，如图 5-49 所示。

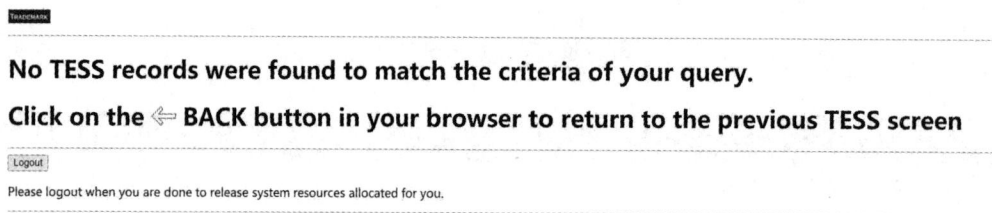

图 5-49　查询结果页

系统提示：没有在 TESS 数据库内发现搜索的结果，也就是表示这个商标名称截至目前没人注册。初步表明可以选择此名称来注册。

安全起见，接下来还需要在亚马逊站内、Google、Baidu 等各个平台上进行搜索，看看所选择的字段有没有人已经使用。如果使用的人比较多，频率也大，建议更换另外的名字；如果使用的人极少，后期注册通过的概率就很大，基本上没什么可担心的了。

（二）注册资料准备

注册美国商标需要准备以下材料：①商标名称或 Logo；②申请人证件扫描件，即个人身份证或者公司营业执照；③商标注册产品类别；④带有商标 Logo 的产品图片和包装图片。

资料准备好之后，一般建议委托专业的商标注册机构来代理注册。

二、品牌备案

(一)品牌备案的优势

在如今这个"品牌化"的时代,亚马逊的卖家为了能在亚马逊平台上长期发展,渐渐意识到品牌的重要性,对品牌注册也重视起来了。亚马逊品牌备案就是品牌化发展的必然选择。亚马逊品牌备案可以帮助卖家新增品牌商品,管理品牌商品,移除亚马逊市场上的假货。

亚马逊品牌注册
和备案

亚马逊品牌备案有以下几个方面的好处:

(1)省去产品上传时所需的 UPC 码。若卖家注册了商标,且在亚马逊内完成品牌备案,就不再需要提供 UPC 码去上传产品了。

(2)可以拥有亚马逊的 A+页面。图文版的产品详情页更能吸引消费者,提升产品转化率。

(3)使用头条搜索广告(Headline Search Ads)功能。头条搜索广告处于高度可见的有利位置,占领首页广告流量入口。使用头条搜索广告能够帮助增加关联流量,提升品牌知名度和产品认知度,加大消费者对品牌的参与度和忠诚度。

(4)锁定链接,防止跟卖。品牌备案后,即掌握了 Listing 的控制大权,一旦有人跟卖,卖家可以向亚马逊投诉,亚马逊会受理并清除跟卖者;还能加入亚马逊透明计划,能有效地赶走跟卖者,减少跟卖给各位卖家带来的损失。

(5)可以申请亚马逊品牌旗舰店。在品牌备案、产品品质和售后服务等支撑下,卖家可以建立旗舰店提升产品的知名度,树立品牌,保护商品,避免行业内的恶性竞争、侵权。

亚马逊品牌备案的好处非常多,对于想要在亚马逊上长期发展的卖家来说,建立和打造属于自己的品牌是不可或缺的。

(二)品牌备案资料准备

亚马逊美国站品牌备案需要准备以下材料:

(1)官网:www.ABCD.com 或者.cn/、.net/、.org 等(要求:官网上要有卖家的联系方式,上传的 Listing 上面要有品牌 Logo,要显示产品的卖价,要带购物车,品牌的前后尽量不加任何东西,一定要是英文的网站,网站可以是购买型的也可以是展示型的)。

(2)产品图片和包装图片(Logo 要丝印在产品和包装上)。

(3)有美国商标,使用 R 标做品牌备案的成功率更高。

准备好以上资料后,就可以在亚马逊后台进行品牌备案的申请了。

【创业示范】

创业任务:亚马逊品牌备案的操作步骤。

[Step 1] 准备好品牌备案的资料,打开品牌备案申请链接 https://brandregistry.amazon.com/home,如图 5-50 所示。

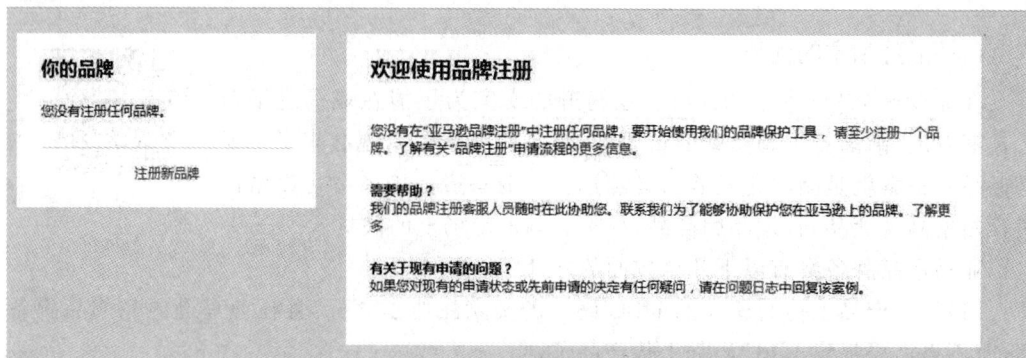

图 5-50　品牌备案申请页

［Step 2］　点击"注册新品牌"，打开注册品牌页面，点击"注册您的品牌"，如图 5-51 所示。

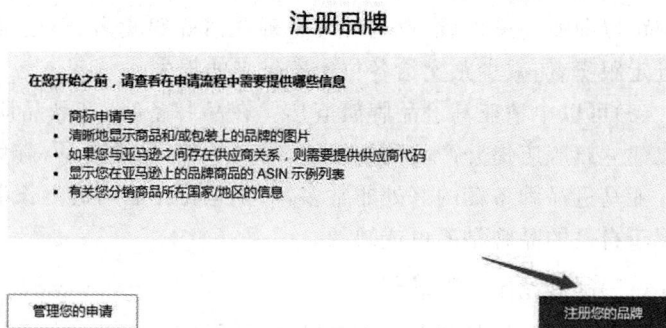

图 5-51　注册品牌欢迎页

［Step 3］　打开品牌注册页，填写品牌信息，包括品牌名称、目标国（地）商标局、注册序列号；填写商品信息，包括官方网站地址（选填）、平台销售地址（选填）、带商标的样品图片。填好之后，如图 5-52 所示，点击"下一步"。

注册品牌

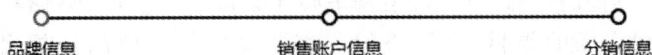

品牌信息　　　　　　　　　销售账户信息　　　　　　　　　分销信息

品牌信息
以下信息将有助于我们识别您的品牌，并让您开始进行品牌注册。

您的品牌名称是什么？

CROFHPLE

请输入您的商标名称。其中包括您的品牌名称的首选大写形式。

选择一个商标局

美国 - United States Patent and Trademark Office - USPTO ⌄

请输入注册号或序列号

88513511

商品信息
请提供指向您品牌官方网站的 URL。提供 URL 可以帮助我们更好地识别您的品牌　（可选）

www.CROFHPLE.com

如果您在其他电子商务网站上销售商品，请提供在那些网站上您的店铺网址URL　（可选）

添加更多

商品图片
至少提供一张可清楚显示永久贴在商品上的品牌名称、徽标或其他识别标记的商品或包装的图片。图片应显示目前正在亚马逊上销售或打算在亚马逊上销售的商品，且不应由计算机生成。

可接受的文件类型为 .jpg、.png 和 .gif.　文件大小不应超过 5MB

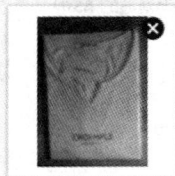

上传

或拖动至此处上传

上一步　　　　　　　　　　　　　　　　　　取消　　下一步

图 5-52　注册品牌页

〔Step 4〕 填写品牌的销售账户信息。这里有两种选项：如果卖家直接向买家销售其商品，并自行配送订单或使用亚马逊物流配送订单，则选择"卖家"；如果供应商作为第三方向亚马逊销售其商品，通过亚马逊运营中心存储和配送订单，则选择"供应商"。选择具体的销售账户和商品的类目，为销售的品牌所属的每个商品分类提供畅销商品的ASIN，如图5-53所示，完成后点击"下一步"。

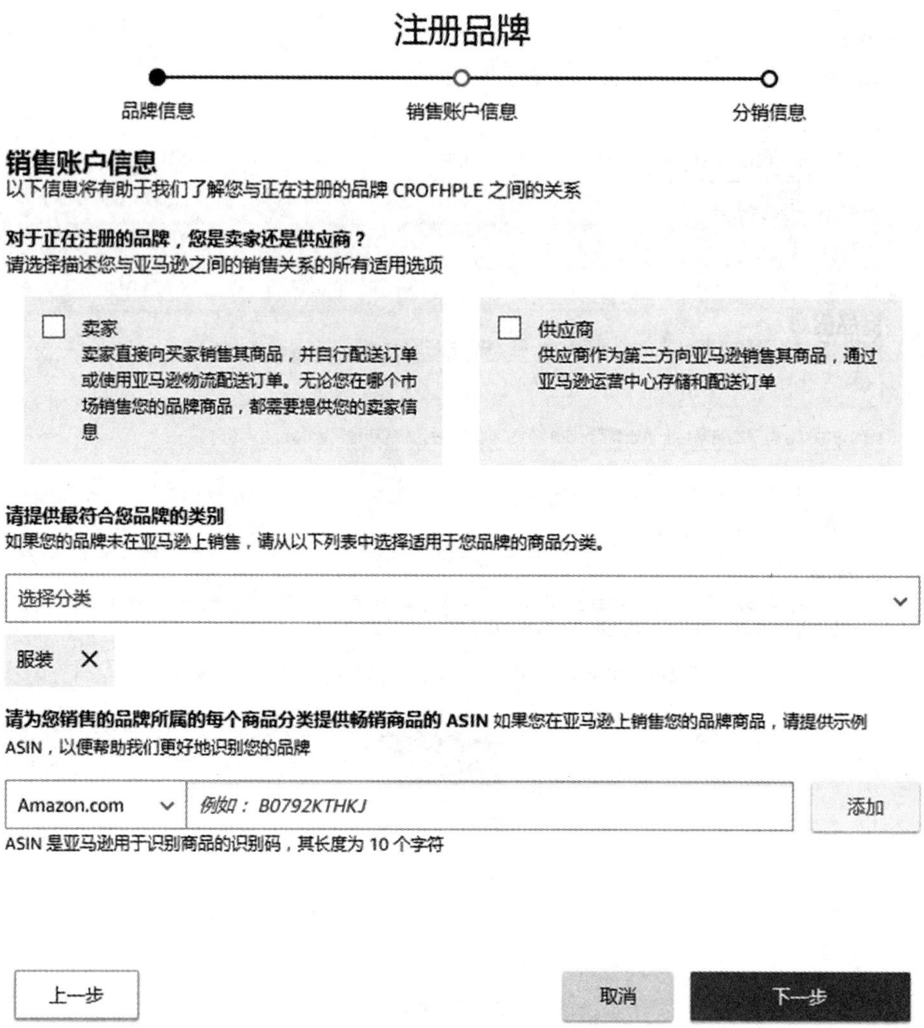

图 5-53 填写账户信息

〔Step 5〕 填写品牌的分销信息。根据实际情况填写分销信息、分销的国家（地区）、被许可方的信息。如图5-54所示，点击"提交"，就完成申请了。

图 5-54　填写分销信息

【拓展知识】

一、品牌维权虽远必诛

长期以来,跟卖一直是卖家不得不面对的难题。除了低价竞争,还有恶意跟卖的行为,最终使链接 Review 评分下降,甚至彻底失去销量。在进行品牌备案以后,亚马逊将向卖家开放多项品牌投诉功能,帮助卖家有效赶走跟卖者。亚马逊很多类目的产品款式简单,同款货源极多,所以更容易出现跟卖行为。在没有品牌备案的情况下,卖家只能在跟卖者存在的同一时段通过侵权举报页而进行投诉,并且成功的概率极低。一般情况下,每天早、中、晚各投诉 2 次,一周可以成功投诉 1～3 次,成功率不到 10%。另一种方法是通过 Test Buy(测评购买)进行投诉,虽然成功率几乎可以达到 100%,但成本较高、周期较长,很难持续进行投诉。对品牌卖家而言,有更多工具可以用来处理跟卖问题。

"透明计划"可以帮助卖家保护自己的品牌,将独特的透明代码应用到生产的每一个产品上。商品入仓时,亚马逊会识别代码,确认是正品才可入仓。跟卖者则无法得到代码,因此亚马逊能够在 FBA 商品中,检测到假冒产品并防止其销售。

"零容忍计划"是亚马逊平台打击假货的手段,旨在消除其平台上的假冒产品。遇到恶意跟卖的情况时,普通卖家只能向亚马逊平台发起投诉,流程复杂,周期短则 2 天,长则 1 周,甚至更长,这样容易错失维权的最佳时机。而"零容忍计划"授权品牌方可以不经过亚马逊,直接标记和删除侵权的 Listing,30 秒即可删除假冒产品。

此外,卖家在拥有品牌备案以后还可以直接在品牌页面进行投诉,如图 5-55 所示,95%的举报会在 48 小时内被处理。在运营过程中,如果有人恶意跟卖,卖家就可以直接投诉,一般 1 小时内对方店铺就会被亚马逊封禁。只要后续品牌方没有撤诉,跟卖店铺就无法恢复销售权限。自己拍摄图片的卖家遇到图片侵权的问题也可以进行投诉。

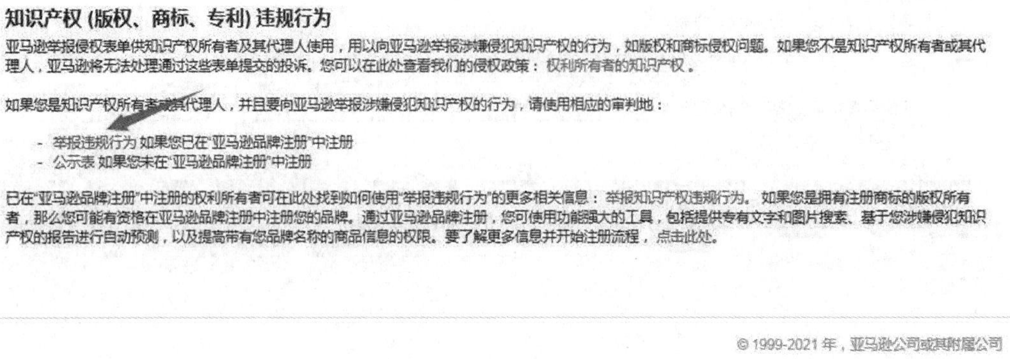

知识产权 (版权、商标、专利) 违规行为

亚马逊举报侵权表单供知识产权所有者及其代理人使用,用以向亚马逊举报涉嫌侵犯知识产权的行为,如版权和商标侵权问题。如果您不是知识产权所有者或其代理人,亚马逊将无法处理通过这些表单提交的投诉,您可以在此处查看我们的侵权政策:权利所有者的知识产权。

如果您是知识产权所有者或其代理人,并且要向亚马逊举报涉嫌侵犯知识产权的行为,请使用相应的审查地址:
- 举报违规行为 如果您已在"亚马逊品牌注册"中注册
- 公示表 如果您未在"亚马逊品牌注册"中注册

已在"亚马逊品牌注册"中注册的权利所有者可在此处找到如何使用"举报违规行为"的更多相关信息:举报知识产权违规行为。如果您是拥有注册商标的版权所有者,那么您可能有资格在亚马逊品牌注册中注册您的品牌。通过亚马逊品牌注册,您可使用功能强大的工具,包括提供专有文字和图片搜索、基于您涉嫌侵犯知识产权的报告进行自动预测,以及提高带有您品牌名称的商品信息的权限。要了解更多信息并开始注册流程,点击此处。

图 5-55 亚马逊后台品牌投诉页面

以上这些都是通过官方正规途径防止跟卖的方法,最基本的条件就是卖家要有自己的品牌且完成品牌备案。与反复找服务商赶跟卖者相比,注册品牌并完成品牌备案无疑是更加有效的方法。

二、打造品牌久久为功

亚马逊卖家要想真正打造品牌店铺,远不止注册品牌这么简单。从市场角度来看,卖家在亚马逊平台进行品牌化并不是为了提升客单价,而是为了提高市场占比和复购率。因此,在产品质量一定的情况下,卖家需要从款式和服务入手,提升品牌形象。而从运营角度来看,品牌化是一个过程,卖家要熟练掌握各类品牌工具,在预算一定的情况下,达到最有效的营销。

在品牌化初期的产品营销阶段,产品与销量仍是最核心的指标。在该阶段,品牌只是一种附属物,它不可以没有但也算不上运营的重心。在该阶段,品牌运营者需要设计品牌 Logo、产品/品牌宣传册、产品吊牌、品牌宣传标语/理念,同时打造几个具有市场潜力且能够把控供应链质量的产品,建立自己的第一批品牌用户。

在品牌化中期的品牌营销阶段,店铺已经拥有了一定的用户,因此营销的重点从产品变为品牌本身。在这个阶段,品牌运营者需要精确定位自己的用户群体,包括人群构成、用户地理分布、用户喜好、消费能力等,同时根据这些数据开始稳固自己的市场份额与定位,对产品质量与用户服务进行严格把控,使店铺销量稳定提升。

在品牌化后期的品牌推广阶段,卖家已经拥有了一定的忠实用户与稳定的业绩,可以开始尝试 Facebook 等自媒体引流、建立独立站了。

在 2021 年 5 月发布的 BrandZ 中国全球化品牌 50 强报告中,Anker 排名第 13 位,SheIn 排名第 11 位,如表 5-2 所示。Anker 和 SheIn 都是亚马逊平台的头部品牌卖家,前者专注于 3C 领域,后者专注于服装领域,两者在产品、运营及品牌方面都有自己的独到之处,跨境电商卖家可以借鉴它们的操作来打造自己的品牌店铺。

表 5-2　2021 年 BrandZ 中国全球化品牌 50 强(部分)

2021 年排名	2020 年排名	品牌	类别	品牌力得分
11	13	SHEIN	线上快时尚	901
12	16	Tencent 腾讯	移动游戏	804
13	11	ANKER	消费电子	793

【技能训练】

一、温故知新

1.CPC 广告意为点击付费广告,用于推广关键词搜索。CPC 会按照关键词的(　　)来收费。

A.展示次数　　　　B.点击次数　　　　　C.搜索次数　　　　　D.广告次数

2.下列不属于亚马逊促销活动的是(　　)。

A.全店铺打折　　　B.满立减　　　　　　C.满赠　　　　　　　D.满送优惠券

3.亚马逊 Coupons 是需要收费的,每个 Coupon 被使用一次,卖家会被扣除(　　)美元。

A.0.2　　　　　　　B.0.4　　　　　　　　C.0.5　　　　　　　　D.0.6

4.下列推广方式中不属于站外引流的是(　　)。

A.YouTube　　　　B.Facebook　　　　　C.Slickdeals　　　　　D.Coupons

5.完成亚马逊品牌备案后,产品上传不再需要(　　)码。

A.UPC　　　　　　B.SKU　　　　　　　C.ASIN　　　　　　　D.CTR

二、创业实践

我的亚马逊店铺中的一款产品被 Facebook 某网红看中,预进行免费推广,那么我将如何开展 Facebook 的跨境电子商务营销?请从建立卖家的品牌专页、传达品牌理念的方面进行具体阐述。

项目六　跨境物流

【学习目标】

❋ 知识目标

- 了解卖家自配送和亚马逊物流的特点；
- 熟悉卖家自配送的基本流程；
- 熟悉亚马逊物流的费用构成；
- 掌握亚马逊物流的基本流程；
- 掌握库存管理的重要性和方法。

❋ 能力目标

- 能进行卖家自配送订单的退货、退款操作；

- 能对 FBA 费用进行正确计算；
- 能合理设置 FBA 库存补货提醒。

❋ 创业目标

- 选定 FBA 入仓产品，准确计算物流费用，培养系统化分析问题的能力；
- 熟悉 FBA 操作流程，完成发货方式转变，形成规范化动手实践的能力。

【学习导航】

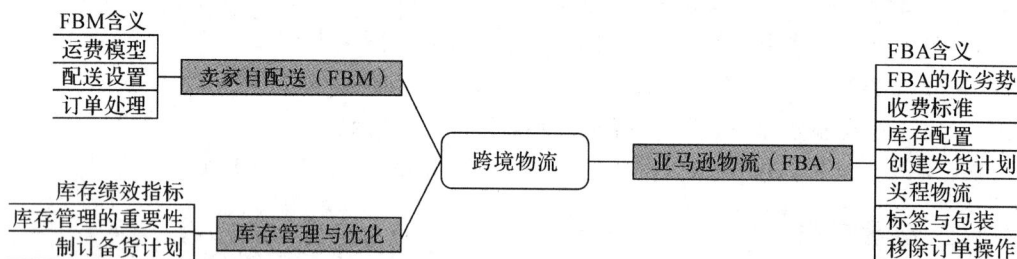

【引导案例】

　　我国跨境物流正迅猛发展。2018 年以来，我国正视跨境物流体系作为促进外贸高质量发展的重要基础设施地位，提出"构建跨国物流枢纽网络体系"的目标，并陆续开展"内陆集装箱联运体系"等多个跨国物流基础设施建设专项工程，为跨境物流企业提供多元化、低成本、高时效运力。同时，鼓励寄递服务产业上下游融合，共同完善跨境物流体系，探索新的业务模式,为行业注入新动力。

随着网络购物的持续渗透,消费者对于跨境购物的消费体验要求越来越高,快速配送,甚至接近本地化电商平台的配送体验与过长的跨境物流链路间的矛盾愈发凸显。根据 Ipsos 和 Paypal 联合发布的报告,全球网购消费者认为配送速度是影响他们选择平台的关键因素。

跨境物流的链条较长,涉及境内揽收、集运、境内仓处理、国际运输、尾程配送等运输环节,以及境内报关和目的国(地)清关等专业的海关服务。因此,跨境电商平台为了给消费者提供与其在本国消费更为接近的消费体验,往往会较为关注跨境物流商的时效、纠纷等服务质量。此外,跨境电商卖家还会出于对费用、效率的综合考虑,对跨境物流商在网络异常情况下的处理、所拥有线路的稳定度、旺季时协助出仓等增值服务进行全面评估,最终选择满足自身需求的跨境物流商。

资料来源:艾瑞咨询,《2021 年中国跨境电商出口物流综合服务行业研究报告》.

【引例分析】

跨境电商件的出口主要通过直邮和海外仓两种途径:直邮业务是跨境物流商完成寄件门到门或门到仓的运输全流程;海外仓模式以备货为主,跨境物流商通过将寄件运至目的国(地)仓库后,如果目的国(地)有相关商品的订单,再通过目的国(地)物流商由海外仓直发消费者。这两种模式都能帮助跨境电商卖家实现对货物运输环节的管控以及改善海外消费者的购物体验。

任务 1　卖家自配送(FBM)

【创业知识】

一、运费模型

对于亚马逊卖家而言,采用合适的配送模式是很重要的。目前,亚马逊卖家在配送方式上,除了可以选择亚马逊物流配送外,也可以选择卖家自配送模式。卖家自配送,简称 FBM,全称 Fulfillment by Merchants,是指卖家自己配送在亚马逊上销售获得的订单,并且从库存管理、包装、配送到客户服务等一系列流程都由卖家自行负责。卖家需要关注影响 FBM 的绩效指标,包括订单缺陷率、取消率、迟发率、有效追踪率、准时交货率和退货不满意率等。

本节将重点讲解在自配送模式下,卖家如何在亚马逊后台进行运费模板的设置。在自配送之前,卖家需要知道运费模型,而亚马逊提供以下三种标准运费模型。

（1）"每件商品/基于重量"计算运费。这种模式是基于商品或重量的一种计算方式，即按每件商品收费，或者是按重量（磅）收费。

（2）"商品价格分段式配送"计算运费。这种模式需要卖家创建订单价格分段，每个价格分段对应不同的运费设置。

（3）"图书、音乐及影视类商品"计算运费。如果卖家销售的是图书、音乐及影视类商品，那么运费将由亚马逊设定。

亚马逊自发货

二、配送设置

下面以亚马逊美国站为例来讲解如何设置卖家自配送物流方式。

（1）登录亚马逊后台，点击"设置"→"配送设置"，如图 6-1 所示。

图 6-1　进行配送设置

（2）一般配送设置。卖家根据自己的实际情况，编辑配送地址和配送时间，如图 6-2 所示。

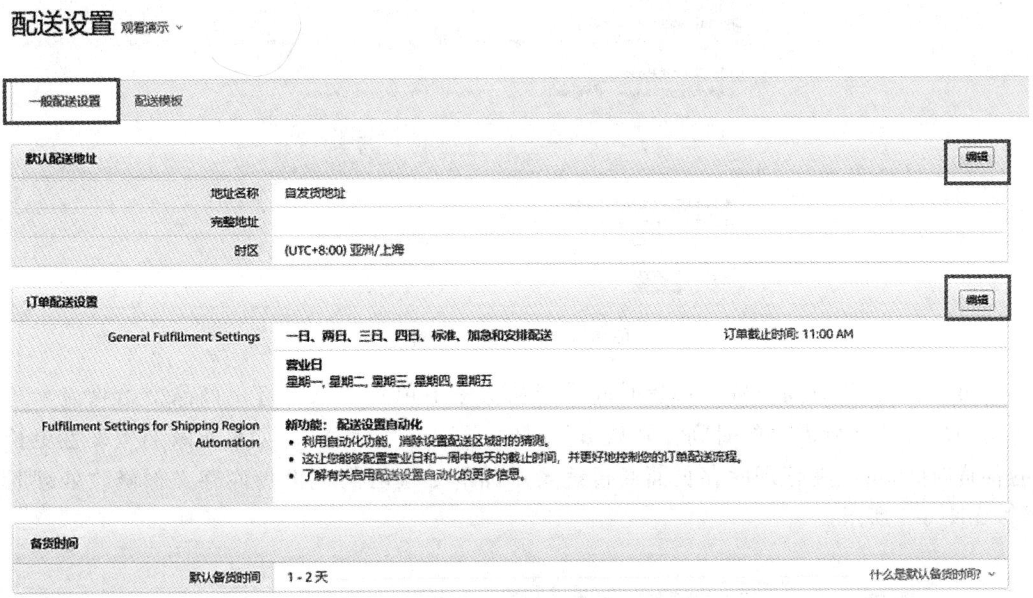

图 6-2　一般配送设置

第一步，默认配送地址设置。默认配送地址是用于配送订单的主要实际地址、电子邮件地址和电话号码。卖家可以选择营业执照地址或者添加新地址，同时要根据配送地址选对时区，如图 6-3 所示。

图 6-3　默认配送地址设置

第二步，订单配送设置。卖家可以进行订单截止时间设置和周末营业设置，如图 6-4 所示。

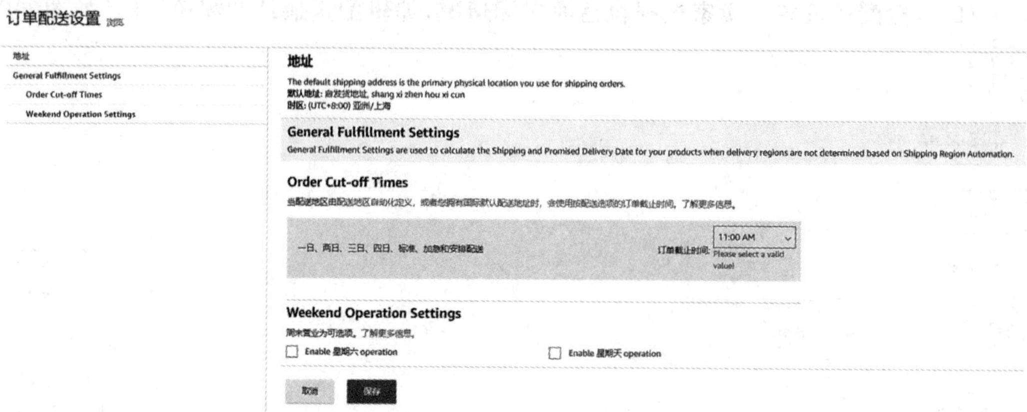

图 6-4　订单配送设置

第三步,备货时间设置。备货时间是指从买家下单到卖家将订单商品交给物流承运商这一环节预估所需要的时间。默认备货时间是 1～2 个工作日,如果卖家期望设置更长的备货时间,可以在管理库存页面通过编辑产品的处理时间或上传库存文件修改处理时间,如图 6-5 所示。

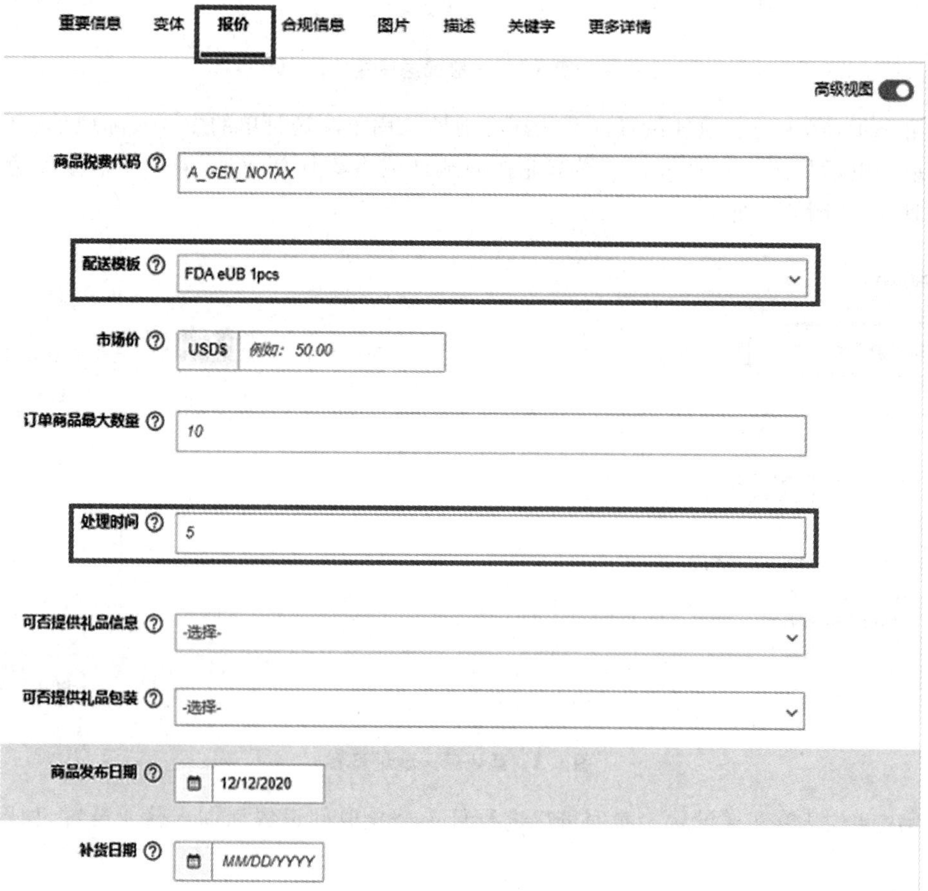

图 6-5　备货时间设置

（3）创建新配送模板。亚马逊提供了一份"Migrated Template"（默认模板），卖家单击右侧"编辑模板"按钮，可以进行重新设置；或者单击左上侧"创建新配送模板"新建模板，如图 6-6 所示。

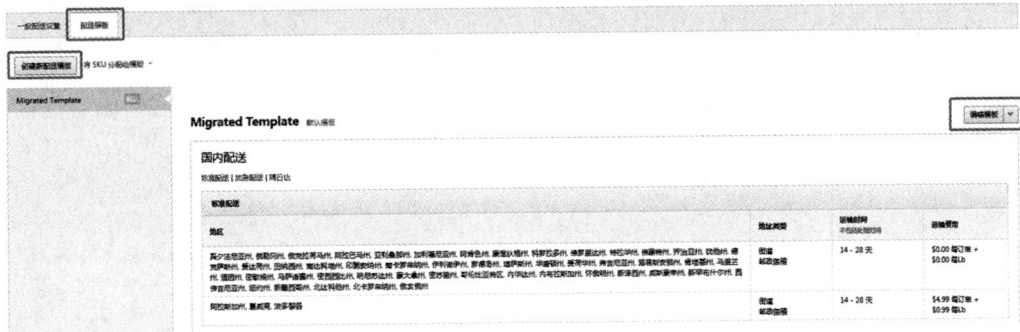

图 6-6　创建新配送模板

（4）选择运费模型。可以选择"每件商品/基于重量"（Per Item/Weight-Based）或"商品价格分段式配送"（Price Banded）。卖家可以根据自己产品的实际情况选择一种，我们会分别示范这两种运费计算模式的设置。

①"每件商品/基于重量"运费模型设置，如图 6-7 所示。

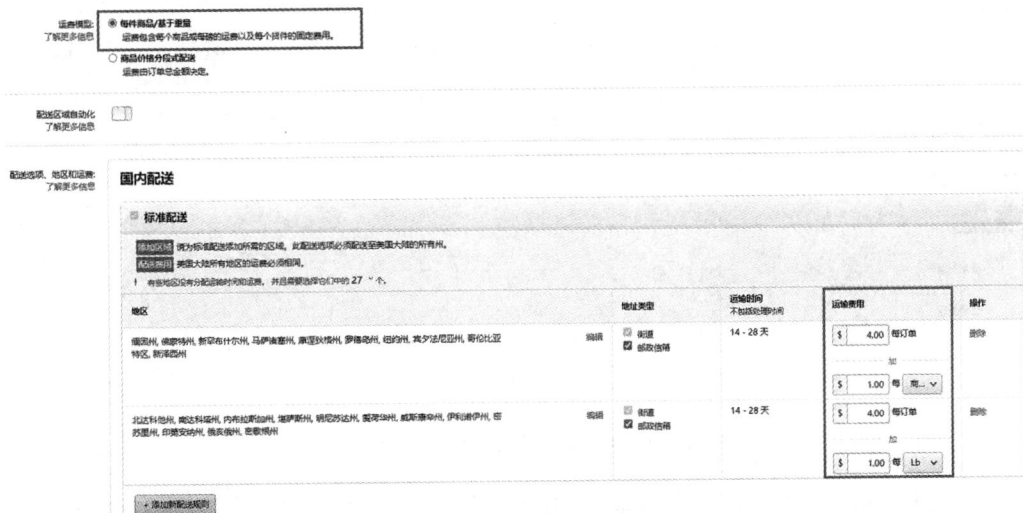

图 6-7　每件商品/基于重量设置

第一步，设置配送选项和地区。国内配送指的是配送目的地在美国，国际配送指的是配送目的地在加拿大。标准配送地区包括美国大陆街道、阿拉斯加和夏威夷街道、美国保护国等地区，在此页面下方有区域说明，此区域说明详细解释了美国每一个地区所包括的州的范围。卖家在进行地区勾选之前，可以先向自己选择的物流公司确认配送地区和配送收费标准。服务级别也就是派送时效，分为标准配送（14~28 天）、加急配送（1~2 天）、隔日达（2 天）、当天送达（1 个工作日）。中国卖家如果从国内发货，建议选择"标准配送"，如图 6-8 所示。

国内配送

☑ 标准配送

添加区域 请为标准配送添加所需的区域。此配送选项必须配送至美国大陆的所有州。

! 有些地区没有分配运输时间和运费，并且需要选择您这中的 39 个。

地区		地址类型	运输时间 不包括处理时间	运输费用	操作
俄因州，佛蒙特州，新罕布什尔州，马萨诸塞州，康涅狄格州，罗德岛州，纽约州，宾夕法尼亚州，哥伦比亚特区，新泽西州	编辑	☑ 街道 ☑ 邮政信箱	14 - 28 天	$ 4.00 每订单 加 $ 1.00 每 Lb ⌄	删除

+ 添加新配送规则

☑ 加急配送

地区		地址类型	运输时间 不包括处理时间	运输费用	操作
北达科他州，南达科他州，内布拉斯加州，堪萨斯州，明尼苏达州，爱荷华州，威斯康辛州，伊利诺伊州，密苏里州，印第安纳州，俄亥俄州，密歇根州	编辑	☐ 街道 ☑ 邮政信箱	1 - 2 天 ⌄	$ 8.00 每订单 加 $ 1.00 每 商.. ⌄	删除

+ 添加新配送规则

☑ 隔日达 订单截止时间 11:00 a.m. 了解更多信息

地区		地址类型	送达时间 包括处理时间	运输费用	操作
亚利桑那州，蒙大拿州，爱达荷州，怀俄明州，科罗拉多州，其他州，内华达州，加利福尼亚州，俄勒冈州，华盛顿州，新墨西哥州	编辑	☐ 街道 ☑ 邮政信箱	2 天	$ 8.00 每订单 加 $ 1.00 每 商.. ⌄	删除

+ 添加新配送规则

☑ 当天送达 订单截止时间 11:00 a.m. 了解更多信息

地区		地址类型	送达时间 包括处理时间	运输费用	操作
夏威夷，阿拉斯加州	编辑	☐ 街道 ☑ 邮政信箱	1 个工作日	$ 10.99 每订单 加 $ 0.99 每 Lb ⌄	删除

+ 添加新配送规则

国际配送

☐ 标准配送

☐ 加急配送

取消 保存

图 6-8 设置配送选项和地区

第二步，设置运输费用。"每件商品/基于重量"设置运费有两种形式："每订单＋每商品"和"每订单＋每 Lb"，即按商品收费和按重量收费。

例如，如果卖家在此设置每个订单配送费用为 4.99 美元，每件商品收 1.00 美元，那么客户下一个订单购买 2 个产品，客户需要支付的运费为 4.99＋1.00×2＝6.99(美元)，这就是按商品收费；如果卖家在此设置每个订单配送费用为 4.99 美元，每磅收 1.00 美元，那么客户购买的产品包裹总量为 3 磅，客户需要支付的运费为 4.99＋1.00×3＝7.99(美元)，这就是按重量收费。

第三步，请仔细检查配送选项、地区和运费，确认没问题后，下拉页面到底部，单击"保存"按钮，会跳回到配送设置页面，这样就完成了自配送模式下的"每件商品/基于重量"运费设置。如果选择的配送区域全部免运费，也就是包邮，那么就把所有的区域运费都设置为 0。请注意，以上的运费设置方式是针对店铺所有的商品来设置的。

②"商品价格分段式配送"运费模型设置，如图 6-9 所示。

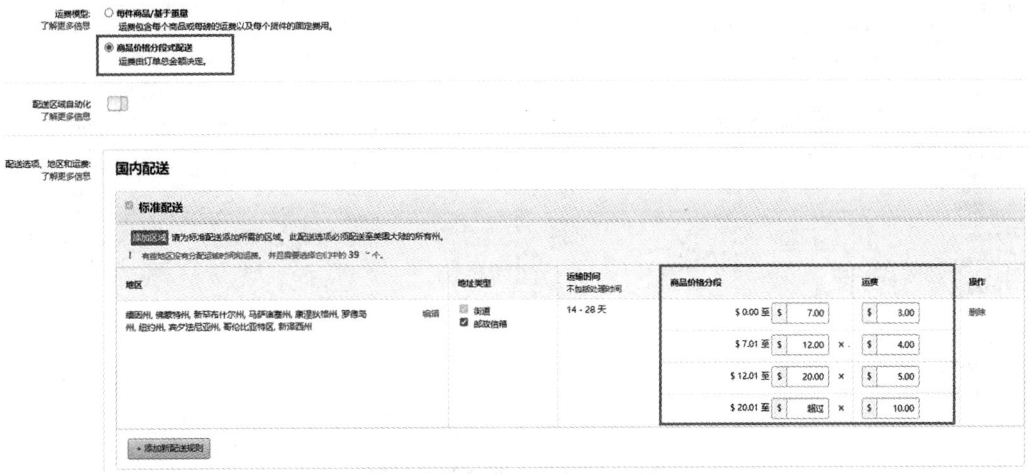

图 6-9　商品价格分段式配送设置

第一步，设置配送选项和地区，如图 6-8 所示。

第二步，设置价格分段和运费。运费是由订单总金额（包含配送运费）来决定的，在"商品价格分段"和"运费"中直接输入，如图 6-9 所示。

第三步，请仔细检查配送选项、地区和运费，确认没问题后，下拉页面到底部，单击"保存"按钮，会跳回到配送设置页面，这样就完成了自配送模式下的"商品价格分段式配送"运费设置。

三、订单处理

下面以亚马逊日本站为例来讲解卖家自配送订单的后台操作流程。

(1)登录亚马逊后台，单击"配送您的订单"，如图 6-10 所示。

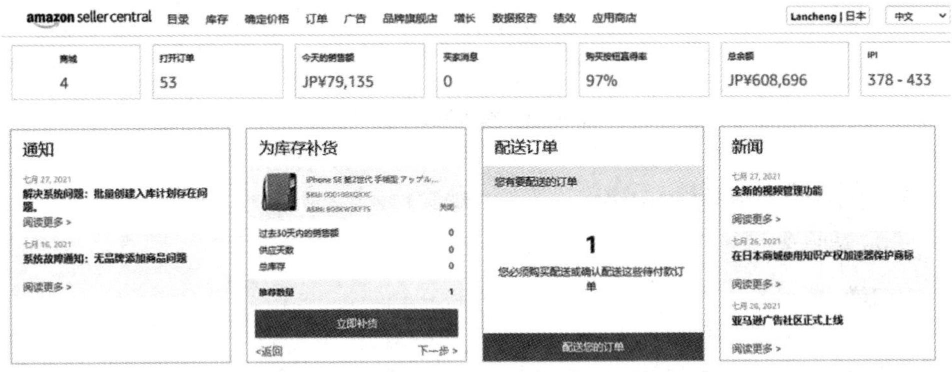

图 6-10　配送订单模块

(2)进入卖家自配送订单页面，筛选"未发货"订单，单击"确认发货"按钮，如图 6-11 所示。购买配送是针对日本本土卖家的服务，选择当地的第三方快递服务。"打印装箱单"是在买家有要求或者卖家觉得有必要时才打印。在下单后的 30 分钟之内,买家可以自行取消订单;30 分钟之后,买家可以申请取消订单,卖家同意后才能取消相应订单。

图 6-11 卖家自配送订单页面

(3)进入确认发货页面,输入发货日期、发货地址、承运人、配送服务、快递运单号等信息,单击"确认发货"按钮,如图 6-12 所示。卖家必须在"订单一览"显示"购买日期"后的 7 个工作日内向亚马逊确认订单发货,如图 6-13 所示,否则亚马逊将自动取消订单,如果发生这种情况,即使订单已经发货,卖家也不会收到付款。

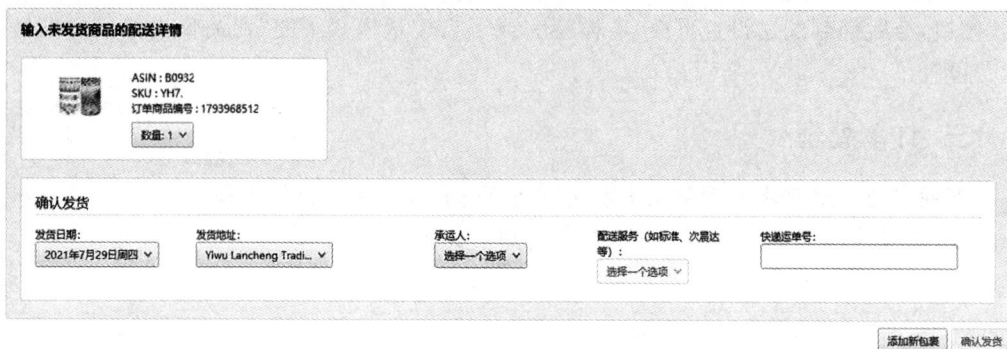

图 6-12 输入配送详情

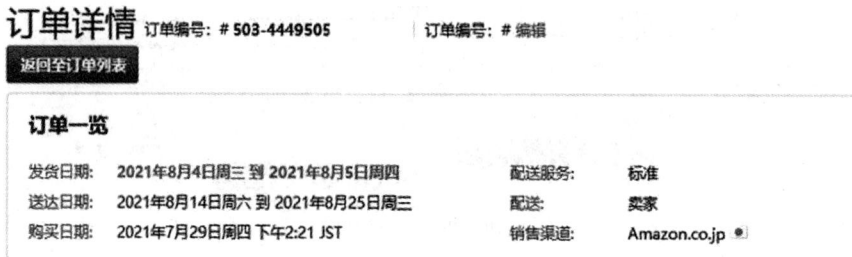

图 6-13 订单一览

【创业示范】

创业任务:**熟悉卖家自配送订单的"卖家退款、买家不退货"操作流程。**

卖家自配送订单的退货方式有三种。退货方式1:卖家退款、买家不退货,即卖家支付全额退款,而无须买家退回对应商品。退货方式2:卖家提供"买家国内退货"选项,即卖家提供位于买家所在国家或地区的退货地址。退货方式3:卖家提供预付费国际退货配送标签,即卖家为所销售的订单同意退货申请,必须同步提交预付费退货邮寄标签。下面以亚马逊美国站为例来讲解卖家自配送订单的"卖家退款、买家不退货"操作流程。

［Step 1］　登录亚马逊后台,单击"订单"→"管理退货",如图6-14所示。

图6-14　进入管理退货页面

［Step 2］　进入管理退货页面后,选择需要退款的退货申请,单击"进行退款"按钮,如图6-15所示。如果卖家已经收到退货商品或允许买家保留商品,就可以向买家进行商品退款;如果卖家需要买家退还商品,则需要在收到退还商品后再进行退款。

图6-15　管理退货页面

［Step 3］　进入订单退款页面,选择"买家退货"作为退款原因,并给买家留言,单击"Submit refund"(提交退款),然后发放全额退款,如图6-16所示。值得注意的是,协商发放部分退款并不能作为一种退货方式。

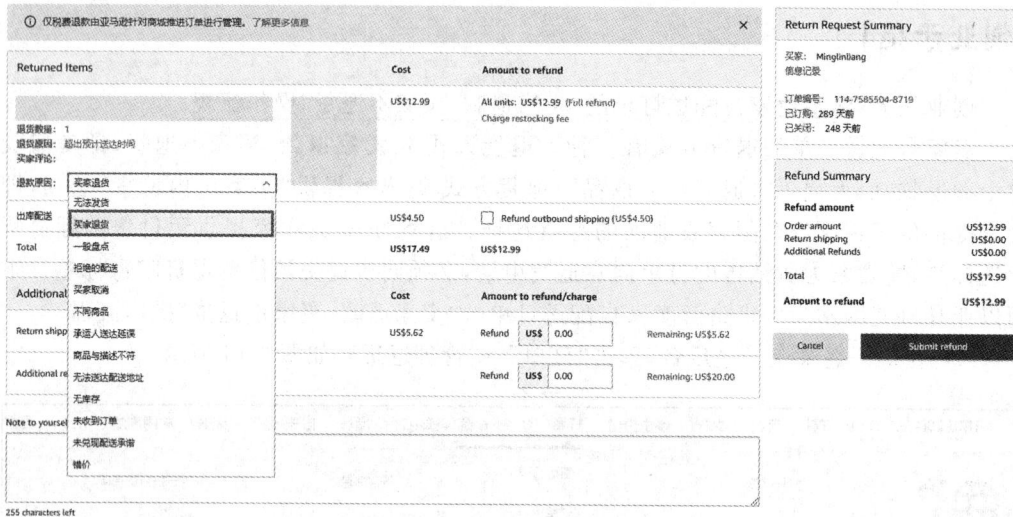

图 6-16　订单退款页面

任务 2　亚马逊物流(FBA)

【创业知识】

一、FBA 的优劣势

FBA(Fulfillment by Amazon),即亚马逊物流,是指卖家将商品批量发送至亚马逊运营中心,由亚马逊负责帮助卖家存储,当商品售出后,由亚马逊完成订单分拣、包装和配送,并为这些商品提供买家咨询、退换货等客户服务。

FBA 的优劣势

(一)FBA 的优势

(1)提升销售。根据亚马逊搜索排名的计算规则,选择 FBA 发货能够帮助卖家提升商品的曝光量,同时触及亚马逊会员顾客,提升转化率。

(2)省心省力。亚马逊帮助卖家为顾客提供 7×24 小时的专业客服支持,同时提供处理订单、拣货、包装、发货等一系列物流服务。

(3)降低成本。亚马逊提供高效的物流配送,一方面能够大幅提升顾客满意度和后台绩效,另一方面能够降低卖家的客服成本和物流成本。

(二)FBA 的劣势

(1)居高不下的退换货率。由于客户想退货就可以退货,不需要跟亚马逊客服有太多沟

176

通,从而使得退换货率居高不下。

(2)高昂的使用费。其所收取的仓储费、配送费等都比较高,甚至在产品费用里占比会超过亚马逊所收取的佣金。

(3)库存的灵活性差。卖家要囤积大量的货物在 FBA 仓库中,如果产品的销路不畅,除了要承受很大的库存压力外,还有支付高昂的长期仓储费。

二、收费标准

FBA 的费用由两大项组成:仓储费和配送费。此外,FBA 还可以提供多种可选付费服务,帮助卖家减轻运营压力,比如预处理服务、贴标服务、人工处理服务、库存配置服务、重新包装服务和翻新服务等,卖家可根据自身需要进行选择,费用总览如表 6-1 所示。

FBA 含义与费用

表 6-1 FBA 的费用总览

FBA 的费用		详细内容
基本费用	仓储费	月度库存仓储费
		长期库存仓储费
		仓储超量费
	配送费	普通商品配送费
		危险品配送费
其他费用	移除订单费	卖家可以让亚马逊退还或弃置其储存在亚马逊运营中心的库存,此服务按件收取费用
	退货处理费	对于在亚马逊上售出,且属于亚马逊为买家提供免费退货服务的商品,亚马逊将向卖家按件收取费用
	计划外服务费	如果卖家的库存商品抵达亚马逊运营中心时未经过适当的预处理或贴标,亚马逊为卖家提供这些服务,并按件收取费用
可选付费服务	预处理服务	若卖家对发往运营中心的库存商品有包装和预处理要求,则亚马逊对符合要求的库存商品进行预处理,并按件收取费用
	贴标服务	亚马逊可以为需要使用亚马逊条形码,且符合要求的商品提供贴标服务。此项服务按件收取费用,每件商品 0.3 美元
	人工处理服务	如果卖家在将库存商品发往亚马逊运营中心时,选择不提供箱内物品信息,则由亚马逊运营中心人工处理卖家的箱子,从而产生相应的费用
	库存配置服务	利用库存配置服务,卖家可以将所有库存商品发往一个亚马逊运营中心,此服务按件收取费用
	重新包装服务和翻新服务	亚马逊将对买家退回运营中心的、符合条件的商品,自动进行重新包装,以便可以再次销售;或为包装残损但处于可售状况的商品提供翻新服务

(一)仓储费

1. 月度库存仓储费

对于卖家储存在亚马逊运营中心的所有商品,亚马逊将根据日历月和卖家的日均库存量收取仓储费。月度库存仓储费因商品尺寸分段和一年中的不同时间而异,且通常按照体积(以立方英尺为单位)来收费,如图 6-17 所示。通常来说,标准尺寸商品的总仓储费用要低于超大尺寸商品。

非危险品商品		
月份	标准尺寸	大件商品
1 月 - 9 月	每立方英尺 $0.75	每立方英尺 $0.48
10 月 - 12 月	每立方英尺 $2.40	每立方英尺 $1.20

危险品商品		
月份	标准尺寸	大件商品
1 月 - 9 月	每立方英尺 $0.99	每立方英尺 $0.78
10 月 - 12 月	每立方英尺 $3.63	每立方英尺 $2.43

图 6-17　月度库存仓储费

2. 长期库存仓储费

除月度库存仓储费外,亚马逊还会对亚马逊运营中心的商品收取长期库存仓储费(LTSF,也称长期仓储费)。亚马逊对在运营中心存放超过 365 天的库存按每立方英尺 6.90 美元或每件商品 0.15 美元(以较大值为准)收取长期库存仓储费,如图 6-18 所示。

库存清点日	在运营中心存放超过 365 天的商品
每月 15 日	每件商品 $0.15

长期仓储费示例

玩具:11 x 8 x 2 英寸	仓储期限	适用的长期仓储费	适用的最低长期仓储费	有效的长期仓储费
1 件商品	超过 365 天	$0.70	$0.15	$0.70
2 件商品	超过 365 天	$1.41	$0.30	$1.41
10 件商品	超过 365 天	$7.03	$1.50	$7.03

图书:8 x 6 x 0.5 英寸	仓储期限	适用的长期仓储费	适用的最低长期仓储费	有效的长期仓储费
1 件商品	超过 365 天	$0.10	$0.15	$0.15
2 件商品	超过 365 天	$0.19	$0.30	$0.30
10 件商品	超过 365 天	$0.96	$1.50	$1.50

图 6-18　长期库存仓储费

3. 仓储超量费

如果卖家的现有库存在特定月份超出了仓储限制,那么除了月度库存仓储费和长期仓储费(如适用)之外,还需要支付仓储超量费。仓储超量费将按照每立方英尺 10 美元的标准每月收取一次,并基于卖家的库存在亚马逊运营中心占用的超出仓储限制额度的所有空间的日平均体积(以立方英尺为单位)计算,具体示例如图 6-19 所示。

事件及示例日期		示例值	
7 月 1 日产生库存仓储超量费			
卖家的库存超出其标准尺寸商品仓储限制 100 立方英尺,如果他们不采取任何措施的话,将需要按每立方英尺 $10 的价格支付超量费(总计为 $1,000,亚马逊将在 8 月份进行评估和收取)。		标准尺寸商品仓储限制额度	1,000 立方英尺
		现有标准尺寸商品库存占用的空间	1,100 立方英尺
		目前标准尺寸商品的超量值	100 立方英尺
		潜在仓储超量费	$1,000
卖家在 7 月 5 日减少了超出限制的库存			
卖家在 7 月 5 日创建了一个 80 立方英尺标准尺寸库存的移除订单。7 月内未售出或移除其他任何标准尺寸商品库存。		标准尺寸商品仓储的超量值,7 月 1 日到 4 日	100 立方英尺
		标准尺寸商品仓储的移除值,7 月 5 日	80 立方英尺
		标准尺寸商品仓储的超量值,7 月 5 日到 31 日	20 立方英尺
8 月生成库存仓储超量费账单			
卖家在 7 月的平均超量值为 30.322 立方英尺。他们将需要按每立方英尺 $10 为 7 月份支付总共 $303.22 的超量费。		7 月份平均标准尺寸商品仓储的超量值	30.322
		每立方英尺的仓储超量费	$10
		7 月份仓储超量费总计	$303.22

图 6-19　仓储超量费示例

(二)配送费

1. 普通商品配送费

配送费是针对每件商品收取的固定费用,具体取决于商品的尺寸和重量。卖家首先需要确定商品的尺寸分段,例如是标准尺寸还是大件尺寸,如图 6-20 所示;然后,普通商品再按照发货重量确定费用,如图 6-21 和图 6-22 所示。

包装后的商品的最大重量和尺寸					
商品尺寸分段	重量	最长边	次长边	最短边	长度 + 围度
小号标准尺寸	12 盎司	15 英寸	12 英寸	0.75 英寸	不适用
大号标准尺寸	20 磅	18 英寸	14 英寸	8 英寸	不适用
小号大件	70 磅	60 英寸	30 英寸	不适用	130 英寸
中号大件	150 磅	108 英寸	不适用	不适用	130 英寸
大号大件	150 磅	108 英寸	不适用	不适用	165 英寸
特殊大件*	超过 150 磅	超过 108 英寸	不适用	不适用	超过 165 英寸

图 6-20　FBA 的商品尺寸分段

2021 年 6 月 1 日之前				2021 年 6 月 1 日及之后		
尺寸分段	发货重量	包装重量	每件商品的配送费用[1]	尺寸分段	发货重量（今后不再计算包装重量）	每件商品的配送费用[1]
小号标准尺寸	不超过 10 盎司	4 盎司	$2.50	小号标准尺寸	不超过 6 盎司	$2.70
					6 至 12 盎司（不含 6 盎司）	$2.84
	10 至 16 盎司（不含 10 盎司）	4 盎司	$2.63		12 至 16 盎司[2]（不含 12 盎司）	$3.32
大号标准尺寸	不超过 10 盎司	4 盎司	$3.31	大号标准尺寸	不超过 6 盎司	$3.47
					6 至 12 盎司（不含 6 盎司）	$3.64
	10 至 16 盎司（不含 10 盎司）	4 盎司	$3.48		12 至 16 盎司[2]（不含 12 盎司）	$4.25
	1 至 2 磅（不含 1 磅）	4 盎司	$4.90		1 至 2 磅（不含 1 磅）	$4.95
	2 至 3 磅（不含 2 磅）	4 盎司	$5.42		2 至 3 磅（不含 2 磅）	$5.68
	3 至 21 磅（不含 3 磅）	4 盎司	$5.42 + $0.38/磅（超出首重 3 磅的部分）		3 至 20 磅（不含 3 磅）	$5.68 + $0.30/磅（超出首重 3 磅的部分）
小号大件商品	不超过 71 磅	1 磅	$8.26 + $0.38/磅（超出首重 2 磅的部分）	小号大件商品	不超过 70 磅	$8.66 + $0.38/磅（超出首磅的部分）
中号大件商品	不超过 151 磅	1 磅	$11.37 + $0.39/磅（超出首重 2 磅的部分）	中号大件商品	不超过 150 磅	$11.37 + $0.39/磅（超出首磅的部分）
大号大件商品	不超过 151 磅	1 磅	$75.78 + $0.79/磅（超出首重 90 磅的部分）	大号大件商品	不超过 150 磅	$76.57 + $0.79/磅（超出首重 90 磅的部分）
特殊大件商品	不适用	1 磅	$137.32 + $0.91/磅（超出首重 90 磅的部分）	特殊大件商品	超过 150 磅	$138.11 + $0.79/磅（超出首重 90 磅的部分）

图 6-21　普通商品配送费（"服装"类商品除外）

2021 年 6 月 1 日之前				2021 年 6 月 1 日及之后		
尺寸分段	发货重量	包装重量	每件商品的配送费用	尺寸分段	发货重量（今后不再计算包装重量）	每件商品的配送费用[1]
小号标准尺寸	不超过 10 盎司	4 盎司	$2.92	小号标准尺寸	不超过 6 盎司	$3.00
					6 至 12 盎司（不含 6 盎司）	$3.14
	10 至 16 盎司（不含 10 盎司）	4 盎司	$3.11		12 至 16 盎司[2]（不含 12 盎司）	$3.62
大号标准尺寸	不超过 10 盎司	4 盎司	$3.70	大号标准尺寸	不超过 6 盎司	$3.87
					6 至 12 盎司（不含 6 盎司）	$4.04
	10 至 16 盎司（不含 10 盎司）	4 盎司	$3.81		12 至 16 盎司[2]（不含 12 盎司）	$4.65
	1 至 2 磅（不含 1 磅）	4 盎司	$5.35		1 至 2 磅（不含 1 磅）	$5.35
	2 至 3 磅（不含 2 磅）	4 盎司	$5.95		2 至 3 磅（不含 2 磅）	$6.08
	3 至 21 磅（不含 3 磅）	4 盎司	$5.95 + $0.38/磅（超出首重 3 磅的部分）		3 至 20 磅（不含 3 磅）	$6.08 + $0.30/磅（超出首重 3 磅的部分）

图 6-22　"服装"类商品配送费

2. 危险品配送费

危险品（又称危险物质）是指因本身具有易燃性、密封加压、腐蚀性或其他任何有害物质，而在储存、处理或运输过程中会带来风险的物质或材料。作为亚马逊卖家，必须确保产品符合所有危险品法规，其通过亚马逊物流危险品计划所销售的危险品的配送费用如图 6-23 所示。

2021 年 6 月 1 日之前				2021 年 6 月 1 日及之后		
尺寸分段	发货重量	包装重量	每件商品的配送费用	尺寸分段	发货重量（今后不再计算包装重量）	每件商品的配送费用
小号标准尺寸	不超过 10 盎司	4 盎司	$3.43	小号标准尺寸	不超过 6 盎司	$3.63
					6 至 12 盎司（不含 6 盎司）	$3.85
	10 至 16 盎司（不含 10 盎司）	4 盎司	$3.64		12 至 16 盎司（不含 12 盎司）	$3.89
大号标准尺寸	不超过 10 盎司	4 盎司	$4.06	大号标准尺寸	不超过 6 盎司	$4.22
					6 至 12 盎司（不含 6 盎司）	$4.39
	10 至 16 盎司（不含 10 盎司）	4 盎司	$4.23		12 至 16 盎司（不含 12 盎司）	$4.82
	1 至 2 磅（不含 1 磅）	4 盎司	$5.47		1 至 2 磅（不含 1 磅）	$5.52
	2 至 3 磅（不含 2 磅）	4 盎司	$5.86		2 至 3 磅（不含 2 磅）	$6.12
	3 至 21 磅（不含 3 磅）	4 盎司	$5.86 + $0.38/磅（超出首重 3 磅的部分）		3 至 20 磅（不含 3 磅）	$6.12 + $0.30/磅（超出首重 3 磅的部分）
小号大件商品	不超过 71 磅	1 磅	$8.98 + $0.38/磅（超出首重 2 磅的部分）	小号大件商品	不超过 70 磅	$9.38 + $0.38/磅（超出首磅的部分）
中号大件商品	不超过 151 磅	1 磅	$11.22 + $0.39/磅（超出首重 2 磅的部分）	中号大件商品	不超过 150 磅	$12.20 + $0.39/磅（超出首磅的部分）
大号大件商品	不超过 151 磅	1 磅	$87.14 + $0.79/磅（超出首重 90 磅的部分）	大号大件商品	不超过 150 磅	$87.93 + $0.79/磅（超出首重 90 磅的部分）
特殊大件商品	不适用	1 磅	$157.12 + $0.91/磅（超出首重 90 磅的部分）	特殊大件商品	超过 150 磅	$157.91 + $0.79/磅（超出首重 90 磅的部分）

图 6-23 危险品配送费

（三）移除订单费

卖家可以让亚马逊退还或弃置其储存在亚马逊运营中心的库存商品，此项服务按件收取费用，如图 6-24 所示。通常情况下，移除订单会在 14 个工作日内处理完毕。但是，在节假日和移除订单高峰期，亚马逊处理移除订单可能需要 30 个工作日或更长时间。

（四）退货处理费

退货处理费等于某个指定的商品的总配送费用。该费用适用于在亚马逊上出售的属于亚马逊为其提供免费买家退货配送的选定分类，并且实际被退回至某个亚马逊运营中心的商品，这些分类包括服饰和鞋靴。例如，一件出库配送重量为 1 磅（1 磅＝16 盎司）的鞋子且这笔交易的亚马逊 FBA 的配送费用为 4.82 美元，如果买家决定退回该商品，则卖

		2021 年 6 月 1 日之前	2021 年 6 月 1 日及之后
尺寸分段	发货重量	每件商品的移除/弃置费用	每件商品的移除/弃置费用
标准尺寸	0 至 0.5 磅	$0.25	$0.32
	0.5 至 1 磅（不含 0.5 磅）	$0.30	$0.35
	1 至 2 磅（不含 1 磅）	$0.35	$0.48
	超过 2 磅	$0.40 + $0.20/磅（超出首重 2 磅的部分）	$0.67 + $0.35/磅（超出首重 2 磅的部分）
大件商品和需要进行特殊处理的商品*	0 至 1 磅	$0.60	$0.60
	1 至 2 磅（不含 1 磅）	$0.70	$0.72
	2 至 4 磅（不含 2 磅）	$0.90	$1.26
	4 至 10 磅（不含 4 磅）	$1.45	$2.32
	超过 10.0 磅	$1.90 + $0.20/磅（超出首重 10 磅的部分）	$3.50 + $0.35/磅（超出首重 10 磅的部分）

图 6-24　移除订单费用

家需要支付 2.85 美元的退货处理费，具体示例如图 6-25 所示。

尺寸分段	发货重量	2021 年 6 月 1 日之前（服装）	2021 年 6 月 1 日之前（鞋靴）	2021 年 6 月 1 日及以后（服装和鞋靴）
小号标准尺寸	不超过 6 盎司	$2.92	$2.50	$2.12
	6 至 12 盎司（不含 6 盎司）	$2.92/$3.11	$2.50/$2.63	$2.23
	12 至 16 盎司（不含 12 盎司）	$3.11	$2.63	$2.32
大号标准尺寸	不超过 6 盎司	$3.70	$3.31	$2.40
	6 至 12 盎司（不含 6 盎司）	$3.70/$3.81	$3.31/$3.48	$2.76
	12 至 16 盎司（不含 12 盎司）	$3.81	$3.48	$2.85
	1 至 2 磅（不含 1 磅）	$5.35	$4.90	$2.96
	2 至 3 磅（不含 2 磅）	$5.95	$5.42	$3.41
	3 至 20 磅（不含 3 磅）	$5.95 + $0.38/磅（超出首重 3 磅的部分）	$5.42 + $0.38/磅（超出首重 3 磅的部分）	$3.41 + $0.20/磅（超出首重 3 磅的部分）
大件	小号	$8.26 + $0.38/磅（超出首重 2 磅的部分）	$8.26 + $0.38/磅（超出首重 2 磅的部分）	$4.19 + $0.20/磅（超出首重 2 磅的部分）
	中号	$11.37 + $0.39/磅（超出首重 2 磅的部分）	$11.37 + $0.39/磅（超出首重 2 磅的部分）	$10.57 + $0.25/磅（超出首重 2 磅的部分）
	大号	$75.78 + $0.79/磅（超出首重 90 磅的部分）	$75.78 + $0.79/磅（超出首重 90 磅的部分）	$43.70 + $0.25/磅（超出首重 90 磅的部分）
	特殊	$137.32 + $0.91/磅（超出首重 90 磅的部分）	$137.32 + $0.91/磅（超出首重 90 磅的部分）	$75.08 + $0.25/磅（超出首重 90 磅的部分）

图 6-25　退货处理费示例

(五)计划外服务费

如果卖家遵守亚马逊 FBA 的包装和预处理要求以及运输和路线安排要求,并确保卖家的承运人和供应商也遵循这些要求,则亚马逊运营中心可以高效、准确地接收并存储其库存商品。如果亚马逊运营中心在接收库存商品时出现问题,亚马逊将执行计划外服务,以成功将商品放入卖家的可售库存中。此外,如果同一问题组重复发生,那么亚马逊会升级卖家的指导级别(标准、提升、重要)。

1. 指导级别上报和降级

图 6-26 显示了问题组计划外预处理——塑料袋包装的指导级别升级和降级,此问题组允许的最大问题发生率为 0.36%。

问题日期	您的问题发生率	指导级别	问题数量	单件商品费用	计划外服务费用总计	说明
4 月 14 日	0.01%	标准	2	$0.70	$1.40	此问题组的初次发生 • 有 21 天的宽限期,在此期间我们不会为您升级该组。
4 月 20 日	0.40%	标准	6	$0.70	$4.20	未升级 • 您仍处于 21 天的宽限期内(从 4 月 14 日开始)
5 月 10 日	0.50%	提升	5	$1.40	$7.00	指导级别升级 • 问题发生率超出允许的最大问题发生率(0.50% > 0.36%) • 超出 21 天宽限期(从 4 月 14 日开始)
6 月 20 日	0.50%	重要	10	$2.10	$21.00	指导级别升级 • 问题发生率超出允许的最大问题发生率(0.50% > 0.36%) • 超出 21 天宽限期(从 5 月 10 日开始)
10 月 25 日	0.20%	提升	5	$1.40	$7.00	指导级别降级 • 过去四个月内(6 月 20 日至 10 月 20 日)的问题发生率低于允许的最大问题发生率(0.20% < 0.36%)

图 6-26 指导级别上报和降级示例

2. 安全相关问题的计划外服务费

对于图 6-27 中的所有安全相关问题,允许的最大问题发生率为零。另外,对于条形码标签缺失问题,计划外服务费按照初次发生和后续发生收取,初次发生按每件商品收取 0.2 美元,后续发生按每件商品收取 0.4 美元。

问题组	问题	问题发生率	商品	指导级别和相应的计划外服务费		
				标准 每件商品费用	提升 每件商品费用	重要 每件商品费用
安全问题 - 包装箱相关	货件箱超重	货件级别	包装箱	$25 + 入库问题提醒 - 货件	$50 + 入库问题提醒 - 货件	$75 + 入库问题提醒 - 货件
	货件箱过大					
安全问题 - 商品相关	电子商品危害		货件	$25 + 入库问题提醒 - 货件	$50 + 入库问题提醒 - 货件	$75 + 入库问题提醒 - 货件
	尖锐商品危害					
	易外溢商品危害					
安全问题 - 托拍相关	托拍状况不可接受		货件	$50 + 入库问题提醒 - 货件	$100 + 入库问题提醒 - 货件	$150 + 入库问题提醒 - 货件

图 6-27　安全问题的计划外服务费

三、库存配置

(一)分布式库存配置

亚马逊拥有非常多的运营中心。默认情况下,在卖家创建入库计划后,亚马逊会把卖家的货件拆分为多个货件,每个货件发往不同的运营中心,这就是分布式库存配置。

亚马逊是默认"分布式库存配置"的,会把卖家的库存按照大数据计算结果分布到全国的多个亚马逊运营中心,以确保买家可以更快收到其购买的产品。这就意味着货件不能一票发走,卖家需要付出更多的头程物流费用,因此卖家可通过开启库存配置服务的方式来减少物流成本,具体费用如图 6-28 所示。

标准尺寸商品 (按件收取)	
小于或等于 1 磅	$0.30
1-2 磅	$0.40
超过 2 磅	$0.40 + (超出首重 2 磅的部分) $0.10/磅

大件商品 (按件收取)	
小于或等于 5 磅	$1.30
超过 5 磅	$1.30 + (超出首重 5 磅的部分) $0.20/磅

图 6-28　库存配置服务费用

(二)开启库存配置服务

卖家要解决分仓问题,其方法就是使用 FBA 的合仓服务。下面以亚马逊美国站为例来讲解开启库存配置服务的操作流程。

(1)登录亚马逊后台,单击"设置"→"亚马逊物流",如图 6-29 所示。

图 6-29 进入"亚马逊物流"

(2)进入亚马逊物流设置页面,选择"入库设置"项,单击"编辑"按钮,如图 6-30 所示。

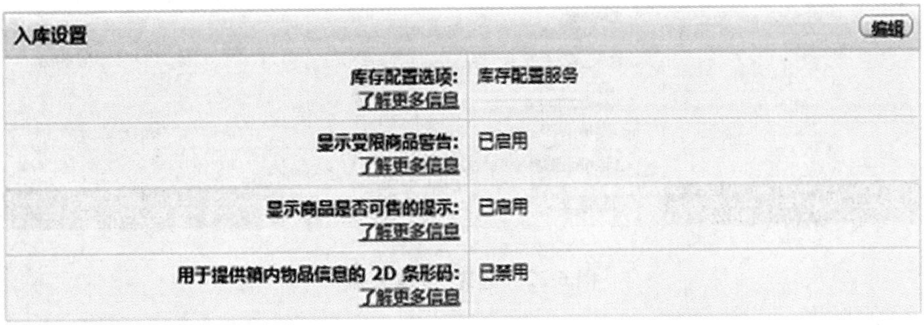

图 6-30 选择"入库设置"项

（3）进入入库设置页面，选择"库存配置服务"，然后单击"更新"按钮，库存配置服务就开启了，如图 6-31 所示。

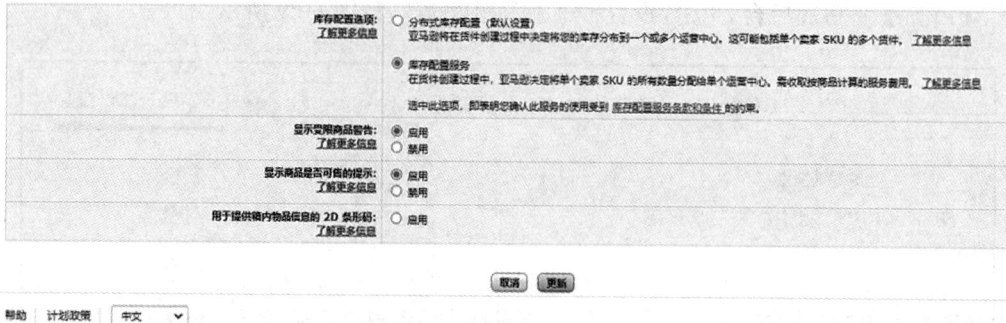

图 6-31 选择"库存配置服务"

四、创建发货计划

下面以亚马逊美国站为例来讲解创建发货计划的后台操作流程。

（1）登录亚马逊后台，单击"库存"→"管理库存"，进入库存管理界面，如图 6-32 所示。

FBA 发货流程

图 6-32 选择"管理库存"

（2）"转换为'亚马逊配送'"设置。在库存管理页面，首先，卖家对商品状况进行选择，可以是"所有"或"在售"或"不可售"，一般要选择"所有"；其次，卖家可以通过搜索 SKU、标题、ISBN 等找到要转换为 FBA 发货的产品，并在左侧勾选框中选择该商品，若卖家仅勾选 1 款商品，其选择信息将显示为"应用于 1 件选定商品"；若卖家勾选 14 款商品，则显示为"应用于 14 件选定商品",如图 6-33 所示。单击"应用于 14 件选定商品"按钮,再单击"转换为'亚马逊配送'"按钮,如图 6-34 所示。

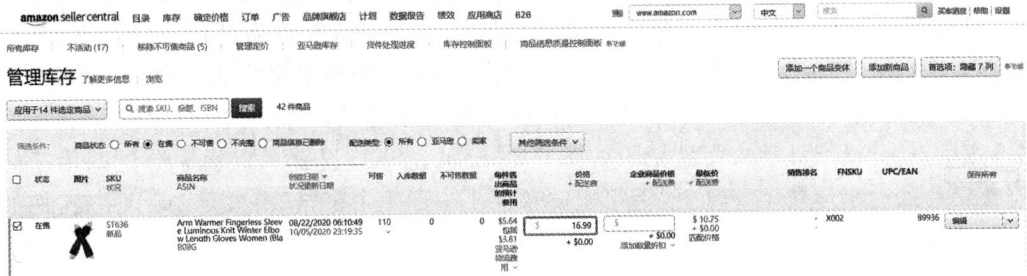

图 6-33　点击左上角"应用于 X 件选定商品"

图 6-34　选择"转化为'亚马逊配送'"

（3）"发送库存"设置。确认所选产品无误,确认当前的订单配送方为亚马逊,点击"发送库存"按钮,如图 6-35 所示。"完成"是指成功转化为亚马逊配送,"发送库存"是指成功转化为亚马逊配送的同时开始发货。

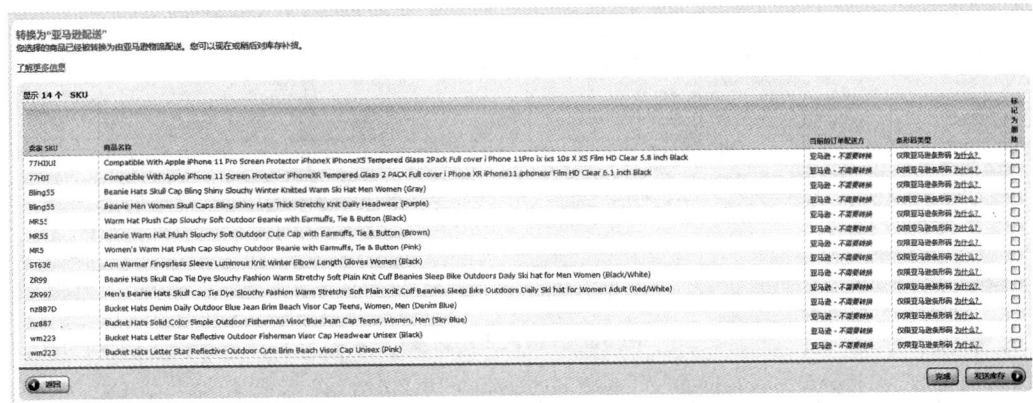

图 6-35　点击"发送库存"按钮

(4)选择并确认发货地址和打包方式,如图 6-36 所示。

①选择并确认发货地址。方法一,选择默认的发货地址,则无需再操作;方法二,选择"从另一地址发货",则需要填写全新的公司地址或者工厂地址。

②选择并确认打包方式。包括类型分为两种:一种是混装商品,即一个箱子里可以放不同 SKU 的产品;另一种是原厂包装发货商品,即一个箱子里只能放同一个 SKU 的产品,不能放其他 SKU 的产品。在产品 SKU 比较多的情况下,一般建议选择混装商品,然后点击"继续处理入库计划",如图 6-36 所示。SKU 是亚马逊卖家分配的用于标识特定商品的字母数字字符串,字符串的长度不少于 1 个字符、不大于 40 个字符,例如 Acme101。

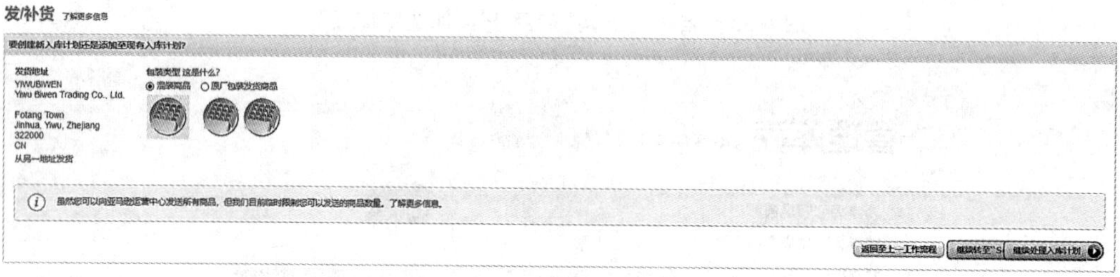

图 6-36　选择并确认发货地址和打包方式

(5)转到"设置数量"页面。这里"所有商品"会显示所有选择 FBA 发货的产品信息,卖家如果还需要新增 SKU,则点击"添加商品"按钮;如果需要删除,则点击每个 Listing 后面的"X"按钮。根据实际情况,卖家输入每个商品的发货数量,再点击"继续"按钮,如图 6-37 所示。

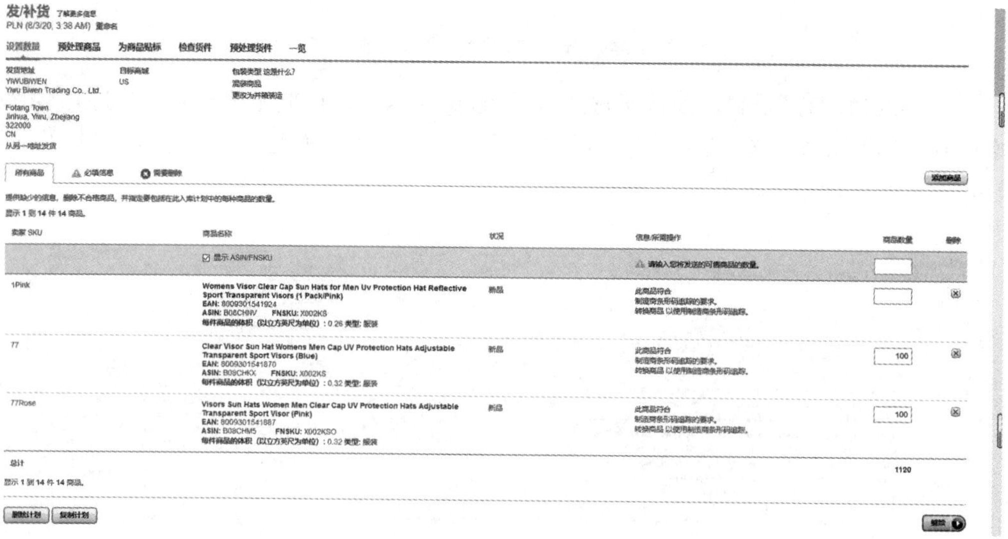

图 6-37　输入商品数量

(6)转到"预处理商品"页面。如果发货商品不是打孔包装、液体(非玻璃瓶装)、成人用品、衣架上的服装、尖利物品、母婴用品等,则选择"无需预处理",如图 6-38 所示;预处理方可以是亚马逊、卖家或者适用于全部，由于亚马逊预处理需要收费，且费用较高，一般选择"卖家"，如图 6-39 所示；卖家还需要对 SKU 和商品数量进行核对，确保发货的 SKU 和商品数量与创建时填写一致。

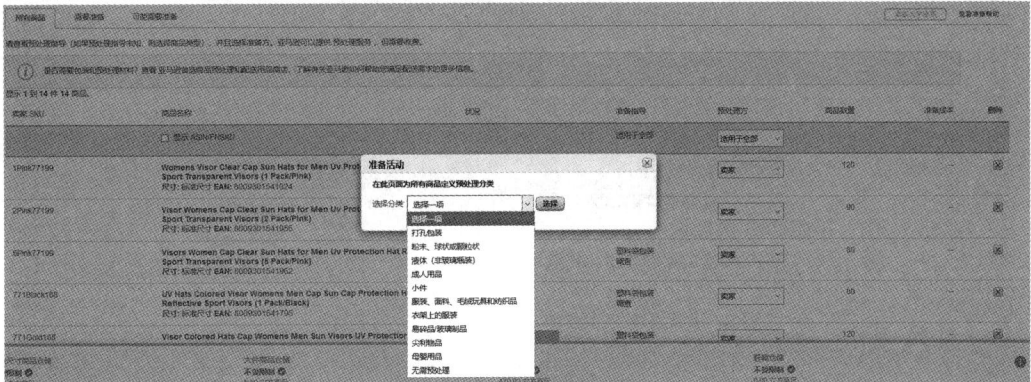

图 6-38　选择"预处理分类"

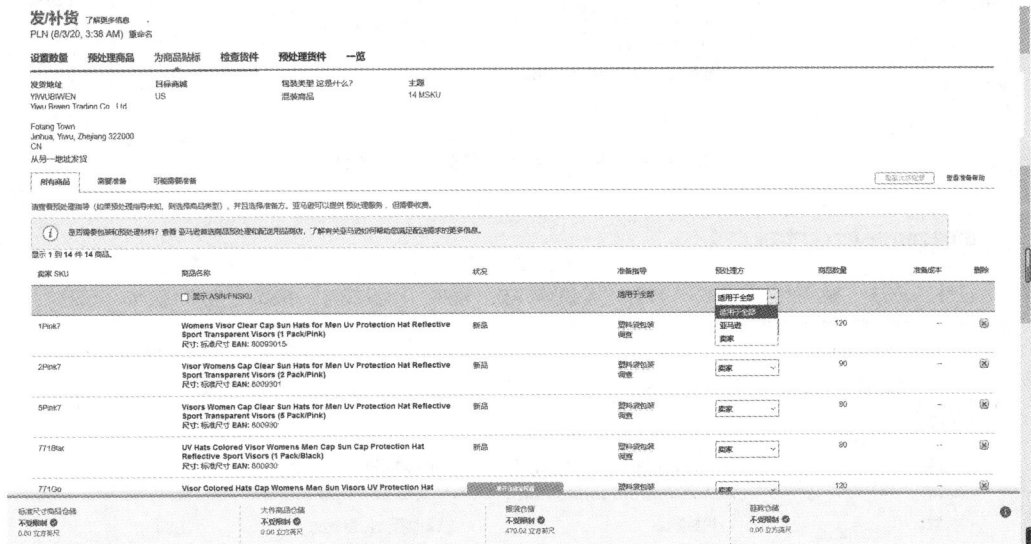

图 6-39　选择"预处理方"

（7）转到"为商品贴标"页面，如图 6-40 所示的中文界面。由于商品的销售地在美国，卖家需要下载英文标签，而非中文标签，下载之前先进行中英文标签转化操作。第一步，卖家点击"管理亚马逊货件"按钮，如图 6-41 所示；第二步，点击语言框，选择"English"，如图 6-42 所示；第三步，在货件处理进度的英文界面，找到需要的货件，点击"Work on shipping plan"按钮，如图 6-43 所示；第四步，选择"Label Products"进入为商品贴标的英文界面，如图 6-44 所示，即完成了中英文标签转化。卖家根据产品包装尺寸选好标签的大小，如图 6-45 所示，之后点击"Print labels for this page"，英文标签如图 6-46 所示。

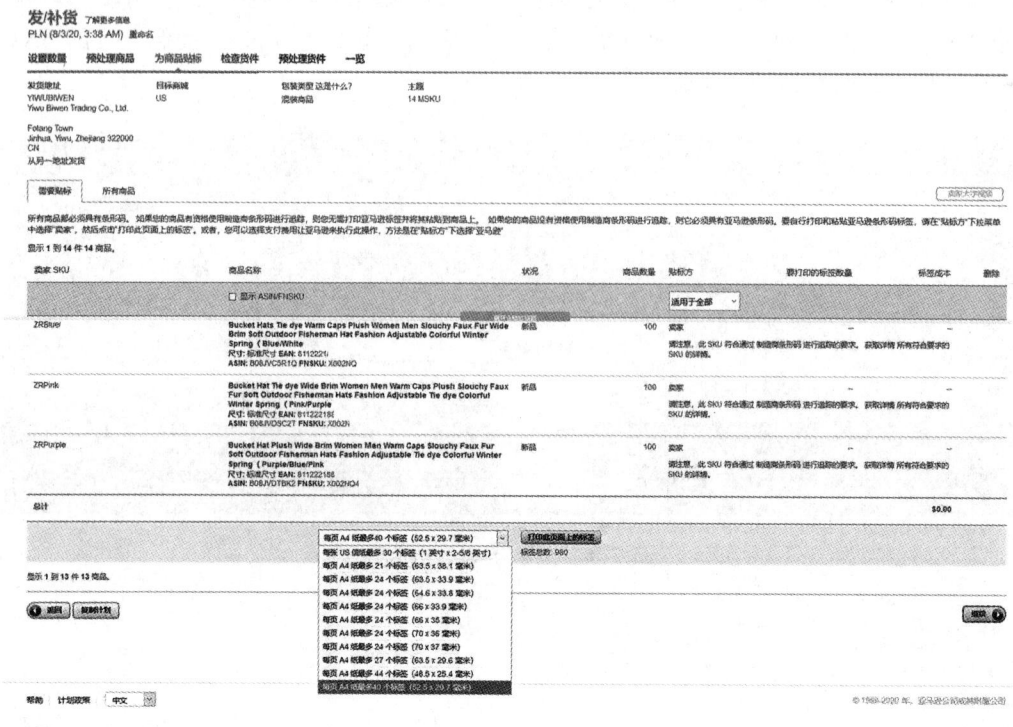

图 6-40　进入"为商品贴标"中文界面

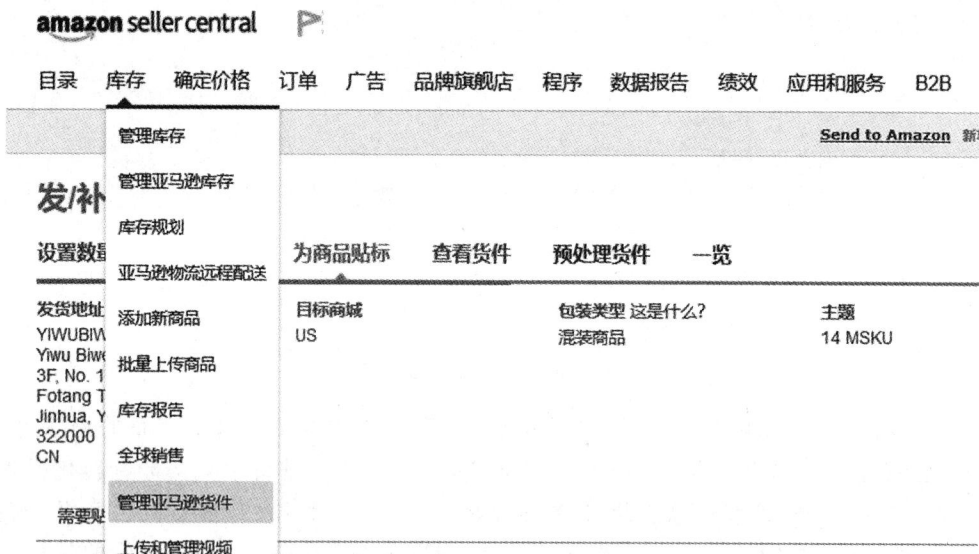

图 6-41　选择"管理亚马逊货件"

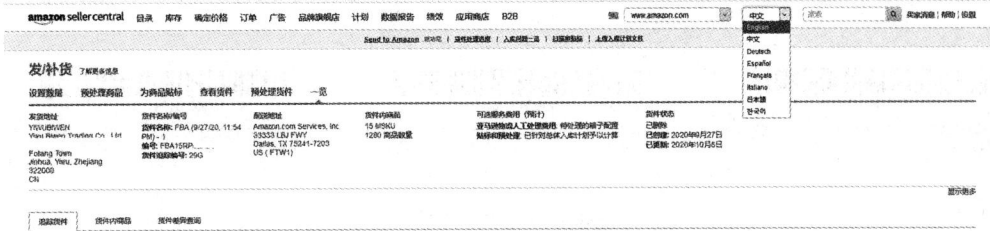

图 6-42　选择"English"

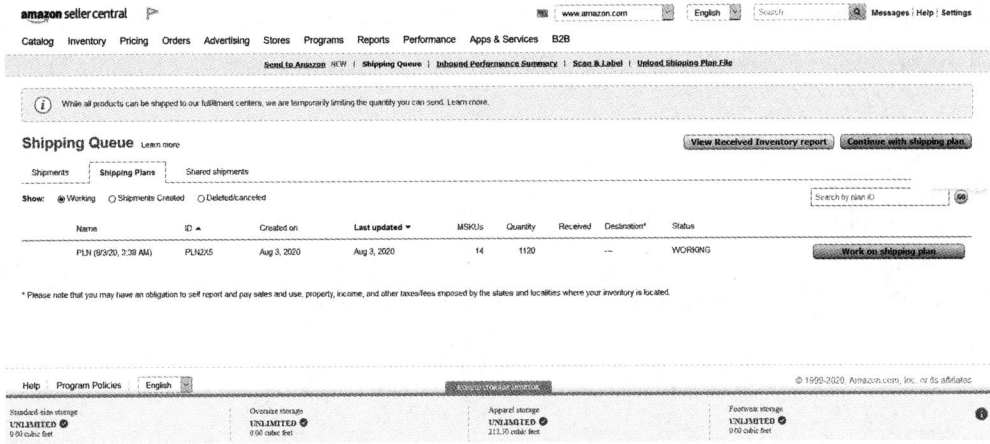

图 6-43　点击"Work on shipping plan"按钮

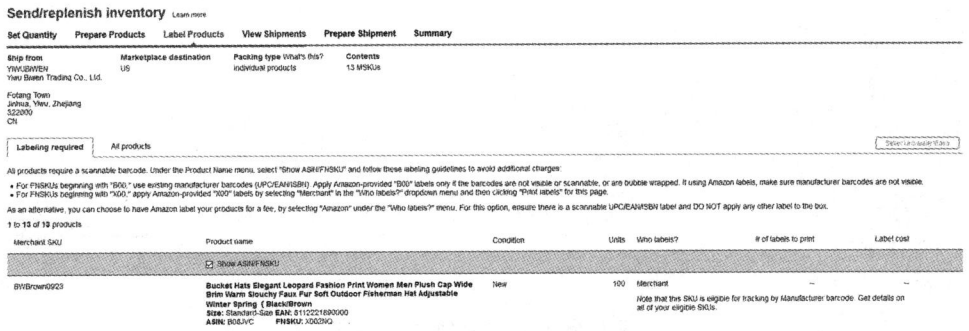

图 6-44　进入"Label Products"页面

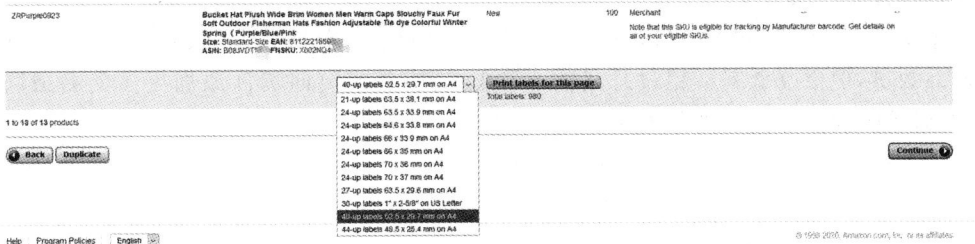

图 6-45　选择标签并打印

图 6-46　英文标签

（8）按照上述步骤进行英文转中文的操作，来到"检查货件"的中文页面。检查货件的发货地址、包装类型、主题、可选服务费用、商品数量、配送地址等信息，卖家确认没问题后，点击"批准并继续"按钮，如图 6-47 所示；再次确认货件，点击"处理货件"按钮，如图 6-48 所示。

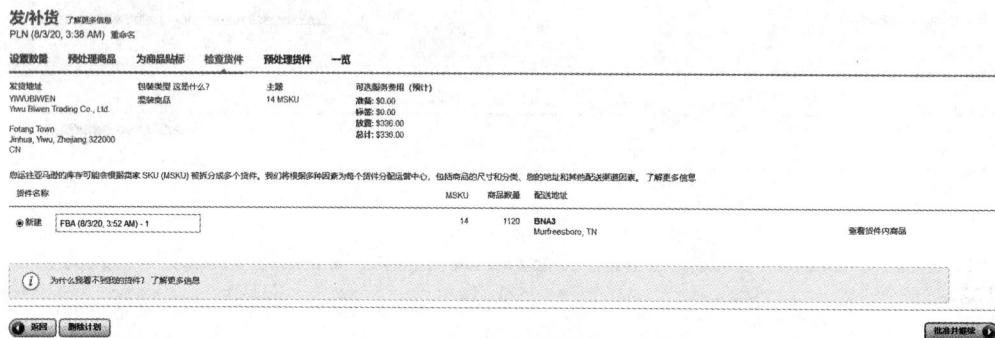

图 6-47　点击"批准并继续"按钮

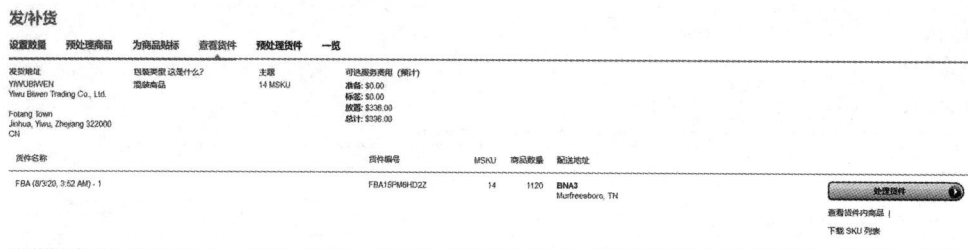

图 6-48　点击"处理货件"按钮

（9）转到"预处理货件"页面，这里包括检查货件内容、设置配送服务、设置货件包装、打印货件标签等四个步骤。

①检查货件内容，如图 6-49 所示。卖家点击"检查并修改商品"按钮，可以查看和修改商品数量，但更改范围不超过总量的 5% 或 6 件；若想要向货件添加更多商品或新商品，则必须复制货件或创建新的货件。

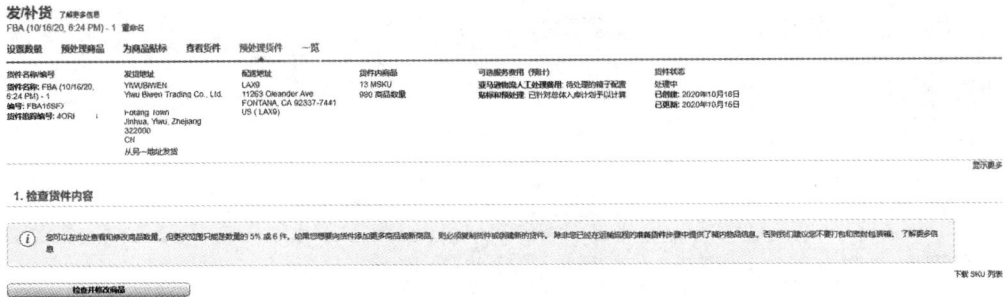

图 6-49　点击"检查并修改商品"按钮

②设置配送服务,包括设置配送方式和配送商,如图 6-50 所示。如果每个箱子的重量不超过 150 磅,配送方式需选择"小包裹快递(SPD)",否则选择"汽车零担(LTL)"。亚马逊卖家一般都是自己联系配送商,这里选择"其他承运人",并在下拉列表中选择具体的承运人。

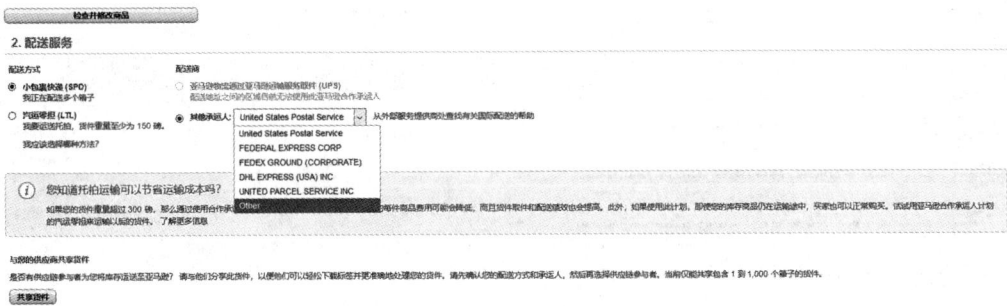

图 6-50　设置配送方式和配送商

③设置货件包装,包括设置包装箱数量、尺寸和重量。

第一步,设置包装箱数量,如图 6-51 所示,根据实际情况选择"所有商品装于一个箱子",或"每箱一个 SKU",或"每箱不止一个 SKU(不超过 15 个包装箱)",或"每箱不止一个 SKU(超过 15 个包装箱)"。在只有一个箱子的情况下,卖家仅能采用"使用网页表格"填写箱子的尺寸和重量;在有两个及两个以上箱子的情况下,卖家可以采用"使用网页表格"或"上传文件"填写箱子的尺寸和重量,如图 6-52 所示。为节约物流成本,卖家一般不选择"跳过箱子信息并收取人工处理费用"。

第二步,设置包装箱尺寸和重量。需要注意的是,"使用网页表格"填写的箱子尺寸单位是英寸(in),箱子重量单位是磅(lb),如图 6-52;"上传文件"填写的箱子尺寸单位是厘米(cm),箱子重量单位是千克(kg),如图 6-53 所示。如果单个箱子的重量超过 50 磅,则需在箱子外侧标注"Team Lift"的字样。

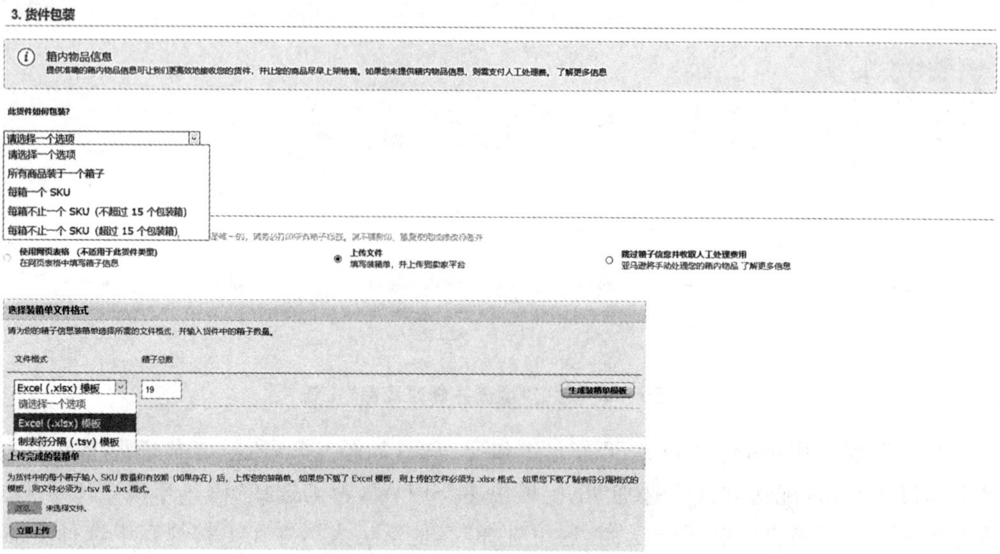

3. 货件包装

ℹ **箱内物品信息**
提供准确的箱内物品信息可让我们更高效地接收您的货件，并让您的商品尽早上架销售。如果您未提供箱内物品信息，则需支付人工处理费用。了解更多信息

此货件如何包装？

请选择一个选项 ▼
请选择一个选项
所有商品装于一个箱子
每箱一个 SKU
每箱不止一个 SKU（不超过 15 个包装箱）
每箱不止一个 SKU（超过 15 个包装箱）

○ 使用网页表格（不适用于此货件类型）　　　　　　　　　　○ 上传文件　　　　　　　　　　○ 跨过箱子信息并收取人工处理费用
在网页表格中填写箱子信息　　　　　　　　　　　　　　　　填写装箱单，并上传到卖家平台　　　　　亚马逊将手动处理您的箱内物品 了解更多信息

选择装箱单文件格式

请为您的箱子信息装箱单选择所需的文件格式，并输入您件中的箱子数量。

文件格式	箱子数量	
Excel (.xlsx) 模板 ▼	19	生成装箱单模板
请选择一个选项		
Excel (.xlsx) 模板		
制表符分箱 (.tsv) 模板		

上传完成的装箱单

为货件中的每个箱子输入 SKU 数量和有效期（如果存在）后，上传您的装箱单。如果您下载了 Excel 模板，则上传的文件必须为 .xlsx 格式。如果您下载了制表符分隔格式的模板，则文件必须为 .tsv 或 .txt 格式。

浏览　未选择文件。

立即上传

图 6-51　设置包装箱数量

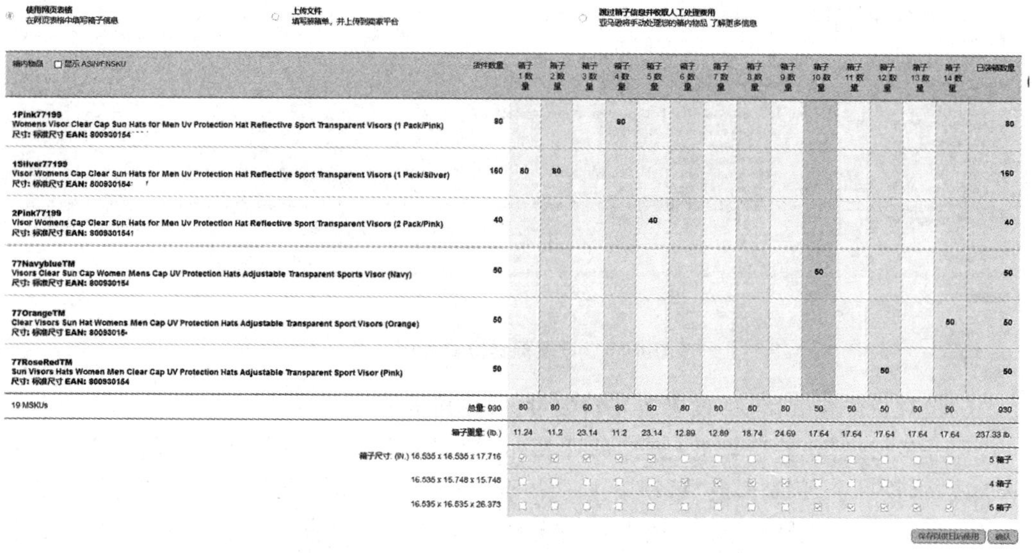

图 6-52　"使用网页表格"设置包装箱尺寸和重量

Shipment ID	FBA15PM6HD2Z										
Name: FBA (8/3/20, 3:52 AM) - 1											
Merchant SKU	ASIN	FNSKU	Who will prep?	Prep Type	Who will label?	Expected QTY	Boxed QTY	Box 1 - QTY	Box 2 - QTY	Box 3 - QTY	Box 4 - QTY
1Pink771	B08CHNV5	X002KS1L7R	Merchant	Polybagging	Merchant	120	120	80	40		
2Pink771	B08CHNLV	X002KSCZYX	Merchant	Polybagging	Merchant	90	90		30	60	
Plan ID: PLN2X5SQ19								Box 1	Box 2	Box 3	Box 4
Ship To: BNA3							Weight of box (kg)	5.1	4.55	7.3	11.7
Total SKUs: 14							Box length (cm)	42	42	42	42
Total Units: 1120							Box width (cm)	42	42	42	42
							Box height (cm)	45	45	45	45

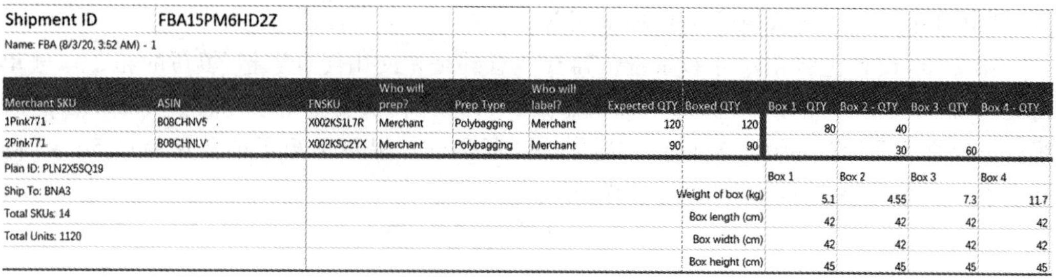

图 6-53　"上传文件"设置包装箱尺寸和重量

④下载/打印货件标签。纸张类型选择第一个选项"Plain paper",如图 6-54 所示,下载完毕后,点击"完成货件"按钮。箱签下载下来的格式是 PDF,如图 6-55 所示,用 A4 纸直接打印,裁剪后粘贴在外箱上即可。每个箱子上的标签都是唯一的,卖家必须打印所有箱子的标签并粘贴。

图 6-54　下载货件标签

图 6-55　打印货件标签

(10)转到"一览"页面,填写追踪单号,然后点击"全部保存"按钮,最后一步"标记已发货",即完成全部操作,如图6-56所示。

图6-56 填写追踪编码和标记已发货

五、头程物流

头程物流是指通过海运、陆运或空运等方式把商品从启运国(地)运送至目的国(地),常见的运输方式有国际快递、航空运输和航海运输。

FBA 头程物流选择

(1)国际快递,指两个或两个以上的国家(地区)之间所进行的快递、物流业务。国际快递具有时效性高、丢包率低、可追溯查询等优点,且其全球网络较完善,能够实现报关、报检、保险等辅助业务,支持货物包装与仓储等服务,可以实现门到门服务以及货物跟踪服务,常见的物流承运商有 UPS、DHL、FedEx 等。但是,国际快递的价格偏高,尤其在一些国家或偏远地区收取的附加费更是惊人。国际快递也会遭遇一些国家(地区)的限定,尤其针对货物类型方面,如在美国,新鲜/罐装的肉类与肉制品、植物种子、蔬菜、水果、非罐装或腌熏之鱼类及鱼子等货物被列入国际快递的禁运目录。

(2)航空运输,指使用飞机作为运输工具进行货物运输的一种运输方式。空运一般分为"空加卡"和"空加派"两种形式:空加卡,指头程物流使用空运,通过普通空运的方式进行目的国(地)清关,再用卡车运输货物至目的地;空加派,指头程物流使用空运,通过快递公司进行目的国(地)清关,再用快递或邮政的车运输货物至目的地。

(3)航海运输,指使用船舶通过海上航道在不同国家(地区)港口之间运送货物的一种方式。海运包括海运整箱和海运拼箱。海运整箱(Full Container Load,FCL)指整箱货物仅有一个发货人,并由发货人来负责装箱、计数、积载并加以铅封的货运;海运拼箱(Less Contaier Load,LCL)指发货人托运的货物为不足整箱的小票货,通过代理人(或承运人)分类整理货物,把发往同一目的地的货物集中到一定数量后拼装入箱。与空运相同,海运分为"海加卡"和"海加派"两种形式:海加卡,指头程物流使用海运,通过普通海运方式进行目的国(地)清关,货物到达目的港后使用卡车运送至目的地;海加派,指头程物流使用海运,通过快递公司进行目的国(地)清关,货物到达目的港后使用快递或邮政的车送至目的地。

国际快递、空运和海运的运输方式特点,如表6-2所示。

表6-2　国际快递、空运、海运的运输方式对比

对比项	国际快递	空运	海运整箱	海运拼箱
计费单位	千克	千克	立方米	立方米
尺寸属性	单边尺寸小于3米	3.18米×2.54米×1.6米内	超重超长的产品	不限货物多少
环节	少	少	多	多
清关	快递清关通道	正常	正常	正常
时效	快	快	慢	慢
运费	高	偏高	偏低	低

六、标签与包装

(一)FBA标签

与FBA相关的三大标签分别是商品标签、货件标签、托盘标签。

(1)商品标签,又叫FNSKU,是以X000开头的标签,须覆盖商品的原始条形码。

(2)货件标签,是指粘贴在包裹外箱上的标签。一个货件编号可能有多个箱子,会通过货件编号的U001、U002等体现出来。

(3)托盘标签,是指一个托盘的四面都要粘贴的标签,共有4个托盘标签,和上述货件标签相似。需要注意的是,托盘标签只有在海运过程中才会使用到。

(二)FBA包装的合格标准

(1)纸箱尺寸要求。纸箱任意一边尺寸不得超过63.5cm,超过则要放置在1m×1.25m的托盘上;选择纸箱的尺寸要确保在货物放入后,剩余最少空间。

(2)纸箱包装材质要求。用大尺寸的衬垫,如空气枕、泡沫纸或者气泡膜保护货物。如果包装材质不被亚马逊运营中心接受,会导致商品被拒收或收取额外包装费用。纸箱不能使用松紧带、胶带等附加打包带来捆绑,也不能使用大型订书钉或尼龙纤维胶带。

(3)纸箱标签张贴。"Team Lift"标签,纸箱总重量超过22.5千克(欧洲五国及日本要求超过15千克),则要在纸箱上明确粘贴"Team Lift"标签,表示需要多人搬运;"Mech Lift"标签,纸箱总重量超过45千克(欧洲五国要求超过30千克),就需要在纸箱上明确粘贴"Mech Lift"标签,表示需要机器搬运。

(三)FBA限制入仓产品

一些商品可能有资格在亚马逊上销售,但是不能使用亚马逊物流配送。卖家需要遵守商品限制条件,否则亚马逊运营中心可能拒收、弃置或退还商品等。我们以美国站为例

介绍使用 FBA 的商品要求和限制，包括禁运商品、危险品、有效期商品和易融商品。

1. 禁运商品

FBA 禁运商品如表 6-3 所示。

表 6-3　FBA 禁运商品（以美国站为例）

序　号	禁运商品	序　号	禁运商品
1	酒精饮料	7	礼品卡、礼券和其他储值工具
2	带有未授权营销材料（例如宣传册、价格标签和其他非亚马逊标签）的商品	8	存在残损或缺陷的商品
3	不符合亚马逊与卖家之间任何协议要求的商品	9	被亚马逊确定为不适宜销售的商品
4	汽车轮胎	10	松散包装的电池
5	需要预处理但未按 FBA 包装和预处理要求进行预处理的商品	11	在发货前未向亚马逊正确注册标签或标签与所注册商品不符的商品
6	以非法方式复制、复印或制造的商品		

2. 危险品

（1）如果卖家想通过 FBA 配送危险品，则必须随时关注现行的相关法律和法规，同时提供完整准确的商品信息、最新的安全数据表和商品成分信息表。

（2）在确保提供的危险品符合现行所有法规的前提下，卖家可以通过 FBA 销售防溢漏电池、锂电池、磁性材料等危险品，如表 6-4 所示。

表 6-4　FBA 接受的危险品

名　称	联合国危险货物编号	商品描述	示　例
腐蚀物（仅适用于欧洲站点）	UN2800	防溢漏电池	汽车电池等
其他危险物质	UN3480、UN3481 UN3090、UN3091	锂电池	移动电源、照相机、手机、电池充电器等
	UN2807	磁性材料	直径小于 30 厘米的扬声器、大型磁体等

3. 有效期商品

所有外用商品（如护肤品、化妆品、洗发水等）和消费类商品（如营养补充剂等），无论是供人类还是供动物使用，均被 FBA 视为具有有效期的商品，即使这类商品的包装上并未注明有效期。

4. 易融商品

"易融"商品指的是咀嚼或吞咽的热敏感商品，如表 6-5 所示。亚马逊全年禁止销售要求冷藏、保鲜或冷冻以及易腐的商品，包括但不限于新鲜肉类、水果或蔬菜。

表 6-5　FBA 接受的易融商品(以美国站为例)

易融商品	接受时间段	不接受时间段及处理方式
巧克力、酸奶、软糖、益生菌	10 月 16 日至次年 4 月 30 日	在 5 月 1 日至 10 月 15 日期间,FBA 将不配送此类商品,储存或运至亚马逊运营中心的易融库存商品将被标记为"无法配送/不可售"并被弃置

七、移除订单操作

(一)需要情况

(1)把销售不理想的商品从 FBA 仓库移除,不想再亏本缴纳仓储费。

(2)销毁被客户退回的瑕疵品或损坏的商品。

(3)移除即将需要缴纳长期仓储费用的商品。

(4)需要将商品发货给其他平台(例如 eBay)的订单。

通常情况下,移除订单会在 14 个工作日内处理完毕,但在节假日和移除高峰期,亚马逊处理移除订单可能需要 30 个工作日或更长时间。在被移除之前,可售库存仍然可供购买。如果卖家不想出售商品,需要将其停售。

(二)操作步骤

下面以亚马逊美国站为例来讲解弃置商品的后台操作流程。

(1)登录亚马逊后台,进入"移除不可售商品"页面,选中需要移除订单的商品,点击"创建移除订单",如图 6-57 所示。

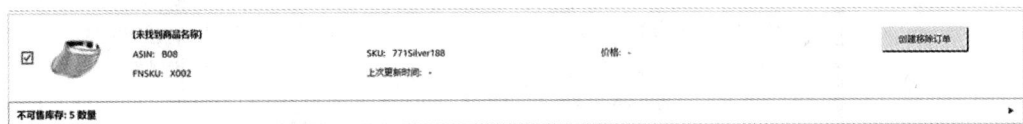

图 6-57　创建移除订单

(2)进行移除设置,如图 6-58 所示,"批量清货""配送地址"和"弃置"三选一,低价值、不可售的商品一般选择"弃置";在"设置移除订单编号"处,卖家可以输入自定义订单编号,也可以将该字段留空由系统创建订单编号;在"要移除的可售数量"或"要移除的不可售数量"下,根据实际情况输入要移除的商品数量;最后,点击"查看"完成设置。

图 6-58　进行移除设置

(3)检查并确认,如图 6-59 所示,检查数量和移除方法是否正确无误,然后点击"确认",移除订单完成设置,如图 6-60 所示。

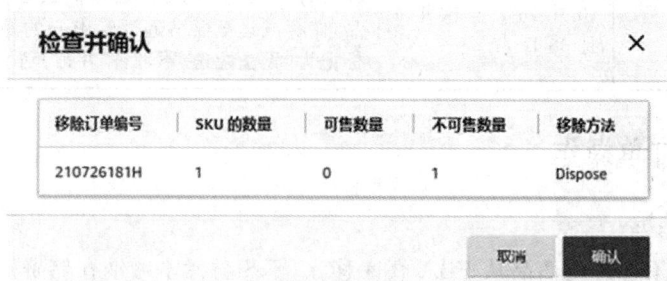

图 6-59　移除检查并确认

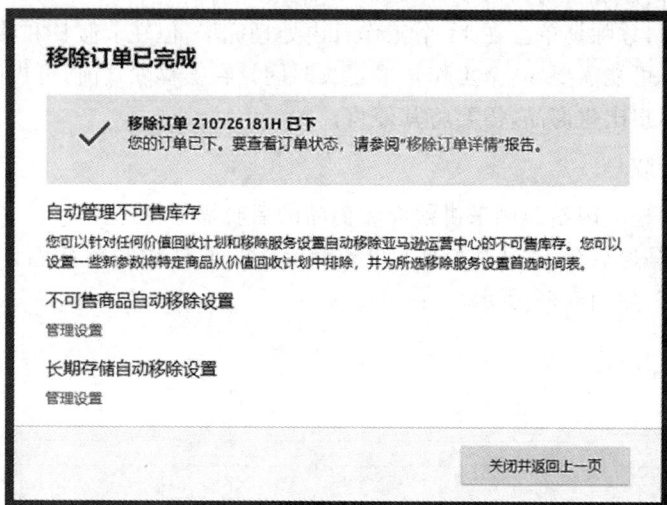

图 6-60　移除订单已完成

【创业示范】

创业任务:熟悉亚马逊美国站的 FBA 费用计算。

〔Step 1〕　打开链接 https://sellercentral. amazon. com/hz/fba/profitabilitycalculator/index? lang＝en_US,选择"Continue as guest",如图 6-61 所示。

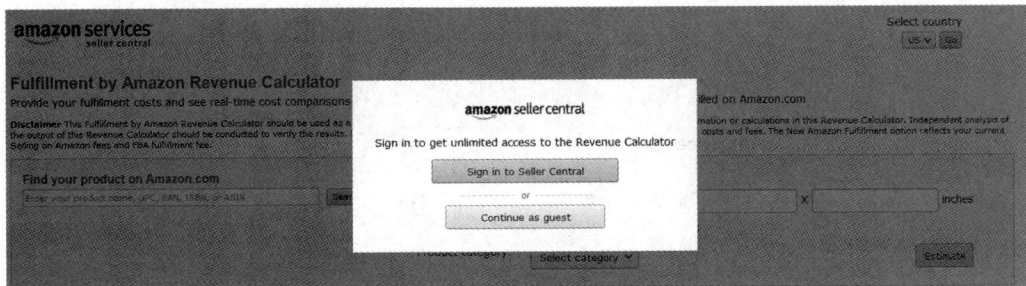

图 6-61　打开 FBA 费用计算器

[Step 2]　搜索商品,卖家可以按 ASIN 或商品名称等关键词进行搜索,点击"Search",如图 6-62 所示,以查找在亚马逊平台上发布的所有商品,如图 6-63 所示。如果卖家选择的商品未关联重量或尺寸,便需输入相关重量或尺寸以估算亚马逊物流费用。

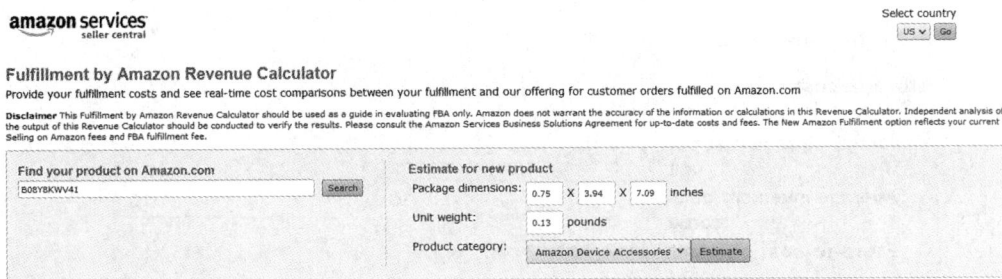

图 6-62　输入商品 ASIN

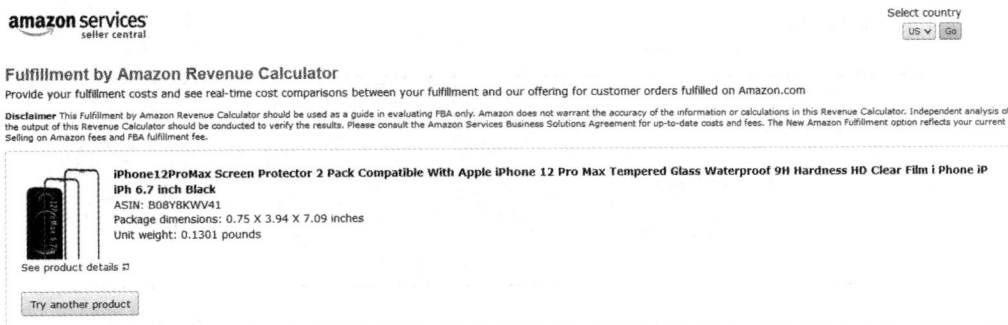

图 6-63　搜索商品 ASIN

[Step 3]　输入收入信息,如图 6-64 所示。其中,"Your fulfillment"是指自发货订单,"Amazon Fulfillment"是指亚马逊物流订单;"Total revenue"是指总收入,"Item price"是指产品销售价格,"Shipping"是指向买家收取的运费。对于自发货订单,卖家可以向买家单独收取运费,也可以不收取运费;对于亚马逊物流订单,由于已包括运费,因此这笔金额为零且不会影响亚马逊物流配送费用。

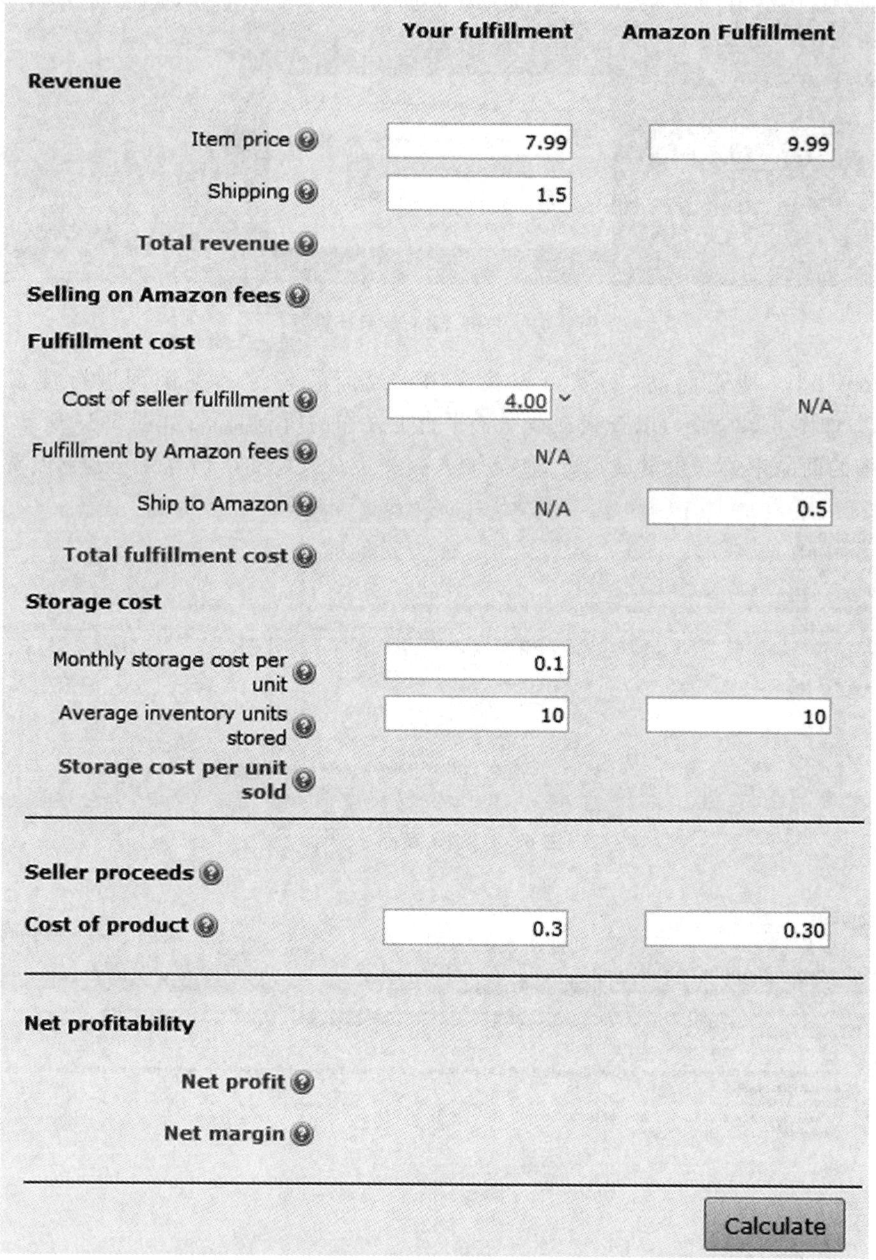

	Your fulfillment	Amazon Fulfillment
Revenue		
Item price 🔵	7.99	9.99
Shipping 🔵	1.5	
Total revenue 🔵		
Selling on Amazon fees 🔵		
Fulfillment cost		
Cost of seller fulfillment 🔵	4.00 ⌄	N/A
Fulfillment by Amazon fees 🔵	N/A	
Ship to Amazon 🔵	N/A	0.5
Total fulfillment cost 🔵		
Storage cost		
Monthly storage cost per unit 🔵	0.1	
Average inventory units stored 🔵	10	10
Storage cost per unit sold 🔵		
Seller proceeds 🔵		
Cost of product 🔵	0.3	0.30
Net profitability		
Net profit 🔵		
Net margin 🔵		

Calculate

图 6-64 输入收入信息和成本信息

〔Step 4〕 输入成本信息,如图 6-64 所示,包括销售佣金、亚马逊物流配送费用、月度仓储费、非固定交易手续费等,但不包括月服务费、长期仓储费、每件费用、退货处理费、计划外服务费、仓储超量费、税费、未明确列入包含范围的其他不常见费用等。第一类,"Selling on Amazon fees"是指亚马逊收取的销售佣金,自动生成。第二类,"Total fulfillment cost"是指总的物流成本,"Cost of seller fulfillment"是指涵盖了人工、包材、运输、客服等的自发货物流成本,"Fulfillment by Amazon fees"是指亚马逊配送费,"Ship to Amazon"是指运送到亚马逊运营中心的物流成本。第三类，"Storage cost per unit sold"是指每单位的仓储成本，"Monthly storage cost per unit"是指每月每单位的仓储成本，"Average inventory units stored"是指存储的平均库存单位。第四类，"Cost of product"是指产品的采购成本。

[Step 5] 计算费用，点击"Calculate"，如图 6-65 所示。其中，"Seller proceeds"是指卖方收益，等于总收入减去销售佣金、物流成本和仓储成本；"Net profit"是指净利润，等于卖方收益减去采购成本；"Net margin"是指净利润率，等于净利润除以总收入。

	Your fulfillment	Amazon Fulfillment
Revenue		
Item price	$ 7.99	$ 9.99
Shipping	$ 1.50	$ 0.00
Total revenue	$ 9.49	$ 9.99
Selling on Amazon fees	$ 1.42 ˅	$ 1.50 ˅
Fulfillment cost		
Cost of seller fulfillment	$ 4.00 ˅	N/A
Fulfillment by Amazon fees	N/A	$ 2.70 ˅
Ship to Amazon	N/A	$ 0.50
Total fulfillment cost	$ 4.00	$ 3.20
Storage cost		
Monthly storage cost per unit	0.01	$ 0.01
Average inventory units stored	10	10
Storage cost per unit sold	$ 0.10	$ 0.10
Seller proceeds	$ 3.97	$ 5.19
Cost of product	$ 0.30	$ 0.30
Net profitability		
Net profit	$ 3.67	$ 4.89
Net margin	38.67%	48.95%

Calculate

图 6-65　计算利润和利润率

［Step 6］　调整和重新计算,查看基于输入信息的适用提醒,如图 6-66 所示,根据实际情况进行调整。

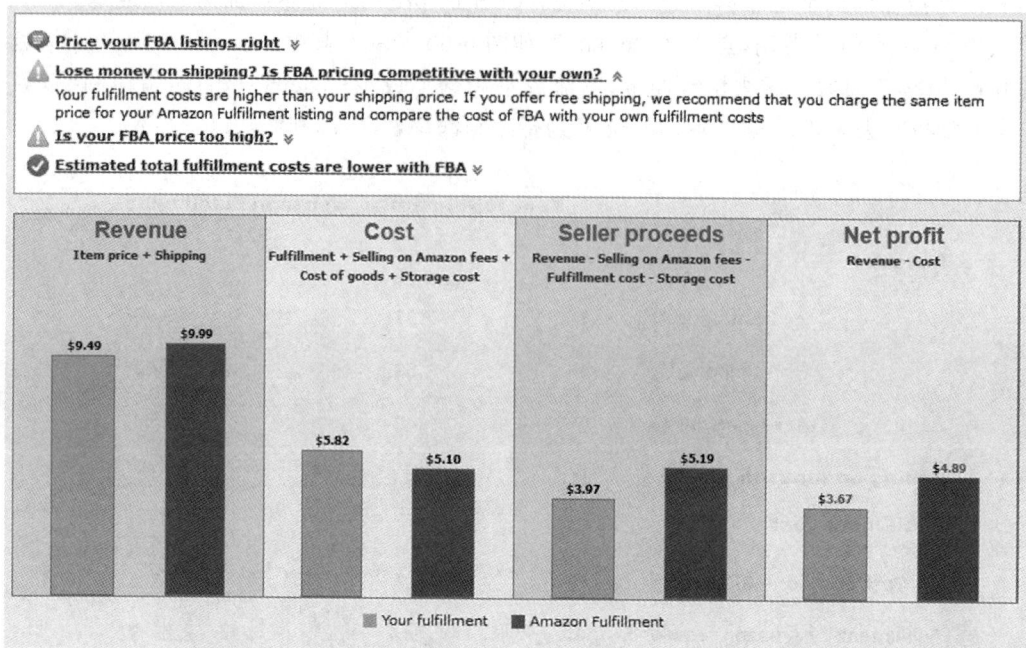

图 6-66　查看适用提醒

任务 3　库存管理与优化

【创业知识】

一、库存绩效指标

（一）库存绩效指标 IPI

库存绩效指标(Inventory Performance Index,IPI)是衡量一段时间内卖家的 FBA 整体绩效的量化指标,同时也是衡量卖家亚马逊仓储限制的决定性因素,主要由以下四个因素构成。

（1）冗余库存百分比:由于存在仓费和储存成本,储备过多库存会降低收益,从而影响到库存绩效。

（2）无在售信息的亚马逊库存百分比:因商品信息存在问题而无法供买家购买的库存,会导致销量降低并产生仓储成本,拉低库存绩效。

（3）亚马逊物流售出率:追踪卖家售出的商品与平均持有库存来的比例,有助于实时准确地了解库存状况,及时发现库存绩效存在的问题。

（4）亚马逊物流有存货率：保持可补货的畅销商品有存货，有助于最大限度地提高销量，并提升库存绩效。

卖家需要保持良好的信誉并不断提高 IPI 分数，在库存绩效页面会显示其中每个分类的绩效标准，如图 6-67 所示。IPI 仅适用于具有 FBA 库存且最近有账户活动的专业销售账户。如果您是 FBA 的新用户、个人销售账户或过去 13 周尚无活动，那么在系统记录到更多数据之前，卖家可能没有 IPI 分数。

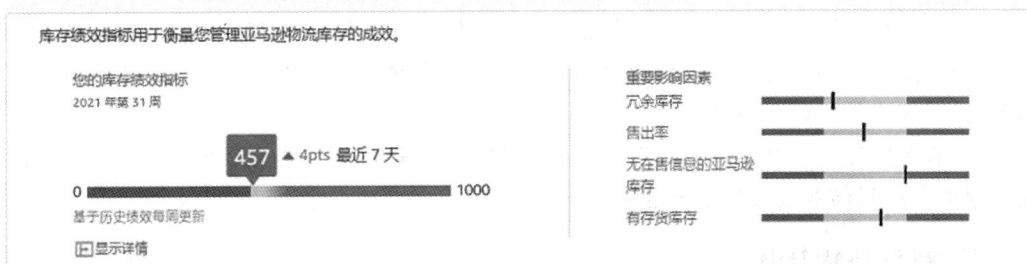

图 6-67　存绩效指标分解

（二）IPI 分数低的应对措施

对于 IPI 分数较低的卖家，不仅要想着如何生存，还要想着如何在库存量受限的情况下实现增长。具体而言，卖家可采取以下措施。

（1）确定新的库存限制。亚马逊会为服装、标准尺寸和超大件产品分配单独的仓储空间。如果卖家的商品跨越多个品类，那么将产品放进这些品类的独立仓库至少能减轻卖家部分仓储压力。

（2）优先考虑最小化库存。如果卖家的库存超过限额，在亚马逊计算超额费用前，卖家仍有时间卖出一些库存，具体做法就是提高售出率或移除产品。一方面，卖家应充分利用站内站外促销工具，有助于提高订单量并减少库存，从而最大限度地降低超额费用；另一方面，创建库存移除订单也有助于清除过剩库存并提高售出率。

（3）清理品类目录。对于亚马逊上的卖家而言，该政策主要用于清理一些表现不佳或销售速度较慢的产品，可帮助卖家改善经营水平。

二、库存管理的重要性

（一）原因分析

对于大部分亚马逊卖家来说，合理的库存管理是运营 FBA 的重中之重。这不仅关系到运营成本，更重要的是，缺货或滞销在很大程度上都会影响到销售情况。因此，库存管理的重要性不言而喻。

（1）避免缺货。如因不当的库存管理导致卖家缺货，卖家的畅销商品排名可能会大幅下降，不仅影响销售，后续还需要花费大量的时间、精力、资金重新得到商品排名。通过实时掌握订单的数量和库存的多少，卖家可以最大限度地减少因供不应求而导致收入损失的可能性。

（2）避免滞销。由于卖家选品错误及对库存管理不到位，出现库存积压导致滞销，这不仅影响卖家的亚马逊库存健康，更会让下一个销售季的产品无法正常流转，造成多方面的损失。

（3）避免过期或过季。由于不当的库存管理，导致某些商品存放时间过长或没有及时在最佳销售时机售出，造成商品过期或过季从而产生损失。

（二）规划方法

（1）新品测试期。卖家对自己的产品没有十足把握，只仓储少量库存。

（2）新品推广期。产品基本没问题，需要助推，计划推广数量是底线。

（3）销售成长期。产品拥有一定的市场份额，不容易被瓜分，库存应保证不断货。

（4）产品衰退期。基于竞争对手强势介入、客户消费心理变化等原因，时刻盯着销售排名，根据销量趋势调整备货量。

（5）流量突变期。对于由平台活动、节日、推广等带来的产品的流量爆发，要提前计划，同时根据产品目前的表现提前追加库存。

三、制订备货计划

（一）备货计划的重要性

补货不当会给卖家造成很大损失。对于什么时候需要补货、要补多少货、针对突发性销量增加的情况如何补货等问题，卖家要提前做好计划。

相对于 FBM 产品，FBA 产品缺货的影响更大。FBA 备货环节较多，包括分拣、贴标、打包、运输、等候亚马逊处理等，完成整个过程需要大量时间，若遇假期还会延长。及时补货在跨境网络零售领域扮演着重要的角色，也是促使销售不断扩张的重要方式。有效的备货计划能帮助卖家节省时间和提高利润率。

（二）备货量计算公式

FBA 备货相关公式如下：

FBA 备货周期＝交货时间＋物流时间＋上架时间＋周末天数

FBA 在库安全库存＝（交货时间＋物流时间＋上架时间＋周末天数）×每天销量

FBA 备货量＝FBA 在库安全库存＋弹性库存

卖家应算好备货周期和安全库存量，少量多次发货，采用运输方式组合，如海运、空运加海运、空运等，可合理减少物流费用和仓储费用。值得注意的是，促销备货量要单独计算，并且要分淡季、旺季。

库存管理与优化

【创业示范】

创业任务：设置库存补货提醒。

补货提醒功能可帮助卖家管理在亚马逊运营中心的库存，且无须持续监控每个商品。卖家可以为单个商品或一组商品设置提醒数量。当商品的可售数量达到设定的阈值时，亚马逊将发送一封补货提醒的电子邮件来通知卖家。卖家可以按商品数量或可销售周数设定该阈值。

[Step 1] 进入"管理亚马逊库存"页面,选中需要设置补货提醒的商品,在"编辑"中选择"设置补货提醒",如图 6-68 所示。

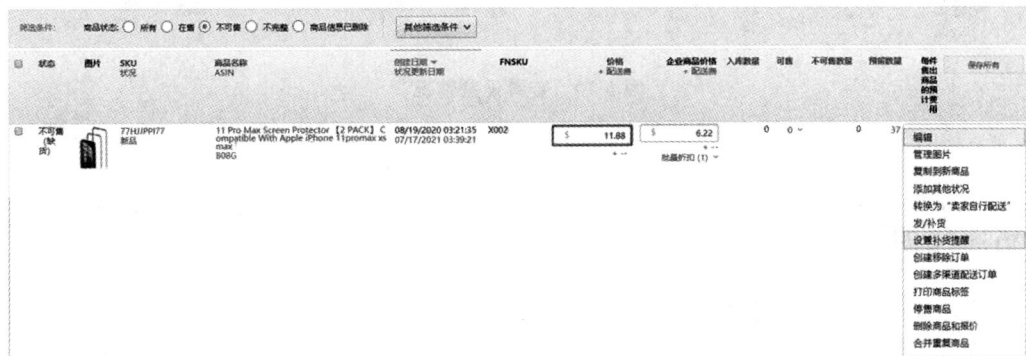

图 6-68 设置补货提醒

[Step 2] 选择提醒方式,"当可售商品数量达到(多少件商品)时"和"当可维持销售的周数达到(多少周)时"二选一,如图 6-69 所示。

图 6-69 选择提醒方式

[Step 3] 设置提醒阈值,根据过去 30 天的销售数据,填写对应的"提醒阈值",点击"保存",如图 6-69 所示。如果采购商品和配送商品需要两周时间,卖家一周内约售出该商品 100 件,则建议当商品在运营中心的可售库存为 300 件时,亚马逊将发送补货提醒通知卖家及时补货,由此在库存售完之前卖家有三周的时间向供应商下单订货并将商品运达亚马逊运营中心。

[Step 4] 查看设置情况,卖家可以返回到"管理亚马逊库存"页面查看,当库存数量达到补货提醒数量时,显示"红色铃铛",如图 6-70 所示。此"提醒阈值"不是一成不变的,卖家可根据实际情况进行调整。

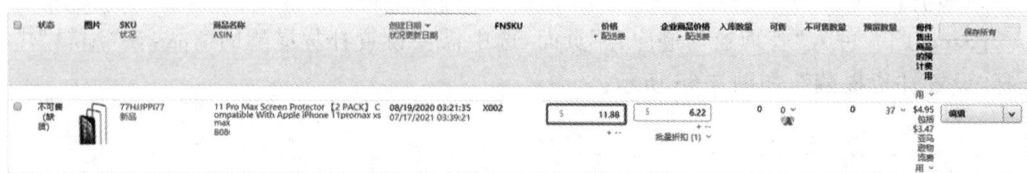

图 6-70　查看设置情况

【拓展知识】

当卖家使用跨境电商物流运输货物时,必不可少的有启运国(地)出口报关及目的国(地)进口清关这两个环节,如图 6-71 所示。因此,卖家在发货之前对进出口关务中需要注意的事项提前做好准备,以免货物被海关查扣或退回,延长运输时间。

图 6-71　跨境电商物流的运输流程

一、出口报关准备

报关是履行海关出口手续的必要环节之一,需要准备出口货物报关单、出口箱单、出口发票、代理报关委托书、申报要素等单据。在操作出口报关业务时,如需报关公司来帮助办理相关事宜,请确保卖家委托的是专业正规的报关公司。

在正式报关时,由具有报关报检资质的企业根据实际情况提供表 6-6 中所提及的单据来办理申报手续,若是个人报关,则按照进出境个人邮寄物流有关规定办理征免税手续。当货物抵达海关处,则由海关对货物进行查验,看实际通关货物与单据是否一致,若无问题海关则放行货物,最终货物由跨境电商企业所委托的目的国(地)的物流方对商品进行终端运输,最终交付至消费者手上。

表 6-6　我国跨境电商不同的通关程序

对照项目	1210	9610	9710	9810
名称对比	保税跨境贸易电子商务	跨境电子商务零售一般进出口	跨境电子商务企业对企业直接出口	跨境电子商务出口海外仓
适用范围	电子商务零售出境商品（限特殊监管区域及保税物流中心）	电子商务零售进出境商品	电子商务 B2B 进出境商品	电子商务 B2B2C 进出境商品
适用主体	A. 电子商务平台企业 B. 消费者（订购人） C. 特殊区域或场所内的跨境贸易电子商务经营企业 D. 支付企业 E. 物流企业	A. 电子商务平台企业 B. 消费者（订购人） C. 支付企业 D. 物流企业	A. 电子商务平台企业 B. 跨境电商企业 C. 物流企业等	A. 电子商务平台企业 B. 物流企业 C. 开展出口海外仓业务的跨境电商企业等
企业备案	适用主体向所在地海关办理注册登记	适用主体向所在地海关办理注册登记	适用主体向所在地海关办理注册登记	A. 适用主体向所在地海关办理注册登记 B. 向海关开展出口海外仓业务模式备案
出口申报	A. 按一般贸易报关进入海关特殊监管区域 B. 按 1210 方式出去	A. 三单校验、清单核放、汇总统计 B. 三单校验、清单核放、汇总申报	A. 传输交易订单信息 B. 清单或报关单申报	A. 传输交易订单信息 B. 校验跨境电商出口海外仓企业信息表 C. 清单或报关单申报
通关管理	清单核放，转关出口	清单核放，转关出口	A. 报关单模式下适用，全国通关一体化或转关模式出口 B. 清单模式下转关出口	与 9710 一致
退货监管		出口商品 1 年内退运进境		A. 1 年内退运进境 B. 以企业和商品为单元建立底账数据 C. 退货申报、总量控制

二、进口清关准备

根据各国（地）海关规定，任何进境货物都需要进行清关。在操作进口清关业务时，如需清关公司来帮助办理相关事宜，请确保卖家委托的是专业正规的清关公司。在运输商品至目的国（地）的过程中，卖家请勿低报、瞒报或错报货物的申报价值，否则将会面临巨额罚款。

在货物进口至目的国（地）之前，首先要确保卖家在目的国（地）有自己的 IOR（Importer of Record，登记进口商）。IOR 负责保证卖家的货物在进口时遵守当地法律和条例，并支付进口税费，以便货物成功进口至目的国（地）。

除了 IOR 外,各个国家(地区)根据相应的海关规定,对清关还有其他不同的要求,美国的清关流程如图 6-72 所示。如果卖家需要将货物出口至美国,必须提前购买 Bond 并办理 POA,才能完成清关。Bond(Custom Bond,海关保证金),进口商因为贸易纠纷等原因产生费用时,美国海关可在 Bond 里扣钱,美国海关和政府强制规定美国的进口商必须购买。POA(Power of Attorney,进口清关委托书),是指向美国海关告知卖家已授权委托亚马逊指定的清关行代理清关行为。卖家可以通过清关行代理办理 POA 和购买 Bond。

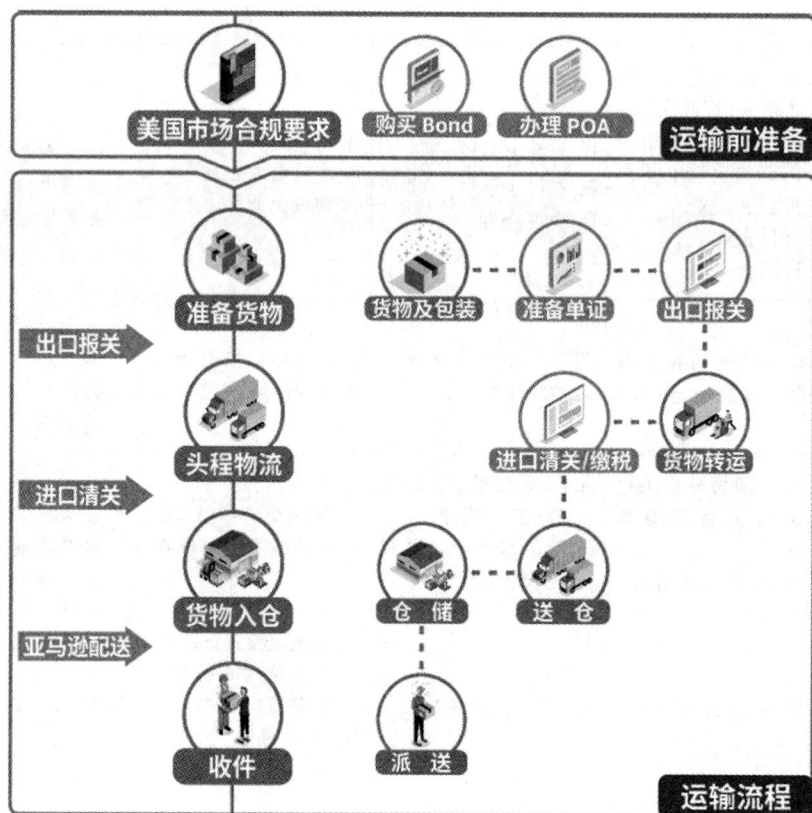

图 6-72　商品至美国的运输流程

【技能训练】

一、温故知新

1.下列FBA费用中无须卖家支付的是(　　)。

A.月度库存费　　　　　　　　　B.礼品包装费

C.订单配送费　　　　　　　　　D.移除订单费

2.2021 年 8 月,亚马逊大多数标准尺寸的月度仓储费是(　　)。

A.每立方英寸 0.48 美元　　　　B.每立方英寸 0.75 美元

C.每立方英寸 1.20 美元　　　　D.每立方英寸 2.50 美元

3. FBA 仓接受（　　）。

A. 易燃易爆的危险品　　　　　　　　B. 不符合包装要求的商品

C. 图书影像和钟表首饰　　　　　　　D. 存在残损或缺陷的商品

4. 对于盒装商品，FBA 要求为（　　　），且具有无法自行轻松打开的开口或盖子。

A. 六边体　　　　　B. 八边体　　　　　C. 十边体　　　　　D. 十二边体

5. 每个外箱的实重不能超过（　　　）磅，如果超重，FBA 要求在每个外箱注明"超重"标识。

A. 25　　　　　　　B. 50　　　　　　　C. 75　　　　　　　D. 100

二、创业实践

以亚马逊北美站为例，梳理 FBA 的发货流程，并尝试创建发货计划。

创业案例

【学习目标】

✻ 知识目标

- 了解业务逻辑,具备较高的商业敏感度;
- 熟悉跨境平台规则,能持续跟进政策变化,能与平台保持良好沟通;
- 掌握产品定位及采购渠道分析和开发能力,能制定相应的战略机制。

✻ 能力目标

- 能够及时掌握行业动态,精通品类定位及爆款打造,具备一定的构建能力;

- 能够独立思考并开展工作,有良好的服务意识和抗压能力;
- 能够具备良好的团队合作精神,带领团队实现工作目标。

✻ 创业目标

- 具备良好的运营基本功及职业素养,掌握业务操作能力;
- 拥有核心创业团队及相关场所,能适应高强度的工作。

【学习导航】

```
我是速卖通的Top Seller                          跨境电商先行者
电商小白如何逆袭成为亚马逊大卖                      跨界发展别有天地
一盏野营灯的跨境之旅          创业案例          "鞋"我其谁,从鞋小白到速卖通年售700万元
贫困生从外卖小哥到Wish大咖的华丽转身                跨境电商幸运儿
一朵云推动另一朵云                              国家贫困县走出的千万富翁
```

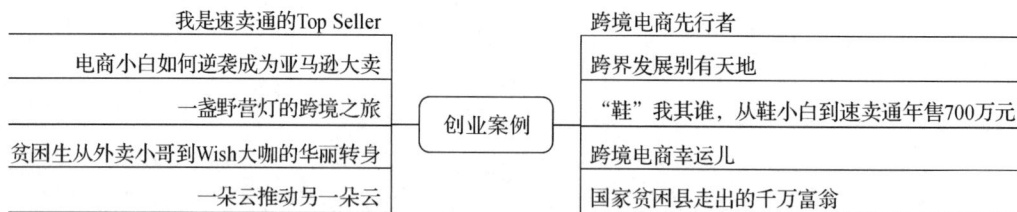

任务 1 跨境电商先行者

摘要:本案例讲述了跨境电商刚刚兴起时,很多缺乏资源、充满梦想的年轻人紧紧抓住了这个难得的创业机会。沈学栋在跨境电商创业中始终秉持着"吃苦是福""稳中求进"的经营理念,克服"零起步"创业的种种困难,不断学习创新,最终创业成功,赚到第一

桶金。

　　关键词:跨境电商;服装;Wish 投资

一、引　言

　　2010 年前后,跨境电商刚刚兴起。复杂的全球外贸环境的背后,很多年轻的身影参与进来,他们发展迅速,有独到的想法,善于抓住机会,而当时大多数人称他们为 90 后。他们是跨境电商的一批新型力量,从外贸学习、电商成长到选品推广、营销活动和服务售后,他们在这些环节中是进入最早、成长最快的人群。

　　沈学栋,1990 年出生,浙江金华兰溪人,义乌工商职业技术学院国际经济与贸易专业 2009 级学生,现为浙江晨晟服饰制造有限公司创始人、总经理,长期从事跨境电商(Wish 平台),主营服装类目,目前公司员工 100 人,年销售额 1500 万美元。

二、创业经历

　　2009 年 9 月,沈学栋如愿考进了义乌工商职业技术学院,入学后分在外语外贸分院。"我是学体育的,高中毕业时,上海某体育大学发来录取通知书,我没去。我选择到义乌工商职业技术学院就读,因为这里创业氛围浓厚。"

　　沈学栋的创业之路并非一帆风顺。2009 年 12 月,他开始涉足网上外贸,在外语外贸分院开设的"敦煌班"里做了半年多时间,只接到一笔 500 多美元的单子。2010 年 3 月,他听完一堂激动人心的 1688 网上演说后,"转行"开始 1688 之旅。接下来的 3 个月里,尽管他每天都很忙,但只接到一些小订单,最多的也就 1 万多元。

　　2010 年 7 月,沈学栋又报名参加学校新开设的"eBay班",没想到一下子"爆红"了,日均销量折换成包裹量,一般在 30~50 包,并且利润较高。可好景不长,两个月后,由于 IP 地址的原因,eBay 账号被封,他还亏了不少钱。2010 年 11 月,阿里巴巴与义乌工商职业技术学院联手举办速卖通班,沈学栋作为旁听生第一次接触到速卖通,这再次燃起了他的创业热情。听完讲座后,他东拼西凑了 2 万元投身速卖通,正式踏进跨境电商。

　　2012 年 6 月,沈学栋以优秀创业毕业生的身份走出校园,在义乌稠城街道前上周村的出租房里继续他的创业梦,网店主打产品仍然是女性针织类用品。随着业务量的不断增多,不仅有多家工厂为其代加工,他也办了一家加工厂。2013 年 4 月,阿里巴巴全球速卖通卖家 2012 年度人物评选结果出炉,沈学栋获得了"白手起家奖"。大学期间以 2 万元资金,通过速卖通创业,从一个穷学生变成了"百万富翁"。

　　2014 年初,由于公司规模扩大远远超过了预期,资金、场地、管理都出现了问题,公司陷入了短暂的危机。适逢兰溪市政府出台了非常优厚的招商引资政策,沈学栋回到了故乡兰溪,政府提供了资金、场地等配套服务,使得沈学栋的公司快速地发展起来。目前他的办公室坐落在云山街道工人路 26 号的"兰溪·小城故事"电商综合产业园,仓库在灵洞乡的省级跨境电子商务园区"嘉宝电商园"。公司着重构建以 O2O 电商模式为核心的电子商务服务平台。沈学栋作为该电商园的创业领军人,已创立浙江晨晟服饰制造有限公司,以经营线上女装为主。为此,他形成以人为本、供贸一体、稳中求进的创业理念与经营之道,并延续至今。

三、"零起步"的大学创业

满怀创业抱负的大学生通常都有着较强的学习和创新能力、较多的专业理论知识和文化水平，但同时，由于其资源不足、经验缺乏，使之在"零起步"的创业过程中会遇到资金、管理、决策、执行等多方面的问题，最终导致创业失败。组建一个能协同进退、通力合作、扬长避短的创业团队，进行团队协同创业就成了大学生的一条重要创业途径。比如苹果公司、惠普公司，都是在其高效优秀的创业团队的带领下逐步发展壮大的。从其成功的经验来看，组建创业团队能实现团队成员之间的优势互补、资源共享，从而极大提高各方面的实力和市场竞争力。

大学期间，沈学栋与其同学组建创业团队。"麻雀虽小，五脏俱全，刚起步的学生团队虽规模不大，但初具雏形，在专业基础知识和技术技能培养方面，发挥优势。"沈学栋这样说道。同时，为学习系统的创业理论知识，深刻了解电商前景，他报名参加创业兴趣班，掌握"零起步"创业的技巧和本领。沈学栋用了不到两年的时间，从小型的学生团队走到正式的企业团队，并在"创青春"——兰溪市"合作银行杯"青年网络创业创意大赛中荣获二等奖。

回首创业经历，他这样评价："磕磕绊绊走过的那两年看似做了很多无用功，但'无用之用，方为大用'，这些'无用功'为我多年后开创、经营公司提供经验，使我在探索试错中不断前进。""我记得当时学校的生活条件很艰苦，只提供一间没有空调的小宿舍作为创业试验点，但幸运的是，学校提供了很多机会，所以我决心要试一试。"忆起创业之初，沈学栋感慨万千。他认真组建创业团队，抓住电商行业易起步、门槛低、平台广的特点，成功走上创业之路。

四、"吃亏是福"的创业之本

创立电商公司后，沈学栋在电商园成立线上销售运营部门，他沿用经验丰富、在学生时代成立的销售团队，借助亚马逊、eBay、Wish等网络电商平台，推广个人品牌。其间，他发现欧美等发达国家缺乏劳动力，并以此为商业契机，转型做跨境电商。在转型过程中，沈学栋时刻关注日益规范的平台政策与市场动态，他说："公司起步时走了很多弯路，但我相信吃亏是福，从走过的弯路中总结经验，才能少走弯路。"同时，他也与一些同行开展商业洽谈，交流分享公司经营理念和可借鉴经验，从中获取更多的出口信息和销售渠道。

目前，跨境电商已由黄金期走向竞争激烈的瓶颈期，作为电商企业的"掌舵人"，沈学栋以"供贸一体"为基本经验战略。为保证出货速度、提高生产率，他创立工厂，主要生产跨境销售的女装，而他的企业被评为"2016年度金华市信息经济十大跨境电商企业"。

五、"稳中求进"的经营之道

创业是一个试错过程。自主创业的试错，经营公司过程的不断探索，让沈学栋在竞争激烈的跨境电商行业中脱颖而出。现阶段，为扩大公司规模、提高公司收益，他已在其他地区开设三四百家分公司，作为公司的基本战略之一。成功的企业经营离不开有效的经营策略，公司每周定时召开例会，在总结近期工作成效的同时，也会适时调整经营战略。

例如,他们的服装设计团队会紧跟时尚潮流,并在设计服装时融入自己的品牌特色。

近几年,沈学栋将目光投向跨行业投资,在"稳中求进"中,寻求资金的流转。在交流中,沈学栋分享自己的经营之道:公司的发展要有长远的规划,"稳健"永远比"成长"重要,因此要有跑马拉松的耐力,按部就班比抢短线的投机做法更可取。得益于大学时期的创业初体验,沈学栋与其创业团队在摸爬滚打中,实现创业梦。

六、结束语

风险投资界有句名言:"风险投资成功的第一要素是人,第二要素是人,第三要素还是人。"创业项目、商业计划、企业模式等都可适时而变,唯有创业者的品质难以在短时间内改变。创业者特质是创业企业绩效获取的重要前因变量,它们对创业企业绩效发挥着至关重要的作用。在创业者特质的驱动下,创业绩效不仅是创业家或创业团队专用性人力资本价值不断释放的结果,更是创业家的社会资本潜能和个人特质魅力不断释放的结果。创业者特质是创业企业成功的内生动力;在实践中,对风险投资机构而言,它们不仅要筛选、考察创业项目质量和经营状态,更要注重选"人"。

沈学栋在创业过程中踏踏实实,按部就班,不目空一切,不高谈阔论,不空谈远大抱负,不以自己的创业成功而沾沾自喜,不觉得自己比起身边的同学有多么了不起,不抱怨创业有多委屈,低调安静,老老实实,每天都踏踏实实学一点东西,每天从早到晚做平凡的积累,到最后,终获成功。大学生创业者要认认真真地做好每件小事,过好每一天,最终所有的努力都将给你带来一个不平凡的人生。

思考题

1. 以沈学栋的创业经历为例,"零起步"的大学生创业者,如何才能获得成功?
2. 沈学栋在创业中是如何"稳中求进"的? 对大学生创业者来说,又如何稳中求进?
3. 大学生创业如何解决资金问题,有哪些安全的获取方法和途径?

跨境电商先行者: 沈学栋

任务2 跨界发展别有天地

摘要:在中美贸易战和新冠病毒疫情暴发的大背景下,全球经济环境和中国产业经济发生了很大的变化,跨界成为激活产业资源重估价值的新窗口。方瑾从速卖通经营到涉足跨境电商第三方服务,全力打造学员"创客圈";组建团队,拓展培训项目;打破安逸,创业路上永不停,一个人带动一群人创业成功。

关键词:速卖通;创客圈;跨界;培训;团队

一、引 言

随着产业形态的更迭,个人的创业项目也将与时俱进。创业本身就是不断优化、进步的过程。埋头深耕跨境电商领域之余,大学生是否应该帮助更多的人走向创业之路,是否可以把一个人的事业做成一群人的事业,是否可以在跨界发展中实现二次创业?

方瑾,义乌工商职业技术学院2013届毕业生。在校期间,主攻速卖通领域,荣获2013年度阿里巴巴全球速卖通创业学霸奖。现为多家知名公司的专业电商顾问、电商运营指导师和速卖通金牌讲师。团队成员20余人,经营着30多家速卖通店铺、10余家淘宝店铺,还在敦煌、Lazada、Wish等平台开展业务,全国各地培训学员超过3万名,擅长电商培训、运营实操以及数据分析、平台引流等。

二、创业经历

2010年9月,方瑾顺利考入义乌工商职业技术学院,入校时,她就有很强的创业想法,有一股女生少有的闯劲。凭借当时连续3个月、日均出单量500的业绩,荣获2013年度阿里巴巴全球速卖通创业学霸奖。"这个奖含金量蛮高的,全国只有十个名额。临近毕业时,江西、广东的好几个学校都邀请我去作速卖通讲座。我当时受宠若惊。"方瑾说。当大家都以为方瑾会一直深耕速卖通圈子时,她做出了一个大胆的选择,跨界当起了培训讲师。

一次省外授课调整发展方向。2015年10月中旬,福建古田县政府工作人员到义乌考察电商,当与方瑾深入交谈后,当即邀请她去古田授课。"虽然在义乌已经敲定讲座日期与地点,但他们回去后,古田县人社局还用快递给我们发来邀请函",方瑾回忆,到达古田当晚,古田县政府不仅专门安排工作人员在车站迎接,还安排在当地最好的酒店住宿。在为期3天的集中授课过程中,方瑾与学员们分享了自己的创业历程,同时就淘宝入门、速卖通引流等问题进行了深入交流。学员中既有政府官员,也有大学生村官和普通市民,连卖菜的大妈也赶来凑热闹。除了古田本地的学员外,古田周边也有不少人慕名而来。更出乎方瑾意料的是,古田县新城镇大学生村官、28岁的小连听完讲座后,跟着方瑾一行一起到了义乌。"古田是福建省宁德市下辖县,有茶树菇、油耐、扁肉等特产,我们的泥鳅粉干更是独一无二。"小连说,他想带领村民进行电商创业。听完讲座,他就迫不及待地想到义乌进行实地考察。

创业学霸转型为培训师。小连的举动,让方瑾受到很大的触动,为什么不能帮助更多人走上创业之路呢?思前想后,方瑾决定还是出去见见世面。为了把课讲好,她毛遂自荐,担任义乌、金华、杭州、上海等多家电商培训机构的兼职讲师,定期给学员做创业交流,以提升自己的授课水平。"教会徒弟饿死师傅,这在互联网时代是不适用的。电商发展迅猛,一个人的力量根本做不了什么大事情。我在给创业学员做分享时,总是把自己所知道的,毫无保留地和学员分享。"方瑾说,"我喜欢研究电商平台上的各大新玩法,擅长数据分析、直通车营销等,很多人认为这是机密,但我觉得互联网时代的电商创业没有机密。"

三、整合资源,打造学员"创客圈"

在电商高速发展的今天,跨境电商马上就要迎来4.0时代,平台是共享的生态圈,可以把所有的资源整合起来,把利益最大化。在培训过程中,方瑾结识了很多学员朋友,与各地有创业意向的人交流,也带给她很多灵感。为发挥3万多名学员的智慧,方瑾打造了集电商培训、创意分享、资源共享、成果同享于一体的"创客圈"。"朋友圈"变成了"创客圈",促成不同行业学员跨界合作,为电商创业赋能,提高竞争力。方瑾团队先后受邀前往安徽、江西、广东等地授课,培训学员已超过 3 万人。"在培训学员中,有的人有资金,没好的创业项目;有的人有好的创业项目,却被资金所困扰。我们团队懂技术,合作牵线的话,刚好互利共赢。我们在努力打造学员创客的圈子,目前有 1000 多个成熟团队,成员有上万名。在我们团队的协助下,已促成了 20 多个项目的落地,有过半的项目发展势态都非常好。"

四、组建团队,拓展培训项目

在全球共享融合的时代,跨境电商卖家朝向跨界发展,形成了商业新业态。很多人认为电商创业是机密,但方瑾觉得互联网时代的电商创业没有机密。她利用手中资源,组建了培训工作室。"这是独立于我们运营团队外的另一支团队,主要精力放在电商培训业务上。"目前,培训工作室已签约了 20 多名专职培训讲师,经常受邀前往全国各地授课。方瑾全力打造这支培训团队,想帮助更多人在电商时代实现创业梦。方瑾说:"与有创业梦想的人一起奔跑,我觉得累并快乐着。"

五、打破安逸,创业路上永不停

2013 年,专注速卖通创业的大三女生——方瑾,获得了阿里巴巴全球速卖通创业学霸奖,但她认为人不应该总选择轻松的路,无论路途多么遥远,要勇敢打破安逸,走出舒适圈,尽管会遇到难以预测的挑战,但有挑战,才是创业者突破自我的重要机会。方瑾从电商运营跨界电商培训,转型成了一名阿里巴巴电商金牌讲师,并且正在努力构建一个讲师团队,帮助更多的人实现创业梦想,目前公司已经初步形成了"运营＋培训"两条腿走路的格局。她看似从一名电商从业者跨界成为一名职业培训师,其实还是在老本行里钻研,诚如方瑾所言:"假如我自己的店铺都运营不好,我怎么去教别人创业?"可见,跨界当培训师还倒逼了方瑾不断学习,不断进步。

六、结束语

一名优秀的创业者不仅需要有过硬的创业技能,还需要有高尚的情怀和良好的品行。首先,方瑾在养活自己,为他人创设岗位的同时,去帮助更多有梦想的创业人,这就是一名持续创业者的特质。其次,创业要勇于走出舒适圈,专注于某个点位去努力,减少试错的机会,事半功倍,可以避免弯路和歧路。最后,作为"过来人",方瑾寄语学弟学妹:"创业成功只青睐信念坚定并专注做事的人。如果你从今天起戒掉浮躁、努力钻研,即使你最终没有得到成功,但一路走来你一定会拥有比财富更珍贵的收获。"

思考题

1. 你赞成打造学员创客圈吗? 为什么?
2. 一名创业者要跨界发展,需要打好哪些基础?
3. 大学生创业如何学会沟通以争取各方的创业支持?

跨界发展别有天地:
方瑾

任务 3 "鞋"我其谁,从鞋小白到速卖通年售 700 万元

摘要:踩在脚下的创业机会。美国的逆全球化政策不仅影响了国内的制造业,在很大程度上,这种逆全球化影响了全世界的贸易,导致我国进出口贸易受阻。鞋子也在其中,但华宇晔优化供应链,深化优势;深挖产品线,拓展平台;迎难而上,化危机为转机,实现了创业梦想。

关键词:供应链;产品线;速卖通;跨境

一、引 言

鞋子作为人们的日常必需品,市场需求比较刚性。但很多跨境电商卖家并不了解鞋子,对鞋子的材料、工艺、目标市场、定价都不懂,不敢轻易尝试。同时,大部分卖家认为鞋子的款式容易过时,海外备货时间又有延迟,这样产品一旦更新,库存压力太大,加上鞋子的尺码多样,更增加了备货难度;很多卖家借助平台大数据、关键词,或是参考同行售价等来卖鞋子,做得比较艰难。但中国制造的品牌增强了中国鞋类在欧美市场乃至世界的影响力,也让更多跨境电商卖家坚定了把中国鞋子卖到全世界的决心。

华宇晔,男,1994 年出生,浙江台州人,义乌工商职业技术学院国际经济与贸易专业 2015 届毕业生,现为义乌市宇晔贸易有限公司创始人、总经理。主要从事跨境电商出口业务,主要销售渠道是速卖通,主营产品是鞋子类目,公司员工 5 人,年销售额 700 万元。

二、创业经历

2012 年 9 月,华宇晔考入义乌工商职业技术学院,分在国贸春晗班,该班主要培养专升本学生,华宇晔向老师表明了自主创业的意愿,主动申请调到了国贸创业班。因为他高考填报义乌工商职业技术学院就是因为喜欢学校浓厚的创业氛围,以及学校出台的各项支持创业的政策,在国内也有较大的名气。而且义乌这个城市有全球知名的小商品市场,货源不愁,简直就是理想中的创业天堂。

开学后,华宇晔便开始了淘宝创业,学校附近有个五爱库存街,他到那里一转悠发现这些库存货很便宜,比市场上便宜超多。于是他买下了几批鞋子,拍好图片放在淘宝网上卖。结果有一批鞋子因为时间久了脱胶严重,买下时款式漂亮,可客户反映鞋子穿几次就坏了,最终当垃圾扔了。还有一批鞋子是外贸尾单,虽然品质还可以,但款式不符合国人审美,也不好卖。后来报了个淘宝活动,亏本出掉大部分鞋子,累死累活还亏钱。华宇晔当时在校外租了套四楼的房子放货,鞋子体积有点大,搬上搬下累得够呛。这次创业初体验可谓相当糟糕。

试水跨境平台速卖通。2013 年初,华宇晔被第一学期的创业失败打击得一筹莫展时,无意中听了一个鼓励同学们试水跨境电商的讲座。当时他听说学校有学长做跨境电商很厉害,华宇晔一想自己学的就是国贸专业,做这个应该会容易上手。经过认真分析市场,他发现鞋子还算蓝海行业,加上本地有产业带优势,于是果断开了他的第一个速卖通店铺,主营鞋子行业,刚开店问题很多,比如鞋子中外尺码转换问题、物流问题、鞋子和钱

都赔给客户问题、尺码颜色繁多导致囤货压力大等,最后还有很多小码鞋子没有出掉,幸运的是,鞋子利润还算可观。华宇晔创业坚持从客户角度出发,积极解决客户遇到的问题,争取更多回头客,销售量稳步上升,店铺稳定经营。

三、优化供应链,深化优势

供应链是跨境电商企业不得不面对的难题,包括管理、服务、技术,以及人才等问题都亟待破解。跨境电商企业从关注下游销售、流量抢夺到上游商品供应链升级,跨境电商供应链的重要性正日渐显露。不论是速卖通、Wish、亚马逊等平台卖家,或是自建独立站的商户都纷纷加强对供应链的建设,尤其是与自身业务相协调的供应链更能适应市场多元化、碎片化的消费需求,成为跨境电商的核心竞争力之一。2015 年 6 月,华宇晔大学毕业,经过在校期间创业的积累,他的店铺订单量可观、稳定。经过认真思考,华宇晔决定着手解决困扰很久的供应链问题,他跑了很多鞋类产业带,取得了好的效果,原来从市场拿货转为向工厂直接订货,签了几个合作开发新款鞋子的代工厂,专门设计适合外贸的款式,满足国外客户的需求,从而深化竞争优势。

四、迎难而上,化危机为转机

任何创业都潜藏着各种各样的危机,从危机中发现自身弊端并切实解决,危机就有可能成为转机,从而不断提高自身综合实力和整体素质。一个创业者要能将危机转化为成长的力量,除了如何看待危机外,其如何应对的方法,也是关键所在。2016 年下半年,华宇晔遇到了创业以来的大困难。当时销售旺季即将来临,店铺已经做好迎接大促的一切准备,却被平台告知他的店铺因涉及知识产权问题被关闭,因为店里某产品涉及侵权某大牌的外观专利。华宇晔一直没有发现这个问题,直到店铺被关闭才知道。这让他的心情跌到了谷底。不过他没有灰心,紧紧抓住旺季即将来临的时机,重新开设了一家店铺,并全力把新店做火,虽说赚得不多,但在旺季打下了一定的基础,积累的能量在后续经营中得以爆发。华宇晔经历此次风波后,非常重视知识产权问题,并注册了自己的品牌,严格把控产品外观等知识产权问题。

五、深挖产品线,拓展平台

对产品线的深挖已经成为未来的趋势。抓住一个优势品类,全力深挖,垂直为王,之后,横向拓展品类,重新整合产品。长期以来,"中国制造"商品在细分市场上都有不小的优势,针对不同国家(地区)市场的不同需求,推出更多不同品类的产品。跨境电商生态圈上每一个环节的定位都将日渐清晰,形成各自的竞争优势。

2017 年,鞋行业店铺重新有了起色。华宇晔深耕鞋类目的同时,又开设了服装行业店铺,两者都属于时尚类,有很强的互补性,他希望通过两者的互相带动搭配扩大品牌的影响力,做出知名度,让越来越多的外国友人穿上中国制造的鞋服。今天,已经涌现出了越来越多的跨境平台,为了让产品在全球更多的国家(地区)被更多的人看到,华宇晔的公司在巩固提升原有平台的基础上,积极开设其他跨境平台,获取更多的客户。

六、结束语

回首过去,华宇晔其实有一些遗憾。一是有些很有潜力的新兴跨境平台没有第一时间入驻,因为新平台早期往往享受到的红利更多更大,竞争也没有那么大,相对比较容易做起来。他希望大家要敢于尝试,抓住时机果断出击,不要犹豫观望,等到平台成熟竞争也就越来越激烈了,因为成熟市场就是拼资金、拼实力。二是一旦做了就要坚持做,不断深耕,生意需要积累,效益不只在眼前,不能因为一时的挫折就放弃,太阳终会升起。

思考题

1. 大学生如何进入专业性强、不熟悉的行业创业?
2. 大学生跨境电商创业应如何深挖产品线?产品线的垂直与宽度的界限如何把握?
3. 大学生创业如何做好发展规划?

"鞋"我其谁:华宇晔

任务4　跨境电商幸运儿

摘要:有一种努力叫作靠自己,有一种幸运叫作不放弃。成功创业路上所谓的"幸运",不是说你不用付出努力惊喜就会降临,而是当你足够努力之后,该来的幸运终究会来到。邱勇坚信幸运终会来临,在那之前,他充分发挥义乌工商职业技术学院这所全国知名创业大学的优势,逆向思维经营,终获成功。

关键词:义乌;创业;逆向思维;风险;跨境

一、引　言

义乌正在实现从"买全国卖全国"到"买全球卖全球"的转变,已成为国内跨境电商发展的重要平台和聚集地。义乌工商职业技术学院学生近水楼台先得月,充分发挥得天独厚的跨境电商创业优势,一大批"从一无所有到开着小轿车毕业"的创业学生脱颖而出,被视为榜样,传为佳话。创业教育"义乌现象"近年来也备受瞩目,学校更是被社会誉为"小老板海洋,创业者天堂",央视等媒体多次报道,本文主人公邱勇即是其中一个缩影。

邱勇,1995年出生,浙江丽水遂昌人,义乌工商职业技术学院物流管理专业2017届毕业生,现为义乌市墨闻贸易有限公司创始人、总经理。主要从事跨境电商出口业务,主要销售渠道是速卖通,主营产品是节庆派对用品,团队成员3人,年销售额超300万美元。

二、创业经历

2014年9月,邱勇顺利考进了义乌工商职业技术学院,遗憾的是没有进入梦想中的创业学院,被分在非创业的普通班14物流管理1班。邱勇向往义乌工商职业技术学院,是因为在高中时期就对这所创业出名的高校非常向往,高考后便毫不犹豫地填报了这所学校,并幸运地被录取。

高中期间,邱勇就已经营一家淘宝店铺,原本想着,到义乌工商职业技术学院后,可以飞得更高更远,后来才知道,没有这么平坦的创业之路。印象很深的是,大一时,一次偶然的机会,一位学姐带他去创业学院雪峰楼参观,去了一位学长的工作室,那位学长每天的订单量都很大,询问后才知道,学长是在做速卖通这个平台。也就是从这个时候,邱勇开始了从国内电商到跨境电商的蝶变。

创业艰难百战多。2014 年 11 月,邱勇成功开通了速卖通店铺,开始了跨境电商生涯。刚开始,遇到了非常多的问题,首先是办公场地的问题,因为是普通班的学生,没有工作室和仓库分配,只能在寝室里面接单,客服,打包发货。因为寝室每天晚上会定时断电,大一课程又被安排得比较满,这让邱勇操作平台的时间和精力更少了。这样的日子坚持了一个学期。在这个学期里,跌跌撞撞,关于跨境规则、选品、推广、运营等很多问题依然不懂,身边的同学因为没有创业或者不做跨境也没人知道,创业学院的专业指导老师也无缘认识。对邱勇而言,这样的感觉非常孤单和绝望。

后来,邱勇用了近两个月的生活费,报名了速卖通的网络课程学习,经过系统的学习,成长了很多,同时,店铺的订单量也一天比一天多。可新的问题随之而来,这时候寝室因空间太小已不太适合作为创业场地。2015 年 4 月,因工作室的一位学长即将毕业,其工位空出来了,管理创业基地的老师联系邱勇,问他是否愿意到工作室创业,这对邱勇来说,真是雪中送炭。搬到工作室之后,邱勇更加努力,甚至在工作室里睡了一个多月的帐篷,就为了多一点时间和精力打理自己的店铺。

可是好景不长,工作室因学校建设需要被改成了教师办公室,店铺刚刚有一点起色,邱勇又不得不回到寝室。幸运的是,在一个多月后的一次创业比赛中,邱阳认识了一位创业指导老师,该老师在得知邱勇的情况后,主动联系创业基地主管老师,成功地安排了一间工作室给邱勇。

2015 年 11 月,邱勇搬入新工作室。当时其速卖通店铺每天订单量稳定在 50 单以上,销售额约 1.5 万美元。2016 年 11 月 26 日,在忙完速卖通的双十一后,还在读大三的邱勇购买了人生第一辆属于自己的汽车。2017 年 6 月,邱勇以优秀毕业生和优秀创业毕业生的身份离开校园,并在学校附近小区租用了 3 间地下室继续他的跨境电商创业之路,以速卖通平台为主,其他小语种平台为辅。

2018 年,邱勇受邀回到母校担任外聘兼职老师,给学弟学妹们分享跨境电商的相关创业知识和经验。同年 9 月,邱勇依靠速卖通平台净收入在东阳购入了一套商品房。因为义乌工商职业技术学院和速卖通平台,邱勇从一无所有到有车有房,实现了大一时的梦想。

三、创业大学创业

义乌工商职业技术学院是浙江省优质高职院校、首批创业型大学建设试点校、全国高等职业院校育人成效 50 强、全国创新创业典型经验高校 50 强、全国高校实践育人创新创业基地、全国高校跨境电商人才培养示范校。校园创业氛围浓厚,创业小伙伴多,创业男神女神也很多;义乌市场货源充足,物流发达,跨境电商实力在国内排名前列,在义乌工商职业技术学院创业会比其他院校有更多优势,学校里有强大的创业指导老师团队和量身打造的创业政策,为学生创业带来更多的便利,如创业成绩可以抵学分。在大二时,邱勇的店铺做出成绩以后,根据学校的政策,可以用店铺的营业额等级抵扣相对应的学分,这让邱勇有更多的时间和精力去从事速卖通创业。

四、逆向思维经营

创业本身充满着不确定性和高风险性,创业者想要成功创业就需要具有发现创业机会、风险评估、风险承担、政策解读、统筹规划等综合能力,以促进创业成功。在创业过程中,邱勇坚持用逆向的思维去发现机会、经营评估及承担风险等,坚持逆向选品,选择其他卖家不会去考虑的产品,通过各项数据分析,结合市场的接受度,选择出适合买家的产品。参考竞争对手产品的同时,会通过产品的材质、风格、价格等因素进行通盘考虑。通过逆向思维的数据分析,在1688上选品的时候,会选择30页,甚至50页开外的一些产品去上架销售,大部分卖家只会选择前面的产品销售。走非一般的路线,反方向思考问题,这已经成为邱勇操作平台的一贯思维。

五、坚持终会成功

创业成功并非易事,创业者的顽强坚持是创业成功的主要决定因素之一。从邱勇的创业经历可以看出,创业热情在创业自我效能感和创业坚持之间起到了一个中介的作用,同时,逆境与挫折、个人成长期望在创业热情和创业坚持之间会起到调节的作用。创业者通过自身认识和情绪上的调整,激发创业热情,认知逆境和理解期望,才能促使创业成功。

大一时,邱勇同班的16位男同学都开通了速卖通店铺,操作了一年,到大二的时候,剩下的只有邱勇一个人了。那时候,邱勇差点因为资金问题也选择放弃。在后期的操作中,店铺并不是一开始就会有成效的,会有一个过渡期,只有坚持过后,才会收获成果。目前,邱勇团队选择好操作的类目以后,会坚持去做,把眼光放远,往其他跨境电商平台拓展,团队也在扩招,希望通过坚持,可以慢慢地变强大,最终找到属于自己的星辰大海。

六、结束语

大学生是社会最具创新和创业潜力的生力军。由于跨境电商存在创业相对容易、成本和风险较低、利润高等特点,跨境电商的高速发展为大学生提供了良好的创业机会和平台,且发展前景广阔。因此,选择跨境电商创业的大学生呈逐年增长的趋势。然而,大学生热情创业的同时也遇到了各种制约瓶颈,如缺乏资金、团队、运营和风险控制等经验,以及跨境电商技术运用及创新能力偏弱,导致创业成功率不高。

从邱勇的速卖通创业经历可以看出,大学生创业不容易,迈出第一步会很难,如果迈出去第一步了,就做好各种准备,不管成功与否,都要敢于尝试。在创业路上,要多请教,多交流,多学习,不要闭门造车式地开展创业,只有坚持才会胜利,不要遇到一点小挫折就选择退出。

思考题

1.结合邱勇的经历分析高校大学生创业的意愿,影响大学生创业意愿的内部因素有哪些? 其对创业意愿的影响是否产生差异?

2.影响大学生创业意愿的外部因素有哪些? 其对创业意愿的影响是否产生差异?

3.将内部影响因素与外部影响因素综合起来考察,是否仍会对大学生创业意愿产生显著的影响?

跨界电商幸运儿:邱勇

任务5　国家贫困县走出的千万富翁

摘要:叫醒我的不是闹钟,是梦想! 谢诺从一名国家助学贷款的贫困生到被新华社等国内外媒体广泛赞誉的公司创始人、总经理,只用了两年时间。跨境电商从传统外贸→外贸电商→跨境电商衍生而来,谢诺在义乌工商职业技术学院如鱼得水,秉持经商如做人的理念,抓住跨境行业成长机遇,改变了家庭命运,实现了个人梦想。

关键词:贫困;新华社;外贸;跨境

一、引　言

2011年,国内电商如日中天,跨境电商鲜有人知。未知就意味着更大机会,高风险总是伴随着高收益! 有一群敢吃螃蟹的人,通过跨境电商赚到了人生的第一桶金! 这群吃螃蟹的人中,有这样一位贫困生,从交不起学费到通过跨境电商创业走向了世界舞台,有关他的一段1分21秒的短视频三天播放量累计过亿,网友点赞数过200万,他的传奇是怎么一路走来的?

谢诺,男,1988年出生,河南周口人,义乌工商职业技术学院2013届物流管理专业毕业生,现为深圳金丽人贸易有限公司创始人、总经理。谢诺借助自主研发的ERP管理系统,通过改良的阿米巴小组制管理模式,高效协同解决了多平台、多供应链、多渠道、多店铺的跨境电商行业难题。公司员工200人,年销售额5000万美元。

二、创业经历

2010年9月,谢诺第三次高考以高分考进了义乌工商职业技术学院,入学后被分在10物流管理2班。"我高中读的是河南省示范性高中,成绩还不错,一直想报考中国人民大学,但河南是高考大省,竞争非常激烈,总是事与愿违,两次都落榜了,第三次参加高考时,年龄大了,家庭条件也不好,想早一点踏入社会,减轻家里负担。从媒体上了解到义乌电子商务发展特别迅猛,就填报了义乌工商职业技术学院,想通过创业改变自己的命运。"谢诺拿到录取通知书时,他父母发愁,学费交不起。学校了解情况后,通过绿色通道帮谢诺完成报到,并协助办理了国家助学贷款。

每段磨难都会有收获。"当初报考义乌工商职业技术学院就是想进淘宝班,结果淘宝班不收外省学生。就在绝望时,淘宝班的班主任到班上宣传,说淘宝班还有几个名额,不限省份。我们班 9 个人报名,录取 6 个,我是被淘汰的 3 个人之一,这一次我彻底绝望了。"谢诺的创业之路走得非常坎坷:"刚入学时不会做淘宝,没有经济来源,吃饭都成了问题。我在餐厅只吃得起白米饭,一次打两碗。但上帝给你关上一扇门的时候必定会给你打开一扇窗,天无绝人之路,就在我最绝望、最困难的时候,遇到了生命中的贵人。学工办给我提供了一份打扫语音教室的工作,公寓管理中心给我提供了一份公寓协管员的工作,同学还把我介绍到了肯德基送外卖,空了还会去帮人发宣传页。同时做四份兼职慢慢改变了经济情况。"

2011 年国庆期间,谢诺在义乌数码市场花 700 元买了一台二手组装机,开始淘宝创业之路,主营充话费,但流量很少,几乎无人咨询。后来,谢诺把一些日用品供货平台的数据包导入淘宝店铺,导入了上万个产品,忙活一个月也没有赚到钱。经过思考,谢诺下架全部商品,精心挑选了一款阿凡达蘑菇灯,这款产品蹭了《阿凡达》电影的热度很快卖爆了,仅 2 个月就赚了 10 多万元,谢诺初次品尝了创业成功的味道。

2012 年春节返校后,外语外贸学院创业基地新设一个国际电商班,专做敦煌、eBay、速卖通,由于淘宝店铺业绩突出,谢诺很顺利被选拔到这个基地。谢诺认真总结创业经验,详细分析三个跨境平台,决定选择不收费且容易开账号的速卖通,最终确定了主营隐形眼镜品类,结果产品卖到爆,有七倍利润。由于业绩突出,谢诺被邀请到阿里巴巴分享经验。但国家不久把隐形眼镜纳入到第三类医疗器械,必须有医疗许可证才可销售,速卖通删除了谢诺的所有产品并对店铺进行了处罚,这给谢诺带来了灭顶之灾。

2012 年 11 月 10 日,谢诺的淘宝店铺参加了天天特价活动,产品卖超很多,原供应商备货不足,加上第二天是双十一,谢诺冒雨去国际商贸城寻找新厂家,途中发生车祸,脑袋、嘴和下巴上缝了几十针。痊愈后,谢诺决定再次回到速卖通平台,选择童装这个类目,有了之前的经验,很快在童装类目做到了前几名。

2013 年 6 月,谢诺大学毕业,实现了从一无所有到百万富翁的梦想。

2015 年,谢诺因公司发展将主要业务迁往深圳,并在深圳购置房产安家落户,新团队获得了一亿元的风险投资。

2018 年春节刚过,微博热搜榜上,一段 1 分 21 秒的"哥哥帮赶考的妹妹整理颜料"的短视频持续 10 余天在微博头条周榜,该视频先后被人民日报、新华社、央视网等关注,3 天内视频播放量累计过亿,网友点赞数累计过 200 万。视频里的主角就是谢诺,凭实力宠妹被百万网友称为"中国好哥哥""最暖哥哥"。

2019 年,新华社携手哈萨克斯坦电视台讲述"一带一路"互通"光明之路"的共同命运,谢诺作为跨境电商典型代表,中国年轻人创业榜样接受专访,该节目以中、俄、英三语版本在"一带一路"沿线国家电视台播出。

三、经商如做人

李嘉诚母亲曾对李嘉诚说,"经商如同做人"。《礼记·大学篇》中说道:"君子先慎乎德。有德此有人,有人此有土,有土此有财,有财此有用。德者本也,财者末也。"德是本,财是末,就像一棵树,道德是根本,财富是枝叶,根本稳固,枝叶一定会繁茂。

2012 年,谢诺在速卖通销售隐形眼镜品类,结果产品卖到爆,而且利润惊人,有七倍利润。于是谢诺力劝同学们都来速卖通开店铺卖隐形眼镜,不久这个类目的前五名店铺和爆款都来自谢诺及其同学的店铺。2018年,"哥哥帮赶考的妹妹整理颜料"短视频3天内视频播放量累计过亿,网友点赞数累计达200万,谢诺凭实力宠妹被百万网友称为"中国好哥哥""最暖哥哥"。经商如做人,要先有德,有德就会有人,回馈社会,尽自己的责任,这是商道。

四、抓住跨境行业成长机遇

跨境电商从传统外贸→外贸电商→跨境电商衍生而来,2011年9月,"跨境电商"才刚刚兴起。2012年,国家开始重视跨境电商,出台扶持政策。2014年,传统零售商、海内外电商、创业公司、物流服务商、供应链分销商等纷纷入局。随着海关56号和57号文件的出台,政府层面首次认可了跨境电商模式,正式进入跨境电商的爆发期和快速增长期。

谢诺2010年9月考入义乌工商职业技术学院,2011年开始经营淘宝店铺,2012年初被选入外语外贸学院创业基地新设的国际电商班,开设了他的第一个速卖通店铺。2013年,赚到第一个百万。2015年,公司主要业务迁往深圳,并获得一亿元风险投资。谢诺抓住了跨境电商行业兴起、发展、爆发的机遇。

五、选对学校创业成功一半

义乌工商职业技术学院2008年成立创业学院,开设电子商务创业班、创二代实验班、速卖通创业班等,并设立12800平方米的创业园。每年有近20%的在校生投身创新创业实践活动,毕业生创业率稳定在12%左右,居全省高校首位。义乌是中国改革开放的典型之一。已连续四年位列"中国电商百佳县"榜首,内贸网商密度全国第一,外贸网商密度全国第二,出境目的地覆盖全球127个国家和地区。先后获批国际贸易综合改革试点、国家电子商务示范城市、浙江(义乌)跨境电子商务创新发展示范区、浙江省公共海外仓建设试点等相关跨境电商试点。谢诺在有着肥沃土壤的跨境电商环境中创业有着独特的地理优势。

六、结束语

创业贵在坚持,关键在执行力。每天晚上疲惫地躺在床上时,才感觉真真切切地过了一天。人生最重要的不仅是努力,还有方向。压力不是来自有人比你努力,而是比你厉害的人依然比你努力。即使看不到未来,即使看不到希望,也依然相信,自己错不了,自己选的人生错不了。第二天叫醒我的不是闹钟,是梦想!

思考题

1. 以谢诺的创业经历为例,贫困大学生如何开展创业?
2. 大学生创业如何面对各种创业风险,特别是政策风险?
3. 大学生在创业实践中,如何理解经商如做人?

国家贫困县走出的
千万富翁:谢诺

任务 6　我是速卖通的 Top Seller

摘要:跨境电商卖家数量众多,在成本压力、品牌压力、资金压力进一步加大的情况下,行业已进入白热化的竞争状态,创业者必须在供给侧结构性改革的大潮中找准自己的位置,打好"适者生存"的战役。谢尚坚通过"群鱼吃快鱼"的经营策略、"不断试错"的创业方法、"一站式购齐"的商业模式成了速卖通的 Top Seller。

关键词:速卖通;快鱼;策略;一站购齐

一、引　言

跨境电商行业是很讲究效率的行业,很多跨境卖家苦心钻研如何打造爆款、怎样迅速扩大发展,但综观整个行业形态,"快鱼吃慢鱼"已不足以概括,"群鱼吃快鱼,群鱼吃大鱼"已成为跨境电商的突围之道。大学生创业要想与拥有资源、资金和稳定客源的大卖家竞争,单店铺影响力有限,多平台多店铺协同、强强联合、组团共谋发展已成为成功的关键。

谢尚坚,1994 年出生,浙江温州人,义乌工商职业技术学院物流专业 2016 届毕业生,现为喆口电子商务有限公司创始人、总经理。长期从事跨境电商出口业务,主要销售渠道是速卖通和 Wish,主营产品是旅行类目,公司员工 18 人,年销售额超 3000 万元。

二、创业经历

2013 年 9 月,谢尚坚考进了义乌工商职业技术学院。高中专业是市场营销,高二曾尝试开设了一家淘宝店铺,喜欢自己创业和研究。谢尚坚选择到义乌工商职业技术学院,是因为这里有优秀的创业导师和浓郁的创业氛围。

2013 年 12 月,谢尚坚开始重新经营自己的淘宝店铺,但此时国内电商竞争已越来越激烈,经营了 3 个月才接到 300 个订单,谢尚坚很不满足当时的创业状况。在一次和老师的交谈中,老师建议他去尝试跨境电商速卖通平台。听完老师的建议后,谢尚坚开设了人生的第一家速卖通店铺。接下来的 1 个月里,每天开始疯狂地上传产品,短短一个月就做到了 5000 美元营业额,是淘宝的 5 倍。这让谢尚坚更加有信心经营自己的店铺,往后的时间里重心也转移到了速卖通平台。

2014 年 5 月,谢尚坚感受到创业成功和赚钱的滋味以后,开始鼓励自己身边的同学一起创业,顺利找到了合伙人,开设了第二家店铺。2014 年 9 月,两家店铺快速发展,资金出现断层。谢尚坚申请了学校的大学生创业贷款,很快获批,借到了人生第一笔大额资金 5 万元,解了燃眉之急。2015 年 6 月,当两家速卖通店铺月营业额合计达到 2 万美元时,谢尚坚和合伙人又马上开始寻找第三位合伙人,开设了第三家店铺,之后又开设了第四家店铺。

2016 年,还在读大三的谢尚坚用创业赚来的钱,在义乌买下人生的第一套房子。同年 6 月,谢尚坚以优秀毕业生的身份走出校园,在义乌继续自己的创业之路。

2017 年,谢尚坚创立自己的公司"义乌市喆口电子商务有限公司"和自己的品牌"ITAO","ITAO"在速卖通已有了一定的知名度和美誉度。2018 年加入速卖通大学,被聘为"中国网店第一村"青岩刘村的创业指导老师,被义乌工商职业技术学院聘请为外聘教师,多次为学弟学妹们分享新鲜和专业的跨境电商知识及技能。

2019年,公司员工18人,经营产品在二级类目行业中居第一,双十一销量达3万单,访客量居第一,订单数居第一,金额数居第一。

三、"群鱼吃快鱼"的经营策略

谢尚坚一开始奉行的创业理念是"快鱼吃慢鱼",想办法打造爆款,店铺快速成长。但后来经过课堂学习和实践,发现跨境电商行业准入门槛不断提高,卖家间的竞争愈趋激烈,平台对于卖家的要求也更为严苛——不合规的卖家被清退,一些同学的店铺消失了。谢尚坚意识到跨境电商行业竞争已经从简单的个体逐步衍化为团队与团队、店铺群与店铺群、体系与体系之间的竞争,从过去"快鱼吃慢鱼,大鱼吃小鱼"演变成"群鱼吃快鱼,群鱼吃大鱼",跨境电商抱团发展成为大势所趋,单打独斗的大学生创业群体、中小卖家的生存环境日益艰难。谢尚坚认识到这一点后,就马上调整,寻找合伙人不停地开设新的速卖通店铺,各店铺之间协同经营,取得了初步的成功。

谢尚坚大学期间,从单人单店铺到创立四个人的团队。"麻雀虽小,五脏俱全,刚起步团队规模不大,但初具雏形,美工、客服、运营、售后打包一应俱全,在各自领域发挥优势。"现阶段,团队继续采用合伙人模式,扩大公司规模,已经开设了25家店铺,采用多店铺协同运营的"群鱼吃快鱼"策略快速抢占市场份额,取得非常不错的成绩。

四、"不断试错"的创业方法

跨境电商是新的产业,打破了原有的渠道管理体系和利益格局,动摇了过去的国际贸易方式,挑战了现有的税收和监管制度。在全新的贸易环境下,跨境电商卖家需要在反复试错中快速纠正,不断创新,才能在新的贸易条件下爆发。

谢尚坚在激烈的跨境电商竞争中脱颖而出的试错方法是:平台规则不断学习,经营过程不断探索,出现问题不断纠正。"大学期间,为系统学习跨境创业知识和技能,我们不停地看大卖家直播,从他们身上获取营养补充自己。""我记得当时学校的生活条件很艰苦,只提供一间15平方米的小办公室作为创业试点,但幸运的是,学校提供了很多机会,有专业的老师指导,让我们快速地走上正途,解决了从0到1的难题。"

谢尚坚和合伙人在跨境电商创业过程中不断摸索,不断试错,不断受到质疑与理解,不断去看平台规则,去网上找货,去国际商贸城拿货,自己做模特,自己拍照,自己P图,和快递公司谈价格,自己打包发货,一步一步走来,有盈利,也有亏损,多少的青春、成本,甚至血的教训,才换来如今的小有成就。

谢尚坚用了近三年的时间,从小型的学生团队走到正式的企业团队,"磕磕绊绊走过的那两年踩过了无数的坑,也从中找到解决办法,累计了丰富的技能,这些困难、挫折为经营公司提供了经验,使我在探索试错中不断前进。"成功的创业企业离不开有效的创业方法,公司每周定时召开例会,在总结问题与工作成效的同时,也会适时根据新形势、新问题调整经营战略,做好公司的长远发展规划。

五、"一站式购齐"的商业模式

创立电商公司后,谢尚坚成立了线上销售运营部门,开设速卖通和 Wish 店铺,推广个人品牌。其核心理念是让顾客能够在店铺买齐所需要的旅行产品:为出门短暂郊游的顾客提供午餐保温包、地毯、环保垃圾袋;为长途顾客提供旅行箱、行李牌、分装瓶、脏衣收纳袋等;为度假旅行的顾客提供墨镜、太阳帽、泳衣、泳裤、泳镜等;为出国旅行的顾客提供护照套、旅行包等。谢尚坚坚持自己的核心理念不停地开发周边产品,为顾客提供优质的产品和满意的服务。

六、结束语

孟母为给孩子选择一个良好的学习环境而三迁,创业活动也需要环境和氛围。谢尚坚在有着浓厚创业环境和氛围的义乌工商职业技术学院学习期间,找到四位同学兼合伙人,开了四家店铺,并且有专业的创业导师指导。

大学生喜欢尝试各种新鲜事物,社会利益的多元化、复杂化使得大学生们不再幻想,而是慢慢进入了实际的生活,他们可以从中来判断自己的实际情况从而确定创业方向,进而实现自己的价值。对于那些旨在为所有学生创造一个包容和积极的创业环境和氛围的大学来说,应考虑增加创业教育课程,将不同的创业内容纳入必修课程中,这样大学生可以通过创业课程平台找到志同道合的创业伙伴。

当前,跨境电商创业中的"群鱼吃快鱼"趋势越来越明显,群鱼内部的协同性、系统性比快鱼更复杂、更专业。在大学创业教育中,高校一定要建立创业导师特别是企业导师驻校指导制度,加强创业导师与学生之间的联系。来自校内外的创业导师往往由技术骨干、企业顾问、高层次经营管理人才等行业专家组成,他们通常会引导学生专业发展和成长,从而激发学生的创业意识,推动其创业能力的培养。

思考题

1. 在跨境电商激烈的市场竞争中,大学生创业如何做到"群鱼吃快鱼"?
2. "群鱼吃快鱼"对于大学生创业来讲风险会不会太大?
3. 大学的创业氛围对培养大学生创业意愿、形成创业动机、开展创业活动有什么帮助和意义?

我是速卖通的 Top
Seller:谢尚坚

任务7 电商小白如何逆袭成为亚马逊大卖

摘要:跨境电商平台有各自的发展特色和特点,跨境创业者选择多平台同时运营的策略是创业成功的技巧。肖钦林的创业成功经验说明找准定位非常关键,看遍创业故事不如自己经历一场,一定要耐得住寂寞。

关键词:跨境;平台;策略;创业;定位

一、引　言

2016 年,速卖通、Wish 等跨境电商平台的卖家数量不断增多,产品同质化现象严重,中小卖家竞争越来越激烈,强者恒强的马太效应愈发明显。一批尝试吃螃蟹的先行者开始涉足亚马逊平台,没有花太多的时间和精力管理,竟然取得了意想不到的效果,收获了不少订单。有这么一位江西 90 后,2017 年才进入跨境电商领域,在短短几个月内将亚马逊店铺产品做到爆款。从电商小白逆袭成为亚马逊大卖,他是如何做到的呢?

肖钦林,1991 年出生,江西赣州人。义乌工商职业技术学院物流管理专业 2013 届毕业生,现为义乌齐拓贸易创始人、总经理,主要从事跨境电商出口业务,主要销售渠道是亚马逊,主营产品是童装。

二、创业经历

2010 年,肖钦林以超过本科线的高分填报了义乌工商职业技术学院。因为上高中地理课时,老师曾说:"义乌是全球小商品之都,遍地黄金,创业机会很多。"入学后肖钦林被分在了物流管理 2 班。

2010 年 9 月,开学不久,肖钦林去义乌数码城配了一台电脑,开设了淘宝店铺,带着赚大钱的想法开始了人生的第一次创业。可现实没有想象般那么乐观,因为卖相同产品的卖家多,产品详情页相差无几,大卖家积累了非常多的好评与老客户。虽然肖钦林每天都有几个订单,但课后得坐公交车去市场拿货,浪费时间和精力又没挣到钱! 肖钦林的第一次创业以失败告终。

2011 年,淘宝商城(后更名天猫)刚刚推出,肖钦林觉得这是一个商机,就和打暑假工时认识的一个朋友合伙开了一个淘宝商城店铺,专卖十字绣。开始时非常顺利,短短两个月就挣了十几万元,但好景不长,2012 年春节过后,两个人的经营理念出现较大分歧,最终分道扬镳。肖钦林分析总结两次创业的经验教训,发现当时平台都是零售电商,有没有办法转型为线下市场呢? 或者选择竞争相对小一些的商品作为店铺的主推款呢? 一次偶然的机会,肖钦林在国际商贸城选品时看到"钻石画",瞬间引起了他的注意。经过一个星期的调研,肖钦林觉得这个产品和十字绣非常相似,有好几倍的利润,做的人又非常少。商场如战场,兵贵神速,他马上请人做了一个独立站,百度推广和 SEO 同时进行,网站排名上升很快,每天都有不少线下客户来咨询代理加盟,而且一拿货都是好几万元。市场相当火爆,很快就供不应求。为解决供应问题,他办起了一个钻石画加工厂,经过半年多的发展,这个产品被温州一些资金多的老板盯上了,砸巨资进入这个行业。后面虽然也能赚点钱,但是已经没有早期那么高的利润了。2015 年 7 月,他选择关闭了加工厂,带着这些年从电商里赚的钱进入互联网领域,折腾了一年多一分钱没赚到,还欠下不少外债。肖钦林当时每天都在煎熬,把自己关在房间里。

2016 年底,在一次初中同学聚会上,偶然听到同学一句话,"亚马逊现在机会很好"。他回家马上查询了相关资料,那一夜他辗转反侧,感觉自己又要抓住一个商机了。2017 年春节后,他早早回到了义乌,走访了很多朋友,发现童装下的一个小类目可以做,立即开通了亚马逊店铺,3 月份开始上传产品,想着宝贝就要大卖,然而 3 月 8 号那天,平台的一次误操作把店铺给封了。但他知道这个行业一定可以做,又筹备资料重新注册了一个新账号。2017年8月店铺开始爆单,当年销售额就突破千万元。

2018年,肖钦林总结经验,认真思考如何在跨境电商行业走得更稳更远。他不想再像以前那样频繁换行业。他整合供应、增加渠道、精心布局、内外结合,取得了良好的效果,销售额每年都保持高速增长。

三、找准定位非常关键

肖钦林创业这些年经历了各种磕磕碰碰,深知不管做哪个行业,首先要对自己有一个清晰的定位,认识到自己能做什么,优势在哪里。有些行业虽然很挣钱,但自己去做就不一定挣钱。其次就是要清楚自己的店铺定位和产品定位,这是大学生创业中极容易忽略的一个市场策略。作为一个跨境卖家,你应该非常清楚你的核心消费市场在哪里,客户的需求点在哪里,店铺的特色在哪里,所有的后期运营都是以此为基础的。

四、看遍创业故事不如自己经历一场

肖钦林在创业过程中遇到过很多问题,有时候会向前辈讨教怎么解决,有时候别人的经验听起来很有道理,但自己遇到困难时又无法解决。所以,其他创业者的成功经验不一定适合你自己,你创业的时空环境和别人不同,行业也不同,照搬他人的成功模式同样不行。前进的道路不经历坎坷是不可能成功的,没有人的成功是一帆风顺的,经验都是靠不断积累出来的,别人的经验终究是别人的,看遍创业故事不如自己经历一场,及时总结自己的经验非常重要。

五、一定要耐得住寂寞

创业寂寞一方面是指孤独。创业很多时候都是一个人独处,独自决定。创业的道路是孤独的,特别是对于初创者来讲,前期需要花费大量的时间去分析调研、布局渠道,这个时期靠别人去做是不可能的。既然选择创业,便要承受这份孤独!

创业寂寞另一方面是要做到厚德载物。你拥有的物质财富越多,你就要拥有更多的精神财富去托起你的物质财富。对于刚出校门的年轻人来说,挣钱速度过快容易迷失自我,膨胀之后认为自己就是天下第一,觉得这个项目可以搞,那个项目可以搞,最后跌倒回到原地才开始反思自己。所以年轻的创业者应该多给自己一点独处的时间,多积累一点精神财富,多去感受内心深处的声音,在摸爬滚打中,实现创业梦。

六、结束语

比尔·盖茨曾说过,"21世纪要么电子商务,要么无商可务",可见电子商务有很多的创业机会。每个年轻的创业者在创业时都要找准自己的定位,看遍创业故事不如自己经历一场,同时一定要耐得住寂寞。

电商小白如何逆袭
成为亚马逊大卖:
肖钦林

思考题

1.以肖钦林的创业经历为例,电商小白如何逆袭成为大卖?

2.肖钦林是如何"定位自己"的?对于大学生创业者来说,又该如何对自己定位?

3.全球新冠病毒疫情的常态化对跨境电商有何影响?

任务8 一盏野营灯的跨境之旅

摘要:在互联网的大浪潮下,如何快速抓住时机,利用互联网思维来创业,是大学生创业必须深入思考的一个问题。龚伟伟专心互联网创业,选择一款小众产品,专卖野营灯、专注产品研发、专研销售模式,打开了一片新天地。同时,他的商业模式对国内传统野营灯制造和销售企业在新形势下面临的新机遇与挑战,带来了互联网思维融合野营灯产业的新思路。

关键词:野营灯;研发;挑战;跨境

一、引 言

哪些商品适合在跨境电商零售平台上销售呢?其实,没有是否合适的商品,只有是否恰当的选品。将商品研究深入,将平台研究透彻,将客户研究精准,就能让商品走上跨境之旅,销往全球各地。龚伟伟就是一个愿意花时间研究平台、商品、客户的人,他选择了小众商品野营灯作为主营产品,没想到打开了一片新天地。他是怎么做到的呢?

二、创业经历

龚伟伟是义乌工商职业技术学院2018届毕业生。入校时,经选拔进入了跨境电商创业班,从速卖通店铺开始创业,之后逐渐进入正轨,注册公司,注册商标,专注野营灯的跨境电商销售,闯出了一条路子,毕业时年销售额近300万元。学校以他的创业故事为原型,拍摄了招生微电影。他的创业项目也获得了浙江省第四届"互联网+"创新创业大赛银奖。

三、专卖野营灯

网络的迅速发展催生出了电商行业,近年来,随着全球贸易的不断成长,跨境电商行业逐渐成为外贸增长的新引擎,交易规模的年增长率超过了30%。

龚伟伟从小就对中国文化非常感兴趣,他希望通过跨境电商平台将中国文化与产品相结合推广出去。一次偶然闲逛义乌国际商贸城的机会,他发现了富有特色的野营灯产品,尤其是那盏具有中国元素的野营灯深深吸引了他。经询问,老板告诉他,预订这款灯的俄罗斯客户特别多。

回到学校,龚伟伟检索了大量的资料,发现野营是全球旅游活动的一个重要组成部分,深受人们的青睐,野营灯是野营的必备产品,全球的野营灯市场蓬勃发展,交易规模年增长率超过9%。他决定在速卖通店铺上试卖下野营灯,希望通过"网上丝绸之路"积极开拓俄罗斯等"一带一路"沿线国家,以及欧美等国际市场,成为跨境电商马灯、野营灯行业的领头羊。

四、专注产品研发

野营灯上架3个月,销量很是一般。面对这种情况,龚伟伟开始查找原因,进行店铺对比。他发现,他的产品特色不够鲜明,且在设计上存在一定的缺陷。经过与设计团队的研讨,龚伟伟将传统钨丝升级到了 LED 灯芯,并且将传统玻璃升级到了有机玻璃和高透光树脂。龚伟伟将中国制造与传统文化相结合,比如将青花瓷、中国红等中国特色元素应用到野营灯。此外,龚伟伟紧跟潮流,不仅关注野营马灯,还将眼光投到了装饰马灯这一市场,做到"人无我有,人有我精",使野营灯能拥有属于自己的发展空间,提高市场占有率。

在产品研发阶段,龚伟伟发现自己的产品销量虽然上去了,但是也容易被其他店铺模仿。如何才能保护自己的知识产权呢?为此,他注册了义乌市辽朗贸易有限公司。2017年 6 月,申请注册"北极狐"这一商标,并且拿到了 R 标。北极狐品牌正式进入速卖通平台,龚伟伟开始了品牌化发展之路。

五、专研销售模式

在产品销售上,龚伟伟利用了三种营销模式:在速卖通平台上通过店铺自主营销与平台活动来推广产品;进行广泛的社交营销,通过 Facebook、推特等平台推广产品;在"一带一路"沿线国家的目标市场开设线下体验馆,把产品从线上搬到线下,达到线上线下的融合。

项目还拥有过硬的供应商优势,直接对接供应商,满足顾客的个性化需求,进行个性化定制,使每款野营灯的利润不少于 50%。优势的产品会带来良好的经济效益和社会效益。通过野营灯,目前速卖通三家店铺的平均月销售额达到了 36000 美元。同时,龚伟伟团队直接带动了本校 11 名大学生就业。基于良好的收益利润,为学校创业基地成功地孵化出了三家店铺,可以看出这三家店铺业绩表现都非常好。关于未来,龚伟伟说,将立足于实际,进行裂变式开店,通过三种营销模式,提供产品和品牌,凭借技术入股、持资入股的方式来发展壮大。

六、结束语

跨境电商零售的竞争越来越激烈,作为学生如何才能在红海中找到发展空间?走小众产品路线显然是可选路径。虽是小众产品,并不意味着没有竞争对手。在实际运营中,同样需要走公司化、品牌化的发展路线。龚伟伟正是把握了这一点,树立品牌意识,做到知识产权保护,切实提高产品的核心竞争力,最终实现了小众产品的持续发展。

思考题

1.为什么要注册商品进行知识产权保护?

2.跨境零售电商选品有哪些要求?小众产品有什么优缺点?

3.传统制造企业有哪些可以借鉴互联网思维的地方?

一盏野营灯的跨境
之旅:龚伟伟

任务9 贫困生从外卖小哥到 Wish 大咖的华丽转身

摘要:傅俊程进入大学后,浓厚的创业氛围、经验丰富的创业导师、灵活的管理制度,"同学同创 同创同学"的传帮带创业文化等,都对他的创业成功产生了积极影响。坚持多平台尝试,专业化创业,重视信用的创业理念,最终让傅俊程成了跨境大卖家。

关键词:贫困生;大卖;创业摇篮;Wish

一、引 言

大学生创业不是什么新鲜事,特别是在有着"创业摇篮"之称的义乌工商职业技术学院。有个普通的学生叫傅俊程,他的家庭状况不好,其父生病,无法工作,但生活的困难并没有压倒傅俊程,反而成为他创业的强大动力。

奔着电商创业,傅俊程报考了义乌工商职业技术学院电商专业,从进校开始,就在各个电商平台上尝试创业。对于没本钱、没资源、没人脉的傅俊程来说,创业并不容易,不过好在总有一些起步中的电商平台门槛低,可以让他先出订单再进货,从网络小商贩开始,逐步积累经验和资金。即便如此,拮据之时,他仍要一边送外卖,一边创业,就这样坚持着,努力着,终于他打开了销路。2 年多的时间他的月销售额已经达到 10 多万美元,雇用了 11 个员工。他是怎么做到的呢?

傅俊程,男,出生于 1998 年,浙江磐安人,义乌工商职业技术学院 2019 届毕业生,就读于创业学院 16 电商创业 1 班。座右铭:虽然拼命赚钱的样子有些狼狈,但是自己靠自己的样子真的很美,加油。

二、创业经历

2016 年 9 月,进入义乌工商职业技术学院创业学院电子商务专业学习。并在该学期开通淘宝店铺,尝试两个月之后,放弃淘宝平台进军淘宝客,干了两个来月,月收入 2000 元左右。

2017 年 3 月,进入义乌工商职业技术学院创业学院跨境电商创业班,成立义乌市颜超电子商务有限公司,开通 Lazada 店铺,后来又开通了 Shopee 店铺,日均出单量为 10 多单。同年 6 月,进入义乌工商职业技术学院创业学院和 Wish 中国官方合作举办的 Wish 第二期培训班,系统学习 Wish 平台操作,并开通 Wish 店铺,日均出单量为 30 来单。

2018 年 3 月,进入义乌工商职业技术学院创业园专创工作室,日均出单量已有几百单,高峰期甚至达到上千单。2018 年 8 月在校外租了仓库,上线 ERP 仓库管理系统,员工达到 8 人。2018 年 12 月获得第四届"利朗达"杯浙江省高职院校技能大赛跨境电子商务赛项总决赛(Wish 平台)团体一等奖、精英挑战赛二等奖,获得义乌市第二届跨境电子商务技能竞赛二等奖称号。

2019 年 3 月开通 1 家速卖通店铺,申请 2 个国内商标,月营业额达 100 万元。2019 年 6 月获得义乌工商职业技术学院 2019 届校级优秀创业毕业生称号。

三、多平台尝试:选择和坚持一样重要

因为义乌工商职业技术学院浓厚的创业氛围,傅俊程在老师的鼓励下也开了一家淘宝店铺。当时老师要求每位学生都必须开一家网上店铺,就像其他学校布置作业一样,这就是义乌工商职业技术学院的特色。学校面向新生安排了各种各样的讲座,在浓厚的创业氛围的带动下,每一位新生都非常努力,去义乌国际商贸城,去批发厂,去逛 1688,通过各种各样的渠道找货源、找产品。傅俊程在折腾了一两个月后发现淘宝平台竞争非常激烈,前期需要投入较大的推广费用,操作不好还不一定能带来销量。对于一个没有资源、没有资金、没有技能的大一贫困新生来说,淘宝平台似乎并不适合,于是他选择了放弃淘宝店铺。不久在听完一位已毕业的学姐关于淘宝客的讲座后,傅俊程马上开始学做淘宝客。他开通了好几个微信账号用来建群,每天为群里的人寻找各种各样的产品,客户通过链接到淘宝下订单,淘客从中抽取商家给出的佣金。这样持续了一两个月,每个月他终于有了一两千元的收入。尽管如此,傅俊程感觉做淘客不可持续,很容易饱和。有次创业学院跨境电教商研室邀请几位已毕业的学长来做创业分享,傅俊程第一次接触到了跨境电商这个行业,在听取了一个学长的建议后,他准备做 Lazada 店铺。考虑到 Lazada 平台需要有公司才能开通平台账号,在大一第一学期末,傅俊程便特意到义乌 365 便民服务中心注册了自己的公司,开始跨境电商创业。

大一第二学期,傅俊程的营业执照准备好了,准备开始注册店铺,因为跨境电商需要一定的英语基础,而他的英语水平不算好,在操作中遇到了很多的问题,不过他觉得做一件事需要坚持,所以还是坚持了一段时间,慢慢地每天也有十来个订单。当时很多同学都选择了做 Wish 店铺,因为 Wish 平台不用公司就可以注册店铺,算是一个低门槛的平台。看见同学们已经每天有几十单上百单的时候,傅俊程觉得自己得有所改变,但又不甘心,因此一直坚持在做 Lazada。其间做这个平台比较好的一个学长,带他去杭州参加了 Shopee 的招商会,之后傅俊程还开通了 Shopee 店铺,折腾了一段时间后,他发现订单量并不多。

暑假结束,进入大二后,傅俊程决定放弃 Lazada 店铺,于是开通了 Wish,参加了学校与 Wish 官方合作举办的第二期 Wish 培训班,课后就在寝室里转攻 Wish 平台。幸运的是,开店的第二天他就出单了,顿时他对这个平台充满了信心,慢慢地开出了第二单、第三单……到学期末,每天能有三十几单。隔壁寝室的同学也在做 Wish,大家一起发货,每天问问这个问问那个有多少单,稍微多了几单,就会瞎起哄……

四、专业化创业:学习和氛围一样重要

傅俊程的创业之路,有两个转折点,一是进入跨境电商创业班。傅俊程的指导老师李春丽老师每两个星期都会与班级同学分组谈话,让每个小组成员当面交流,汇报创业过程中遇到的问题和未来一段时间的打算。对于各组都普遍出现的问题,李老师会在班级组织专题讨论,首先指导有经验的同学在总结的基础上查阅资料、深入学习,并做好 PPT 在班级里进行分享,同时还会邀请企业家进行现场点评和答疑指导。比如,不同跨境电商平台的比较,不同物流方式的比较,不同付款方式的比较,等等。每一次交流,同学们都会把自己在创业实践中碰到的典型问题拿出来分享,傅俊程也多次分享了自己的经验体会。

就是这种交流让傅俊程多次受到其他同学的影响,也深深影响了其他同学。

二是搬入创业园工作室。2018年3月,傅俊程进入大二第二学期,李春丽老师看到他依旧在寝室里创业,就让他把办公地点搬到雪峰楼创业园来。每天早上8点多傅俊程就来到工作室,晚上10点才回寝室,创业园里都是些创业优秀而有干劲的同学,每个工作室有专业创业导师指导,傅俊程可以经常和同学们探讨问题,同时他还报名了一些付费课程,学习如何更好地经营店铺。日复一日,慢慢出效果了,从每天成交30来单到50多单、100来单,再到后面的几百单,甚至上千单……傅俊程在校外租了仓库,购买了ERP仓库管理软件,招了好几个员工,负责管理仓库、打包发货以及运营。

五、资金缺少:信用和运营一样重要

Wish平台资金回笼周期长,傅俊程资金压力一直很大。刚开始他一边送外卖一边创业,打工赚来的钱用来贴补进货发货。钱还是不够,他把自己的困难告诉了指导老师,李老师帮助他申请同创基金,还慷慨解囊,自掏腰包借钱给傅俊程周转。同时,李老师教傅俊程给自己算了个账,有多少收入,有多少支出,有多少利润,还叮嘱他借钱一定要讲信用,有借有还,再借不难。

那段时间,傅俊程不愿意向家里要钱,他家是农村的,父亲身体不好,家里比较贫穷。随着订单越来越多,成交额越来越大,他需要的周转资金也越来越多。只记得那时他是天天借钱,不断地向同学、老师、学校借钱,好在他一回款,就立刻还钱,老师同学们也愿意借钱给他。

2018年底,傅俊程给自己核算了一下利润,发现很多产品利润很低,有些甚至没有利润,导致他资金周转非常慢,压力很大。那年春节,傅俊程年前两天才回家,年初三就回到仓库。他下架了很多利润低的产品,保证现有的产品利润都比较可观。精简了人员,加强了仓库管理,优化了库存,把控好利润,慢慢地,他的资金压力才逐渐好转。

六、结束语

大学三年,傅俊程在很多方面的能力得到了提升,他觉得做事情还是需要坚持,只要坚持,有付出一定会有回报。

不同的创业者,有着截然不同的创业故事,我们不禁会想,创业成功取决于什么因素?笔者认为,影响创业成功的因素主要包括以下几方面:其一,创业者天赋,即创业者特质;其二,创业者能力,也就是作为创业者应该具有的工作能力;其三,创业者思维,不是根据制定的目标而采取行动,而是根据目前具有的能力和掌握的资源先设定一个目标,再采取行动,然后在行动过程中随着能力和资源的变化,不断调整目标;其四,创业者态度,也就是对创业活动的偏爱程度和想法。

创业教育会影响创业者行为吗?结合十多年创业教育的经验,笔者认为答案是一定会。根据创业者行为三角模型(见图7-1),创业者的天赋和技能是基础,在此基础上形成创业者性格,三者共同驱使创业行为产生。

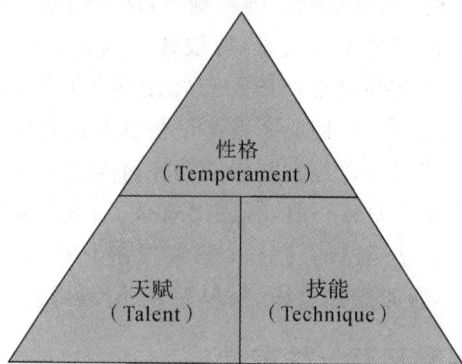

图 7-1 创业者行为三角模型

创业者技能可以通过教育获得,但是同时要注意,过多流程式、模式化的教育管理会阻碍创业者天赋的发挥,进而影响创业者性格的形成。

什么样的创业教育既可以提高创业者的创业能力,又不会阻碍创业者天赋的发挥和创业思维的形成呢?这是一个永恒的难题。笔者认为,浓厚的创业氛围、经验丰富的创业导师、灵活的管理制度、"同学同创 同创同学"的传帮带创业文化等,都会对学生的创业行为产生积极影响。

思考题

1.以傅俊程的创业经历为例,"零起步"的大学生创业者,如何才能获得成功?

2.傅俊程是如何"稳中求进"的?对于大学生创业者来说,又该如何稳中求进?

3.创业教育对创业行为的影响分析。

从外卖小哥到 Wish
大咖的华丽转身:
傅俊程

任务 10　一朵云推动另一朵云

摘要: 教育的本质就是"一棵树摇动另一棵树,一朵云推动另一朵云,一个灵魂唤醒另一个灵魂",只要我们努力,坚信总有那么一刻,又会唤醒一个学生的创业梦想。王晨鹏度过迷茫而焦虑的大一,开始行动而踏实的大二,收获了辛苦而飞跃的大三,创业要有一个正确的方向和目标,学会思考和分析,加上努力,去尝试去坚持,分析自己遇到的错误,及时修正改进一定会成功。

关键词: 创业;梦想;迷茫;思考;本质

一、引　言

大学生创业不是什么新鲜事,特别是在创业氛围浓厚的义乌工商职业技术学院。在老师和同学眼中,王晨鹏是一位积极向上、好学的男生。尽管家境良好,但他更想要通过自己的努力走向成功。他也有过迷茫,有过无所事事的时期。最终他选择了创业,用自己的收入购买了一辆小轿车,找到了奋斗的目标,要逐步壮大自己的事业。那么是什么让他选择创业这条路呢?他在创业路上又经历了哪些故事呢?

王晨鹏,男,出生于 1998 年,义乌工商职业技术学院 2019 届毕业生,就读于创业学院电商创业 2 班。

二、创业经历

2016 年 9 月,王晨鹏进入义乌工商职业技术学院创业学院电子商务专业学习。

2017 年 9 月,王晨鹏进入义乌工商职业技术学院创业学院电子商务创业班,开通了 Wish 店铺。

三、迷茫而焦虑的大一

与许多同学一样,王晨鹏怀着期望和兴奋来到义乌工商职业技术学院,看到临近的国际小商品市场,那时候他就在想,自己今后的路一定与它有关。等到安顿下来,他才发现除了上课之外,自己几乎无所事事,以后要怎么办,自己的兴趣在哪里,要做些什么事情,突然间的迷茫让他十分焦躁。大一第一学期,学校经常会开展一些关于创业方面的讲座,邀请历届学长学姐分享他们的创业故事,王晨鹏听的时候很激动,但一转眼就忘了。

四、行动而踏实的大二

大二有一天,王晨鹏的班主任谢杰老师组织班级同学到义乌工商职业技术学院青岩刘实验室参观,他听到一个叫方瑾的学姐讲述自己的创业经历,她做亚马逊、速卖通、Wish 等平台跨境电商白手起家,已经在深圳买了房,这让他十分羡慕,于是他决定也注册了一个 Wish 店铺。但没想到第一步就卡住了。当时注册店铺,需要注册人本人手持身份证和当天报纸站在办公室环境下的照片,他拍了四五次照片都没通过审核,就被气得不行。但他坚持买报纸拍照,直到第 23 次,终于注册通过了。

班主任谢老师对接了陆港小镇的一个电商企业,给班级里的同学每人提供一个 Wish 店铺,虽然有企业人员带着做,但王晨鹏觉得等着别人教进度太慢,于是他就整天待在教室里边创业边摸索。他每天上传产品,某一天他终于迎来了自己的第一个订单。那是一个来自美国纽约的订单,订购的是一套运动服。当后台刷新出订单时,他兴奋地跳了起来,不过冷静下来后他发现自己面临一连串的问题:物流怎么弄?找谁发货?面对这些问题,他开始疯狂咨询别人。了解到跨境物品邮寄运费按克计算,实际算下来,这一单光运费他就要亏 80 多元钱。他本以为跨境物流费用跟国内的快递费用差不多,没想到差距这么大,最终只好选择了退款。

第一单就搞砸了,这让王晨鹏很沮丧。整顿心情后,他把 Wish 后台的每一个功能和官方的视频都看了遍,并重新筛选自己的产品,按照产品的货源地、毛重等指标,优先选择货源地离义乌近、重量轻的产品。在各个跨境 QQ 群中寻找跨境电商物流合作商,重新开始 Wish 运营。一点点精细化的运营开始有了成效,订单接连而至,教室里渐渐堆满了他的货物和快递袋标签纸。回想起在雪峰楼四楼教室的那段日子,王晨鹏认为,那是一段虽然有些枯燥但仍旧美好的回忆:每天早上,骑着电瓶车、带着电脑去教室,第一步先处理订单,申请渠道,打包发货,到了中午,所有订单差不多打包完成,物流公司上门揽件。从一开始的几个小塑料袋子,到后来自己扛一麻袋、两麻袋甚至三麻袋货件下楼,从几件零散的货物,到后来几百件、几箱的货,自己扛到教室去,每天发货时又用麻袋扛下来。那种纯粹的欢喜和挥洒汗水的努力,让他感到踏实。

五、辛苦而飞跃的大三

订单量渐渐上涨后,王晨鹏开始寻找厂家大量生产,诸暨、浦江、东阳,近的地方就骑着电瓶车去,远的就乘公交或大巴去取,无论如何,他必须见到厂家,亲自摸到产品,了解做工和材质。他坚信产品本身的质量、稳定的供应链,是生意持续发展的基础。最后王晨鹏与两家服装厂合作,更新现有产品,做出改良款,进行批量定制生产。大二暑假,第一批改良款3万件衣服,陆续搬进他的教室。义乌七八月份的天气酷热难熬,记得那时教室空调坏了,只能拉上遮光布挡挡暑气,教室里也只剩下王晨鹏一个人和几堆货物,打包、发货、P图、上传产品、数据分析、进货、搬货、扛货、送货,日复一日,他的心情就像这炎热的天气一样热烈。记得有一天出了500多单,他不停地打包,中午只吃了一个面包,等到最后一个货件打包完,他整个人瘫坐在地上。稍作休息,他又骑电瓶车把货物送到物流商仓库。三个麻袋,后座夹一个,前面叠两个,看着"超载"的货,心里别有一番滋味。到了物流商仓库,他看见一些自送货的同行,看起来年龄比他稍大些,但开的都是轿车,跟他们对视了几眼,他默默立下目标,一定要买辆车。就这样,店铺的销售额从1万美元、2万美元、3万美元……一点点上升。由于Wish平台回款周期长,王晨鹏的资金逐渐周转不开,于是他找到厂家,请求他们允许分期付货款,由于之前的合作关系不错,这个提议得到厂家的支持,这才缓解了他的资金压力。

六、结束语

在创业教育大众化的路上,创业导师和学校竭尽所能,给学生提供引导和指导。虽然不确定哪种举措会触动学生,但教育的本质就是"一棵树摇动另一棵树,一朵云推动另一朵云,一个灵魂唤醒另一个灵魂",只要我们努力,我们坚信总有那么一刻,又会唤醒一个学生的创业梦想,只要行动起来就有希望,毕竟"创业是练出来的,不是教出来的"。

思考题

1.以王晨鹏的创业经历为例,谈谈开始创业的时候,会遇到哪些困难。

2.王晨鹏是如何"稳中求进"的?对于大学生创业者来说,又该如何稳中求进?

3.如何看待专业学习、创业教育与素质教育的关系?

一朵云推动另一
朵云:王晨鹏

参考文献

[1] AMZ 跨境不求人. 注意！详情页不能有这个标签, 否则会被删除[EB/OL]. (2021-08-04)[2021-08-09]. https://www.cifnews.com/article/102275.

[2] Jackson 跨境智多星. Amazon 商品要点(Bullet Point)亚马逊产品五点描述优化指南[EB/OL]. (2020-08-24)[2021-08-09]. https://www.cifnews.com/article/75644.

[3] JS 数据大视野. 2019 亚马逊 A9 算法高级 SEO 策略详解[EB/OL]. (2019-01-16)[2021-08-09]. https://www.cifnews.com/article/40722.

[4] Kris 浩. 成功合规删了一个差评, 我是如何做到的[EB/OL]. (2021-08-05)[2021-08-09]. https://www.kuajingyan.com/article/19437.

[5] 艾媒新零售产业研究中心. 2019 全球跨境电商市场与发展趋势研究报告[R/OL]. (2019-12-10)[2021-08-09]. https://www.iimedia.cn/c400/64031.html.

[6] 艾瑞咨询. 2021 年中国跨境电商出口物流综合服务行业研究报告[R/OL]. (2021-06-18)[2021-08-09]. http://report.iresearch.cn/report/202106/3797.shtml.

[7] 博文视点. 跨境电商运营从入门到精通 Amazon[M]. 北京: 电子工业出版社, 2018.

[8] 陈佳岚. 超 5 万中国卖家遭封禁 亚马逊"清网"进行时[N/OL]. 中国经营报, 2021-07-31[2021-08-09]. https://baijiahao.baidu.com/s?id=1706757304695437897&wfr=spider&for=pc.

[9] 陈旭华, 蔡吉祥, 陈俏丽. 跨境电商物流理论与实务[M]. 杭州: 浙江大学出版社, 2020.

[10] 邓莹. 亚马逊与阿里巴巴 B2C 跨境电商平台商业模式的比较研究[D]. 兰州: 兰州财经大学, 2019.

[11] 丁锋, 陈军, 陈超, 等. 基于差异化战略的跨境电商竞争策略研究[J]. 运筹与管理, 2019, 6(28): 33-40.

[12] 杜渐. 学校召开彩虹人生创业咨询室成立仪式暨创业校友经验分享[EB/OL]. (2018-04-27)[2021-08-15]. https://www.ywicc.edu.cn/info/1016/9658.htm.

[13] 杜志平, 区钰贤. 跨境电商供应链定价策略与协调决策机制研究——基于组合契约模型的分析[J]. 价格理论与实践, 2021(12): 119-122.

[14] 冯晓霞. 在校创业经历会促进毕业大学生创业吗? ——基于创业经历的个案分析[J]. 高教探索, 2021(4): 118-124.

[15] 福步. 亚马逊 9 个有效的获得 Review 的方式(颠覆你的认知)[EB/OL]. (2017-11-12)[2021-08-09]. https://yue.52wmb.com/article/9455.

[16] 高旭涛.从美国亚马逊的发展看线上与线下融合[J].中国流通经济,2017,31(5): 105-116.

[17] 海猫跨境编委会.大卖家[M].2版.武汉:华中科技大学出版社,2018.

[18] 黑马程序员.跨境电子商务亚马逊运营推广[M].北京:清华大学出版社,2020.

[19] 胡梦,梅沁芳.义乌重奖电商创业者[N/OL].浙江日报,2014-06-01(2)[2021-08-15].http://zjrb.zjol.com.cn/html/2014-06/01/content_2681552.htm? div=-1.

[20] 金华广电.愿你锦鲤跃门,祝你C位出道——义乌工商学院2019届毕业生毕业典礼[EB/OL].(2019-06-06)[2021-08-15].https://wap.peopleapp.com/article/rmh4864601/rmh48646.

[21] 柯丽敏,于亚楠,王莉,等.跨境电商零售实务[M].北京:中国海关出版社,2018.

[22] 空气尘埃.亚马逊商品违反《亚马逊商品名称指南》,将会被禁止搜索[EB/OL].(2021-1-22)[2021-08-09].https://www.kuajingyan.com/article/7993.

[23] 跨境工具人的king.为什么那么多中国卖家愿意在亚马逊上开店[EB/OL].(2021-08-17)[2021-08-17].https://www.cifnews.com/article/103510.

[24] 跨境派大师兄.这三封邮件让我赶走了90%的跟卖.[EB/OL].[2021-08-09].https://mjzj.com/article/40185.

[25] 跨境知道.品牌侵权[EB/OL].(2021-08-05)[2021-08-09].https://www.ikjzd.com/w/3361.

[26] 跨境知道.亚马逊旺季爆单后可能遇到的售后问题有哪些?怎么处理?[EB/OL].(2018-11-07)[2021-08-09].https://www.ikjzd.com/a/10220.html.

[27] 老魏.亚马逊跨境电商运营宝典[M].北京:电子工业出版社,2018.

[28] 李强."互联网+"背景下跨境电商运作模式创新研究[J].技术经济与管理研究,2019(3):71-75.

[29] 李爽,孙鹏.《电子商务法》对跨境电商的影响分析[J].现代商贸工业,2019(12):49-50.

[30] 李霞.高职院校跨境电商"创新创业"人才培养模式研究[J].产业创新研究,2021(7):103-105.

[31] 刘亚玲,陆焰.基于跨境电商的高职大学生创业问题研究[J].九江职业技术学院学报,2018(2):45,52-53.

[32] 陆金英,祝万青,王艳.跨境电商操作实务(亚马逊平台)[M].北京:中国人民大学出版社,2018.

[33] 马述忠,曹信生,张洪进.汇率变动对跨境电商出口的影响及空间溢出效应研究[J].浙江大学学报(人文社会科学版),2020,1(50):14-36.

[34] 马述忠,卢传胜,丁红朝,等.跨境电商理论与实务[M].杭州:浙江大学出版社,2018.

[35] 梅瑜娟,叶星辰.月营业额超25万美元25岁小伙拿走电商创业大奖[N].钱江晚报,2014-05-30(J4).

[36] 孟盛,邓隽,丁红朝.跨境电商亚马逊运营实务[M].北京:中国人民大学出版社,2019.

[37] 欧易跨境服务.亚马逊 Listing 排名的主要影响因素都有哪些[EB/OL].(2018-11-07)[2021-08-09].http://m.cifnews.com/article/39016.

[38] 邱琳,洪金珠.我国跨境电子商务生态系统构成及发展策略[J].商业经济研究,2019(5):126-128.

[39] 全球赢.怎样有效提升 YouTube 视频在 Google 中的权重[EB/OL].(2020-04-10)[2021-08-15].https://www.tq365.cn/article/779.html.

[40] 邵佩玲,徐玉成.创业当导师 玩转创客圈,兰溪女孩创业培训开启事业之门[N/OL].金华日报,2020-06-20[2021-08-15].http://zjnews.zjol.com.cn/zjnews/jhnews/201606/t20160620_1641349.shtml.

[41] 史先贺.亚马逊跨境电商运营手册[M].北京:电子工业出版社,2020.

[42] 宋晶,刘轶华,吴泽恩.跨境电子商务实务[M].北京:电子工业出版社,2019.

[43] 田广,刘瑜.论文化因素对"一带一路"跨境电商的影响[J].社会科学辑刊,2021(3):95-104.

[44] 外贸麦克.跨境电商 Shopify 独立站运营实战[M].北京:电子工业出版社,2021.

[45] 外贸圈小二.90 后在校大学生做速卖通月赚 5 万[EB/OL].(2013-04-16)[2021-08-15].https://waimaoquan.alibaba.com/bbs/read-htm-tid-87661-fid-177.html.

[46] 万丽.从一则案例看跨境电商出口中的知识产权侵权风险与防范[J].外经贸实务,2020(11):73-76.

[47] 王方,董晋宏,朱壮华,等.跨境电商操作实务[M].北京:中国人民大学出版社,2017.

[48] 王小亮,徐玉成.搜索过亿!义乌毕业的"宠妹哥"火了[EB/OL].(2018-03-07)[2021-08-15].http://n.cztv.com/lanmei/zjzs/12853691.html.

[49] 王志坚.义乌"创业明星"陪妹妹艺考 一不留神成"网红"[EB/OL].(2018-03-06)[2021-08-15].https://zj.qq.com/a/20180306/023305.htm.

[50] 王志坚.月赚 5 万,这个 90 后不简单[EB/OL].(2013-04-19)[2021-08-15].https://www.ywicc.edu.cn/info/1017/8030.htm.

[51] 文视点.跨境电商多平台运营:实战基础[M].3 版.北京:电子工业出版社,2020.

[52] 吴喜龄,袁持平.跨境电子商务实务[M].北京:清华大学出版社,2018.

[53] 徐美燕,徐玉成.创业毕业生当起电商创业导师[N/OL].中国教育报,2016-02-23[2021-08-15].https://www.ywicc.edu.cn/info/1015/1299.htm.

[54] 许渝倩.从"零"做起的电商创业人[EB/OL].(2018-07-08)[2021-08-15].http://www.sohu.com/a/240007581_292276.

[55] 薛凡,周佳灵,齐铭鑫.大学生跨境电商创业实践的调查与思考[J].青少年研究与实践,2018(3):32-37.

[56] 亚马逊.如何注册亚马逊 Vine？怎么加入亚马逊 Vine 测评[EB/OL].(2019-12-26)[2021-08-09].https://www.cifnews.com/article/57920.

[57] 亚马逊.亚马逊 0 计划是什么？如何加入亚马逊零计划赶跟卖[EB/OL].(2021-03-04)[2021-08-09].https://www.cifnews.com/article/61835.

[58] 亚马逊.亚马逊类目有哪些？亚马逊类目节点选择的重要性[EB/OL].(2019-10-24)

[2021-08-09]. https://www.cifnews.com/article/52824.

[59] 亚马逊.亚马逊搜索关键词如何填写[EB/OL].(2020-05-28)[2021-08-09].http://
m.cifnews.com/article/68829.

[60] 杨钋,王琼,井美莹.大学生创业课程学习投入对创业意向的影响研究[J].国家教育
行政学院学报,2021(1):85-95.

[61] 杨雪雁.跨境电子商务实践[M].北京:电子工业出版社,2018.

[62] 叶鹏飞,杨强.亚马逊跨境电商服装零售运营实战[M].北京:电子工业出版社,2021.

[63] 佚名.Bestbomg 通过商品推广和品牌推广的组合策略"以小搏大"[EB/OL].[2021-
08-15]. https://advertising.amazon.cn/learn/case-studies/bestbomg? ref_=a20m
_cn_cslbry_cta_cs_bstbmg.

[64] 佚名.Facebook 实用推广技巧,读这一篇就够了[EB/OL].[2021-08-15].https://
zhuanlan.zhihu.com/p/32561953.

[65] 佚名.Facebook 怎么引流到亚马逊[EB/OL].(2017-11-24)[2021-08-15].https://
www.cifnews.com/article/30712.

[66] 佚名.YouTube 引流到亚马逊有哪些方式? 怎样在 YouTube 上找红人? [EB/
OL].(2021-01-15)[2021-08-15].https://www.cifnews.com/article/88032.

[67] 佚名.亚马逊北美站点卖家注册指导(卖家自注册)[EB/OL].[2021-08-15].
https://gs.amazon.cn/.

[68] 佚名.亚马逊展示型推广[EB/OL].[2021-08-15].https://advertising.amazon.cn/
products/sponsored-display? ref_=a20m_cn_rgstr_sd.

[69] 佚名.用 YouTube 免费给亚马逊独立站引流详细教程[EB/OL].(2020-12-18)
[2021-08-15]. https://www.shopee6.com/web/other-tutorial/youtube-amazon-
free-attract-traffic.html.

[70] 易继明.跨境电商知识产品风险的应对——以中国电商在美被诉为例[J].中知识产
权,2021(1).

[71] 赢商荟.亚马逊选品案例解析[EB/OL].(2015-10-26)[2021-08-01].http://www.
dianshangwin.com/knowledge/414.html.

[72] 赢商荟老魏.从 A9 算法看亚马逊运营中的 SEO 优化[EB/OL].(2018-06-20)[2021-
08-09].https://www.cifnews.com/article/35922.

[73] 优惠码和混合促销[EB/OL].[2021-08-15].https://sellercentral.amazon.com/gp/
help/200212920.

[74] 于丞.我国出口跨境电商现状、发展趋势及转型策略[J].商业经济研究,2019(10):
67-70.

[75] 张夏恒.跨境电商类型与运作模式[J].中国流通经济,2017(1):76-83.

[76] 赵竹青,高雷.商务部回应"亚马逊封号风波":是外贸新业态"成长的烦恼"[EB/
OL].(2021-07-22)[2021-08-09].http://finance.people.com.cn/n1/2021/0722/
c1004-32166498.html.

[77] 钟佩滢,童阳帆,檀铭芳.东南亚、印度跨境电商新平台开拓指南[M].北京:中国海
关出版社,2019.